청소년문제와 보호

| 노병일 지음 |

Youth Problems and Protection

양 성 원

일러두기

이 책의 독자분께 참고가 될까 해서, 몇 가지를 미리 일러두고자 한다.

1. 이 책에서는 우리나라에서 실시하고 있는 청소년복지 프로그램의 모든 현황을 자세히 제시하지 않았다. 왜냐하면 관련된 법이나 제도가 자주 바뀌고 있기 때문이다. 따라서 최신 상황에 대한 정보가 필요하신 독자분께서는 해당 기관의 홈페이지를 방문해서 신선한 자료를 만나 보시기를 부탁드린다.

2. 이 책에서 제시한 모든 한글 문헌과 영어 문헌은 본인이 원본을 직접 읽고 정리한 것이다. 독자분께서 이 책의 일부를 인용할 경우에는, 이 책을 출처로 제시해 주시기를 부탁드린다.

3. 독자분께서 본문에 주목하게 하기 위해, 이 책에서는 인용한 문헌의 페이지를 제시하지 않았다. 그리고 보기 편하게 하기 위해, 이 책에서 참고한 문헌의 저자가 두세 명일 경우에는 모든 저자의 이름을 표시하였다.

머리말

청소년기는 아동기를 벗어나서 성인기로 나아가는 중간에 위치해 있다. 따라서 청소년은 여러 영역에서 빠르게 발달하고 있다. 그러나 청소년은 발달하고 성장하는 과정에서 다양한 어려움을 겪을 수 있다. 이런 어려움 때문에, 청소년은 살아가는 과정에서 여러 가지 형태의 청소년문제를 겪을 수 있다. 대부분의 청소년문제는 청소년 개인에게뿐만 아니라, 가족과 사회와 국가에도 부정적인 영향을 미치고 있다. 이에 따라서, 청소년과 관련된 모든 사람과 기관은 청소년문제와 청소년보호에 대해 잘 알고 있을 필요가 있다. 이와 같은 상황에서, 이번에 이 책을 세상에 내놓게 되었다.

이 책은 크게 6부(part)로 구성되어 있다. 각각의 부에서는 청소년문제와 청소년보호의 여러 측면을 살펴보고 있다.

제1부의 경우, 청소년문제에 대한 일반적 측면을 다루고 있다. 구체적으로 제1부에서는 청소년문제의 정의와 배경과 형태 및 특징, 청소년문제에 대한 이론을 살펴보고 있다.

제2부의 경우, 정신건강과 관련된 청소년문제를 다루고 있다. 구체적으로 제2부에서는 청소년의 우울문제, 자살문제를 살펴보고 있다.

제3부의 경우, 중독과 관련된 청소년문제를 다루고 있다. 구체적으로 제3부에서는 청소년의 약물문제, 인터넷중독문제를 살펴보고 있다.

제4부의 경우, 학교와 관련된 청소년문제를 다루고 있다. 구체적으로 제4부에서는 청소년의 무단결석문제, 자퇴문제, 학교폭력문제를 살펴보고 있다.

제5부의 경우, 가출 및 임신과 관련된 청소년문제를 다루고 있다. 구체적으로 제5부에서는 청소년의 가출문제, 임신문제를 살펴보고 있다.

제6부의 경우, 청소년문제의 예방과 보호를 다루고 있다. 구체적으로 제6부에서는 청소년문제의 예방, 청소년문제의 위험 요인과 보호 요인, 청소년보호와 「청소년 보호법」을 살펴보고 있다.

이 책의 마지막 부분을 마무리하고 보니, 즐거움보다는 부끄러움이 가슴에 더 밀려온다. 더 채워야 할 부분은 나중에 개정판을 발간할 기회가 있으면 보완하겠다는 변명을 하면서, 부끄러움과 아쉬움을 달래 본다.

이 책이 세상의 빛을 보는 데는 많은 분의 도움이 있었다. 먼저, 이 책을 출판해 주신 양성원 강철원 사장님과 직원분께 감사드린다. 또한 귀한 사진을 제공해 주신 유호석 박사님과 김세중 님께 고마움을 표한다. 그리고 본인의 청소년기에 고생을 하셨을 부모님, 부족한 본인을 항상 너그러움으로 가다듬어주고 이 책을 위해 그림을 그려 준 아내 전영신, 청소년기를 잘 보내 준 아들 대겸에게 사랑의 꽃을 보낸다.

마지막으로, 모든 청소년이 청소년문제가 전혀 없는 세상에서 밝고 건전하게 성숙하기를 기원한다.

2022년 2월에

유섭(儒燮) 노병일

차 례

머리말 / 3

PART 1 청소년문제에 대한 일반적 측면

Chapter 01 청소년문제의 정의와 배경과 형태 및 특징 11

1. 청소년문제에 대한 관심의 필요성 12
2. 청소년과 청소년기의 정의 14
3. 청소년문제의 정의 19
4. 청소년문제가 발생하는 일반적 배경 22
5. 청소년문제를 유발하는 요인 23
6. 청소년문제의 형태 29
7. 청소년문제의 특징 32

Chapter 02 청소년문제에 대한 이론 37

1. 청소년문제에 대한 이론의 중요성 38
2. 청소년문제에 대한 이론의 특징 40
3. 청소년문제에 대한 주요한 이론 44
4. 청소년문제에 대한 이론의 통합 64

PART 2 정신건강과 관련된 청소년문제

Chapter 03 청소년의 우울문제 69

1. 청소년과 우울 70
2. 우울의 정의 71
3. 청소년 우울의 실태 72
4. 청소년 우울을 유발하는 요인 73
5. 청소년 우울의 증상 76
6. 청소년 우울이 미치는 영향 79
7. 청소년 우울에 대한 진단 82
8. 청소년 우울에 대한 치료 84
9. 청소년의 우울문제에 대한 보호 방안 87

Chapter 04 청소년의 자살문제 93

1. 청소년과 자살 94
2. 자살과 관련된 용어의 정의 95
3. 청소년 자살의 실태 98
4. 청소년 자살을 유발하는 요인 99
5. 청소년 자살의 가능성을 보여 주는 상황 103
6. 청소년 자살과 관련된 특징 105
7. 청소년 자살이 미치는 영향 107
8. 자살 생각의 파악과 자살 시도 청소년에 대한 개입 109
9. 청소년 자살문제에 대한 보호 방안 112

PART 3 중독과 관련된 청소년문제

Chapter 05 청소년의 약물문제 121

1. 청소년과 약물 122
2. 약물과 관련된 용어의 정의 123
3. 남용되는 약물의 형태 129
4. 청소년 약물사용의 실태 131
5. 청소년이 약물을 남용 · 사용하는 이유 133
6. 청소년 약물남용의 가능성을 보여 주는 상황 135
7. 청소년 약물사용이 청소년에게 미치는 영향 136
8. 약물사용 청소년에 대한 부모의 개입 140
9. 청소년 약물문제에 대한 보호 방안 142

Chapter 06 청소년의 인터넷중독문제 147

1. 청소년과 인터넷중독 148
2. 인터넷중독의 정의 149
3. 청소년 인터넷중독의 형태 151
4. 청소년 인터넷중독의 실태 153
5. 청소년 인터넷중독을 유발하는 요인 154
6. 청소년 인터넷중독의 증상 155
7. 청소년 인터넷중독의 가능성을 보여 주는 상황 158
8. 청소년 인터넷중독의 특징과 고려할 점 159
9. 청소년 인터넷중독이 미치는 영향 160
10. 청소년 인터넷중독의 치료 165
11. 청소년 인터넷중독문제에 대한 보호 방안 168

PART 4 학교와 관련된 청소년문제

Chapter 07 청소년의 무단결석문제 175

1. 청소년과 무단결석 176
2. 무단결석의 정의 177
3. 청소년 무단결석의 실태 179
4. 청소년 무단결석을 유발하는 요인 181
5. 청소년 무단결석의 가능성을 보여 주는 상황 184
6. 청소년 무단결석이 미치는 영향 185
7. 청소년 무단결석을 예방하기 위한 프로그램 190
8. 청소년 무단결석문제에 대한 보호 방안 195

Chapter 08 청소년의 자퇴문제 199

1. 청소년과 자퇴 200
2. 자퇴의 정의 202
3. 청소년 자퇴의 실태 204
4. 청소년 자퇴를 유발하는 요인 205
5. 자퇴에 취약한 청소년층 210
6. 청소년 자퇴의 가능성을 보여 주는 상황 211
7. 청소년이 자퇴하는 과정 212
8. 청소년 자퇴가 미치는 영향 214
9. 청소년 자퇴문제에 대한 보호 방안 218

Chapter 09 청소년의 학교폭력문제 223

1. 청소년과 학교폭력 224
2. 학교폭력과 관련 용어의 정의 226
3. 학교폭력의 형태 229
4. 학교폭력의 실태 231
5. 학교폭력의 특징과 관련자 233
6. 학교폭력을 유발하는 요인 237
7. 학교폭력의 가능성을 보여 주는 상황 241
8. 학교폭력이 미치는 영향 242
9. 학교폭력의 예방 247
10. 학교폭력에 대한 신고와 개입 254
11. 청소년 학교폭력문제에 대한 보호 방안 257

PART 5 가출 및 임신과 관련된 청소년문제

Chapter 10 청소년의 가출문제 265

1. 청소년과 가출 266
2. 가출의 정의 267
3. 청소년 가출의 실태 269
4. 가출 청소년의 분류 272
5. 청소년 가출을 유발하는 요인 273
6. 청소년 가출이 미치는 영향 276
7. 청소년 가출문제에 대한 보호 방안 282

Chapter 11 청소년의 임신문제 289

1. 청소년과 임신 290
2. 임신의 정의와 기간 292
3. 청소년 임신의 실태 292
4. 청소년 임신을 유발하는 요인 293
5. 청소년 임신의 가능성을 보여 주는 상황 297
6. 청소년 임신이 미치는 영향 298
7. 청소년 임신의 파악과 청소년 임신에 대한 개입 302
8. 청소년 임신의 예방 304
9. 청소년 임신문제에 대한 보호 방안 307

PART 6 청소년문제의 예방과 보호

Chapter 12 청소년문제의 예방과 위험 요인 및 보호 요인 315

1. 청소년문제의 예방과 관련된 접근방식 316
2. 청소년문제에 대한 위험 요인 321
3. 청소년문제에 대한 보호 요인 324
4. 청소년문제의 예방 및 위험·보호 요인과 관련해 고려할 점 330
5. 청소년문제를 예방하거나 줄이는 것과 관련된 청소년복지시설 336

Chapter 13 청소년보호와 청소년 보호법 339

1. 청소년보호의 중요성 340
2. 청소년보호의 주체 341
3. 우리나라 「청소년 보호법」 342

참고문헌 / 360   찾아보기 / 370

PART 1

청소년문제에 대한 일반적 측면

Chapter 01 청소년문제의 정의와 배경과 형태 및 특징

Chapter 02 청소년문제에 대한 이론

CHAPTER 01

청소년문제의 정의와 배경과 형태 및 특징

-CONTENTS-

1. 청소년문제에 대한 관심의 필요성
2. 청소년과 청소년기의 정의
3. 청소년문제의 정의
4. 청소년문제가 발생하는 일반적 배경
5. 청소년문제를 유발하는 요인
6. 청소년문제의 형태
7. 청소년문제의 특징

1. 청소년문제에 대한 관심의 필요성

모든 인간은 성장하면서 청소년기를 거치고 있다. 따라서 모든 사회에서 청소년은 주요한 집단에 속하고 있다. 그리고 인간이 발달하는 모든 단계에서는 나름의 문제가 발생하고 있다. 예를 들어, 아동기에는 아동문제가 나타나고 있고, 노년기에는 노인문제가 나타나고 있다. 이런 상황은 청소년기에도 그대로 해당하고 있다. 따라서 청소년기에도 나름의 여러 가지 청소년문제가 나타나고 있다(노병일 · 노대겸, 2019).

성인의 경우, 청소년기에 청소년문제를 직접적으로 겪은 적이 있거나, 청소년기에 자신의 친구나 아는 사람이 청소년문제로 어려움을 겪는 상황을 직접적 · 간접적으로 보거나 들었을 수 있다. 그리고 일반 성인의 가족구성원이나 친척 중에 청소년이 있을 경우, 이런 성인은 청소년문제로 어려움을 겪는 상황을 직접적 · 간접적으로 보거나 들었을 가능성이 크다. 따라서 이런 사람에게는 청소년문제가 자신에게 현실적으로 실감나는 문제로 기억될 가능성이 크다. 또한 오늘날에 대부분의 사회구성원은 신문과 방송이나 기타 대중매체를 통해서 청소년문제와 관련된 사례를 듣거나 보았을 가능성이 크다.

그러므로 오늘날의 사회에서 청소년문제는 모든 인간의 주위에 존재하고 있다고 볼 수 있다. 이런 탓에, 모든 사회구성원은 청소년문제에 대해 관심을 가질 필요가 있다.

한편 청소년문제는 청소년 개인에게만 관련되는 것이 아니다. 실제로 청소년문제는 청소년 개인에게 영향을 미치고 있을 뿐만 아니라, 청소년의 가족구성원, 청소년의 친구, 청소년이 거주하는 지역사회에도 영향을 미치고 있다. 그리고 더 나아가서, 청소년문제는 일반 사회와 국가에도 영향을 미치고 있다. 예를 들어, 학교폭력과 같은 청소년문제는 국가기관이 개입하여야 하고 또한 전문적인 사회서비스를 제공하여야 하는 상황을 유발할 수 있다. 이렇게 되면, 사회와 국가는 이에 대해 경제적 비용과 기타 비용을 부담하여야 한다.

그러므로 청소년문제는 매우 다양한 영역에서 부정적인 영향을 미치고 있다. 이런 탓에, 청소년문제는 청소년과 함께 활동하거나 청소년에게 직접적으로 관여하는 전문가뿐만 아니라, 모든 사회구성원이 관심을 가져야 하는 사회문제가 되고 있다(노병일, 2018).

그리고 앞으로 현재의 청소년문제가 더 심각한 방향으로 나아갈 수도 있다. 또한 현재는 예상하지 못하고 있는 새로운 청소년문제가 앞으로 나타날 수도 있다. 이런 모든 상황은 청소년 개인에게 영향을 미칠 뿐만 아니라, 많은 사회구성원에게도 영향을 미칠 가능성이 크다.

그러므로 청소년 영역에서 활동하는 전문가를 포함한 모든 사회구성원은 청소년문제를 이해하고 해결하는 데 크게 관심을 가질 필요가 있다.

Points

* 청소년문제는 모든 인간의 주위에 존재하고, 다양한 영역에서 부정적 영향을 미친다.
* 전문가와 모든 사회구성원은 청소년문제를 이해 · 해결하는 데 관심을 가질 필요가 있다.

2. 청소년과 청소년기의 정의

1) 청소년의 정의

청소년문제와 관련해 우선적으로 등장하는 문제는 청소년에 대해 정의하는 것이다. 일반 사전에서는 청소년을 청소년기와 연관시켜서 정의하는 경우가 많다(노병일 · 노대겸, 2019). 예를 들어 외국의 유명한 영어사전의 경우, 청소년은 "성인으로 발달하고 있는 어린 사람"이라고 정의하고 있다(Merriam-Webster Dictionary, 2021).

그러나 국가의 법과 국제조직에서는 청소년을 나이에 근거해 정의하는 경우가 많다. 이런 예를 구체적으로 살펴보면 다음과 같다(국가법령정보센터, 2021; World Health Organization, 2017).

① 세계보건기구(WHO)의 경우, 청소년은 10~19세에 있는 사람이라고 보고 있다.

② 우리나라의 「청소년 보호법」의 경우, 청소년은 19세 미만의 사람이라고 보고 있다.

한편 아동에 대해서는 18세 미만의 사람이라고 정의하는 경우가 많다. 그러나 청소년에 대해서는 실제 법에서 나이가 통일되어 있지 않은 편이다(노병일, 2020). 예를 들어, 우리나라의 경우 청소년과 관련된 법에서 청소년에 대한 나이는 통일되어 있지 않다. 이런 예를 몇 가지 제시하면 다음과 같다(국가법령정보센터, 2021).

① 「청소년 보호법」에 따르면, 청소년은 19세 미만의 사람을 가리킨다.

② 「청소년 기본법」에 따르면, 청소년은 9세 이상 24세 이하의 사람을 가리킨다.

③ 「아동 · 청소년의 성보호에 관한 법률」에 따르면, 아동 · 청소년은 19세 미만의 사람을 가리킨다.

정리하건대, 청소년에 해당하는 나이에 대해서는 학자나 기관이나 법 사이에 의견이 통일되어 있지 않다고 볼 수 있다(노병일 · 노대겸, 2019).[1]

2) 청소년기의 정의

말할 것도 없이, 청소년은 청소년기에 있는 사람을 가리키고 있다. 따라서 청소년을 잘 이해하기 위해서는 청소년기에 대해서도 잘 이해할 필요가 있다. 실제로, 청소년에 해당하는 나이를 구체적으로 정하기 어렵기 때문에 일부 학자나 기관이나 사전에서는 '청소년기'에 대해서만 정의하고 있다(노병일 · 노대겸, 2019).

청소년기(adolescence)라는 영어 표현은 라틴어의 'adolescere'에서 나온 것으로 알려져 있다. 라틴어의 adolescere는 성장해서 성인이 된다는 것을 의미하고 있다. 따라서 청소년기라는 영어 용어는 '성장한다'는 뜻을 지니고 있다. 그러므로 청소년기라는 용어는 성장하는 시기라는 의미를 포함하고 있다(노병일 · 노대겸, 2019).

청소년기에 대해 정의하는 것은 간단한 것처럼 보인다. 그럼에도 불구하고 여러 학자와 기관은 청소년기에 대해 정의해 왔다. 그동안 청소년기에 대해서 정의한 것을 몇 가지 제시하면 다음과 같다(노병일 · 노대겸, 2019).

① 미국 전국사회복지사협회(NASW)에서 발간한 사전에 따르면, 청소년기는 삶의 단계에서 아동기와 성인기 사이에 있는 시기를 말한다.

② 세계보건기구에 따르면, 청소년기는 인간이 성장하고 발달하는 기간 중에서 아동기 이후부터 성인기 이전까지의 시기를 말한다.

③ 미국 소아과학회에 따르면, 청소년기는 사춘기부터 성인기 이전까지의 시기를 말한다.

1) 청소년에 해당하는 나이에 대해서는 뒤에서 자세히 설명한다.

정리하건대, 청소년기는 아동기에서 성인기로 나아가는 중간 시기라고 볼 수 있다(노병일 · 노대겸, 2019).

사춘기

청소년기와 밀접하게 관련되는 시기는 사춘기(puberty)이다. 청소년기의 경우, 사춘기가 시작함과 더불어 청소년이 가지는 특성이 잘 나타나고 있다.

사춘기는 인간이 성적으로(sexually) 발달하는 과정에서 매우 중요한 시기이다. 따라서 사춘기에는 청소년에게 성과 관련된 특징이 많이 나타나고 있다(노병일 · 노대겸, 2019).

아동과 청소년이 함께 걷는 모습: 청소년기는 아동기에서 성인기로 나아가는 중간 시기이다.
[출처: 일본에서 저자 촬영©]

3) 청소년 · 청소년기에 해당하는 나이

청소년이나 청소년기에 대해 정의하고자 할 때 편리한 방법의 하나는, 나이를 기준으로 정의하는 것이다. 이렇게 할 때 편리한 방법은 청소년이나 청소년기에 해당하는 법적 나이를 정하는 것이다(노병일 · 노대겸, 2019).

이에 따라서, 많은 국가에서는 청소년과 관련된 법에서 기준 나이를 제시하고 있다. 이때 청소년이나 청소년기와 관련해 많이 제시하는 기준 나이는 19세이다(노병일 · 노대겸, 2019). 이런 예를 구체적으로 제시하면 다음과 같다(국가법령정보센터, 2021; Global Coalition to End Child Poverty, 2017).

① 우리나라 「청소년 보호법」에서는 청소년에 해당하는 기준 나이를 19세로 정하고 있다.

② 유엔의 기관에서는 청소년기를 10세부터 19세까지의 시기라고 보는 경우가 많다.

그러나 나이는 청소년기에 청소년이 발달하는 것을 보여 주는 한 가지 특징일 뿐이다. 따라서 일반적인 나이에만 주목할 경우, 청소년이나 청소년기에 대해 대략적으로만 알 수 있을 뿐이다(Moghaddam, Bahreini, Abbasi, Fazli & Saeid, 2016). 이런 탓에, 특정한 나이를 정해서 청소년이나 청소년기에 대해 정의하는 것은 문제가 있을 수 있다(노병일 · 노대겸, 2019).

그리고 여러 국가의 법과 국제 문서에서 아동과 청소년에 대해 정의한 바에 따르면, 아동과 청소년은 서로 중복되는 부분이 많다. 예를 들어, 미국의 법과 유엔 아동권리협약에서는 아동을 18세 미만의 사람으로 보고 있다(노병일, 2020). 아동을 이렇게 정의할 경우, 많은 아동은 청소년에도 해당하고 있다.

이런 상황은 우리나라에서도 마찬가지이다. 우리나라의 법에서 아동과 청소년의 나이를 제시한 것을 정리하면 〈표 1-1〉과 같다. 〈표 1-1〉에서 알 수 있듯이, 우리나라의 법체계에서는 아동과 청소년의 나이가 서로 겹치는 부분이 많다(노병일, 2020).

〈표 1-1〉 우리나라의 법에 나타난 아동과 청소년의 나이

법	관련된 명칭	해당되는 나이
「아동복지법」	아동	18세 미만
「청소년 기본법」	청소년	9세 이상 24세 이하
「청소년 보호법」	청소년	19세 미만
「아동 · 청소년의 성보호에 관한 법률」	아동 · 청소년	19세 미만
「소년법」	소년	19세 미만
「근로기준법」	연소자	18세 미만

출처: 국가법령정보센터(2021).

그리고 일부 청소년문제에 대해서는 특정한 법이 갖추어져 있다. 예를 들어, 우리나라에는 청소년의 성과 관련된 법이 별도로 존재하고 있다. 따라서 청소년이 이와 관련해 사회의 일반적 가치에 어긋나는 행동을 할 경우, 청소년문제는 국가의 법제도와 관련될 수 있다. 이런 청소년문제가 심각할 경우에는 법적으로 처벌을 받을 수도 있다.

한편 일반인의 경우, 아동은 초등학교에 다니는 나이에 해당하는 사람이고, 청소년은 중학교나 고등학교에 다니는 나이에 해당하는 사람이라고 보는 경향이 있다(노병일, 2020). 따라서 신문과 방송이나 기타 대중매체에서 청소년문제를 다룰 때는 청소년을 이런 식으로 보는 경우가 많다.

Points

* 청소년에 해당하는 나이에 대해서는 학자 · 기관 · 법 사이에 의견이 통일되어 있지 않다.
* 청소년기는 아동기에서 성인기로 나아가는 중간 시기이다.
* 청소년 · 청소년기와 관련해 많이 제시하는 기준 나이는 19세이다. 그러나 특정한 나이를 정해서 청소년 · 청소년기에 대해 정의하는 것은 문제가 있을 수 있다
* 우리나라의 법체계에서는 아동과 청소년의 나이가 겹치는 부분이 많다.

3. 청소년문제의 정의

단순하게 볼 때, 청소년문제는 청소년이 겪는 문제를 말한다. 그러나 학자들이 관심을 가지는 청소년문제나 현장에서 관심을 가지는 청소년문제는 청소년과 관련해 사회적으로 주목하는 문제라고 볼 수 있다. 따라서 청소년문제는 청소년과 관련해 '사회문제(social problem)'의 성격을 띠는 문제라고 볼 수 있다.

그러므로 청소년문제에 대해 체계적으로 정의하고자 할 때 크게 도움이 되는 것은 사회문제에 대해 정의한 것이다. 일반적으로 사회문제는 사회를 불안정하게 하거나 사회에 부정적인 영향을 미치는 사회적 상태를 말한다(Best, 2019). 그러나 일부 기관과 학자는 사회문제에 대해 더 구체적으로 정의하고 있다.

그동안 사회문제에 대해 정의한 것을 몇 가지 제시하면 다음과 같다(노병일, 2018).

① 미국 전국사회복지사협회에서 발간한 사전에 따르면, 사회문제는 사람들에게 다음과 같은 행동을 유발하는 상태를 말한다.

㉠ 일반 사람의 가치와 규범에[2] 어울리지 않는다.

㉡ 정서적 어려움이나 경제적 어려움을 겪는다.

② 에이쯘과 진과 스미스(Eitzen, Zinn & Smith)에 따르면, 사회문제는 어떤 인구층에게 심리적 · 물질적 어려움을 주는 사회적 상황과 사회의 규범 · 가치에 어울리지 않는 행위와 상태를 말한다.

③ 헨슬린(Henslin)에 따르면, 사회문제는 사람들이 관심을 가지면서 변화되기를 바라는 사회의 측면을 말한다.

앞에서 제시한 여러 가지 정의에서 알 수 있듯이, 사회문제에 대한 정의는 기관 · 학자들 사이에 다소 차이가 나고 있다. 그러나 여러 정의를 정리할 경우, 사회문제는 규범에 어울리지 않거나 여러 사람에게 어려움을 주는 탓에, 많은 사람이 개선되기를 바라는 사회적 상황이라고 볼 수 있다(노병일, 2018).

사회문제에 대한 정의를 앞에서와 같이 정리할 경우, 청소년문제는 사회의 규범에 어울리지 않거나 청소년에게 어려움을 주는 탓에, 청소년과 관련해 많은 사람이 개선되기를 바라는 상황이라고 정의할 수 있다.

2) 규범(norm)은 문화나 집단이나 사회에서의 적절한 행동을 결정하고 규제하는 것과 관련된 규정이나 기대를 말한다(Bell, 2013).

사회문제를 다루는 책의 표지: 사회문제에 대한 정의에 근거할 경우, 청소년문제는 사회의 규범에 어울리지 않거나 청소년에게 어려움을 주기 때문에, 많은 사람이 개선되기를 바라는 상황이다. [출처: 노병일(2018)의 표지]

Points

* 청소년문제는 사회의 규범에 어울리지 않거나 청소년에게 어려움을 주는 탓에, 청소년과 관련해 많은 사람이 개선되기를 바라는 상황이다.

4. 청소년문제가 발생하는 일반적 배경

청소년기는 빠르고 크게 변화하는 시기이다. 그리고 청소년기에는 신체적으로 성숙하지만, 청소년은 여기에 걸맞게 잘 판단하지 못하거나 잘 생각하지 못하는 경우가 많다. 이와 관련해, '청소년기'라는 용어를 처음으로 사용한 홀(Hall)은 청소년기의 주요한 특징을 다음과 같이 세 가지로 제시한 바 있다(Hussey, 2011).

① 정서가 안정되어 있지 않다.
② 부모와 갈등하고 있다.
③ 위험한 행동을 하고 있다.

그리고 홀의 경우, 청소년기가 앞에서와 같은 특징을 가진다는 점을 보여 주기 위해서 '질풍노도(폭풍과 시련, storm and stress)'라는 용어를 사용하고 있다(Hussey, 2011). 청소년기의 이런 특징은 청소년이 다양한 문제를 겪을 가능성이 많음을 보여 주고 있다. 무엇보다도 청소년기의 이런 특징 때문에, 청소년은 사회에서 청소년에게 기대하는 바와는 다르게 행동할 가능성이 커지게 된다. 그 결과, 청소년기에는 여러 가지 청소년문제가 나타날 가능성이 커지게 된다(노병일, 2018).

또한 청소년기는 살면서 경험한 것이 상대적으로 적은 시기이다. 이런 탓에, 청소년은 자신이 새로 배운 기법을 특이하게 적용할 수 있고, 이에 따라서 제대로 생각하지 않은 채 행동할 수 있다(American Academy of Pediatrics, 2015). 이렇게 될 경우, 청소년이 잘못된 상황에 놓일 가능성이 커지게 된다. 그 결과, 청소년기에는 여러 가지 청소년문제가 나타날 가능성이 커지게 된다(노병일 · 노대겸, 2019).

Points

* 청소년기는 빠르고 크게 변화하고 경험한 것이 상대적으로 적은 시기이므로, 청소년기에는 여러 문제가 나타날 가능성이 크다.

5. 청소년문제를 유발하는 요인

청소년문제를 유발하는 요인(청소년문제의 원인)에는 여러 가지가 있을 수 있다. 청소년문제를 유발하는 요인은 청소년기의 특성 및 욕구와 관련될 수도 있고, 청소년을 둘러싸고 있는 체계의 수준과 관련될 수도 있다.

1) 청소년기의 특성과 관련된 요인

(1) 청소년기의 일반적 특성과 관련된 요인

청소년기에는 호르몬이 변하고 있고, 신체적 영역과 심리적 영역에서 변하고 있다. 이에 따라서 청소년기에는 다음과 같은 상황이 나타나는 경우가 많다(Child Rescue, 2021).

① 예측할 수 없는 행동을 하고 있다.

② 위험한 것에 대해 심각하게 인식하지 못하고 있다.

이런 상황 때문에, 청소년은 다양한 영역에서 여러 가지 형태의 청소년문제를 경험할 수 있다.

그리고 청소년기에는 모든 사람과 모든 것에 대해 의문을 가지는 경우가 더 많아진다. 이것은 사춘기에 특히 그렇다. 이런 상황 때문에, 청소년은 새로운 경험을 추구할 수 있다. 이런 과정에서 청소년은 다양한 영역에서 여러 가지 형태의 청소년문제를 경험할 수 있다.

또한 청소년기에는 현재의 제도와 관습을 고분고분 따르지 않는 경향이 있다. 사실, 청소년이 반항적인 것은 청소년기의 삶에서 정상적인 것일 수 있다(Child Rescue, 2021). 이런 상황 때문에, 청소년은 다양한 영역에서 여러 가지 형태의 청소년문제를 경험할 수 있다.

(2) 청소년의 욕구와 관련된 요인

청소년은 모든 인간이 가지는 기본적 욕구를 가지고 있다. 청소년이 이런 기본적 욕구를 제대로 충족하지 못하는 것은 청소년문제를 유발하는 요인이 될 수 있다. 예를 들어, 인간은 소속되고자 하는 욕구를 가지고 있다(노병일 · 노대겸, 2019). 그러나 청소년이 소속되고자 하는 욕구를 제대로 충족하지 못할 경우, 청소년은 친구관계나 가족관계에서 어려움을 겪을 수 있다. 이렇게 되면, 청소년은 우울문제를 겪을 수 있다.

그리고 청소년은 기본적 욕구 이외에 청소년 나름의 욕구를 추가로 가지고 있다. 청소년이 이런 추가적 욕구를 제대로 충족하지 못하는 것은 청소년문제를 유발하는 요인이 될 수 있다. 예를 들어, 청소년기에는 독립하고자 하는 욕구를 가지는 경우가 많다(노병일 · 노대겸, 2019). 그러나 청소년이 독립하고자 하는 욕구를 제대로 충족하지 못할 경우, 청소년은 가출문제를 겪을 수 있다.

2) 청소년을 둘러싸고 있는 체계의 수준과 관련된 요인

인간을 둘러싸고 있는 체계는 여러 수준으로 구성되어 있다. 따라서 청소년을 둘러싸고 있는 체계도 여러 수준으로 이루어져 있다. 그러므로 청소년문제를 유발하는 요인은 여러 수준에서 나타날 수 있다. 이 경우, 청소년문제를 유발하는 것과 관련된 주요한 수준으로 개인 수준, 가족 수준, 친구(또래) 수준, 학교 수준, 지역사회 수준, 사회 수준을 꼽을 수 있다. 이에 따라서, 청소년문제를 유발하는 요인을 개인 수준의 요인, 가족 수준의 요인, 친구(또래) 수준의 요인, 학교 수준의 요인, 지역사회 수준의 요인, 사회 수준의 요인으로 구분할 수 있다.

(1) 개인 수준의 요인

말할 것도 없이, 개인 수준의 요인은 청소년문제가 나타나는 데 크게 영향을 미치고 있다. 예를 들어, 청소년이 자신을 가치 있는 존재라고 인식하는 정도(자아존중감)는 청소년문제가 나타나는 데 영향을 미칠 수 있다.

특히 청소년이 다음과 같은 상황에 있는 것은, 개인 수준에서 청소년문제를 심각하게 유발할 수 있는 요인으로 알려져 있다(Wasserman, Keenan, Tremblay, Coie, Herrenkohl, Loeber & Petechuk, 2003).

① 어린 시절에 사회의 가치에 크게 어긋나는 행동을 한 적이 있다.

② 인지적 발달이 늦다.

③ 너무 활발하게 활동하고 있다.

(2) 가족 수준의 요인

가족은 청소년과 가장 가까이에서 친밀하게 관계를 맺는 공간이다. 따라서 가족 수준의 요인은 청소년문제가 나타나는 데 크게 영향을 미치고 있다(노병일 · 노대겸,

2017). 예를 들어, 청소년이 가족구성원과 좋은 관계를 유지하지 못하는 것은, 청소년 문제가 나타나는 데 영향을 미칠 수 있다.

특히 청소년이 다음과 같은 상황에 있는 것은, 가족 수준에서 청소년문제를 심각하게 유발할 수 있는 요인으로 알려져 있다(Wasserman et al., 2003).

① 부모가 역할을 제대로 하지 못하고 있다.

② 가정에서 학대를 겪고 있거나 겪은 적이 있다.

③ 가정에서 폭력을 겪고 있거나 겪은 적이 있다.

④ 부모가 이혼한 상태에 있다.

⑤ 부모가 심리적으로 크게 어려움을 겪고 있다.

⑥ 가족구성원이 사회의 가치에 크게 어긋나는 행동을 하고 있거나 한 적이 있다.

⑦ 가족 형태가 부모가 모두 있는 형태가 아니다.

⑧ 가족구성원의 수가 많다.

⑨ 빈곤한 가족에서 살고 있다.

여행 중인 단란한 가족: 부모가 역할을 제대로 하지 못하는 것은 청소년문제가 나타나는 데 영향을 미친다. [출처: 모로코에서 저자 촬영ⓒ]

(3) 친구(또래) 수준의 요인

친구(또래)는 가족구성원 다음으로 청소년과 가장 가까이에서 어울리는 사람이다. 따라서 친구(또래) 수준의 요인은 청소년문제가 나타나는 데 크게 영향을 미치고 있다. 예를 들어, 청소년의 친구관계가 좋지 않은 것은 청소년문제가 나타나는 데 영향을 미칠 수 있다.

특히 청소년이 다음과 같은 상황에 있는 것은, 친구(또래) 수준에서 청소년문제를 심각하게 유발할 수 있는 요인으로 알려져 있다(Wasserman et al., 2003).

① 사회의 가치에 어긋나는 행동을 하는 친구(또래)와 어울리고 있다.

② 친구(또래)들이 자신과 어울리기를 꺼려하고 있다.

(4) 학교 수준의 요인[3)]

학교는 청소년에게 학습하고 교류하는 기회를 제공하는 중요한 공간이다(노병일, 2015). 따라서 학교 수준의 요인은 청소년문제가 나타나는 데 크게 영향을 미치고 있다. 예를 들어, 청소년이 학교에서 교사와 좋은 관계를 형성하지 못하는 것은, 청소년문제가 나타나는 데 영향을 미칠 수 있다.

특히 청소년이 다음과 같은 상황에 있는 것은, 학교 수준에서 청소년문제를 심각하게 유발할 수 있는 요인으로 알려져 있다(Wasserman et al., 2003).

① 학교에 애착을 가지지 못하고 있다.

② 학교에서 성적이 좋지 않다.

③ 공부를 해서 무엇인가를 이루고자 하는 마음을 크게 가지고 있지 않다.

3) 사실, 학교는 지역사회의 한 요소이다. 그렇지만 청소년기에는 학교가 매우 중요한 역할을 하기 때문에, 청소년문제와 관련해서는 학교 수준의 요인을 지역사회 수준의 요인과 별도로 구분할 필요가 있다.

(5) 지역사회 수준의 요인

지역사회는 청소년이 실제적으로 생활하고 활동하는 주요한 공간이다. 그리고 지역사회의 특성은 지역사회에 살고 있는 주민의 정신건강에 영향을 미치는 것으로 알려져 있다(노병일 · 곽현근, 2003; 노병일 · 곽현근, 2005). 따라서 지역사회 수준의 요인은 청소년문제가 나타나는 데 영향을 미치고 있다. 예를 들어, 지역사회의 주민이 청소년이 지역사회에서 하는 행동에 대해 관심을 가지지 않는 것은, 청소년문제가 나타나는 데 영향을 미칠 수 있다.

특히 청소년이 다음과 같은 상황에 있는 것은, 지역사회 수준에서 청소년문제를 심각하게 유발할 수 있는 요인으로 알려져 있다(노병일 · 곽현근, 2005; Wasserman et al., 2003).

① 지역사회가 취약하다. 이런 예로 지역사회의 경제적 수준이 낮은 것이 있다.
② 지역사회가 무질서하다. 이런 예로 지역사회에서 교류가 제대로 되지 않는 것이 있다.
③ 사람을 해칠 수 있는 도구를 지역사회에서 쉽게 구할 수 있다.

(6) 사회 수준의 요인

청소년이 속한 사회에 존재하는 여러 가지 제도나 문화는 청소년이 생각하고 행동하는 방식을 제한하고 있다. 따라서 사회 수준의 요인은 청소년문제가 나타나는 데 영향을 미치고 있다. 예를 들어, 사회에서 학력과 경쟁을 중요하게 생각하는 정도는, 청소년문제가 나타나는 데 영향을 미칠 수 있다.

Points

* 청소년문제를 유발하는 요인은 청소년기의 특성 · 욕구와 관련될 수도 있고, 청소년을 둘러싸고 있는 체계의 수준과 관련될 수도 있다.
* 청소년문제를 유발하는 요인을 개인 · 가족 · 친구(또래) · 학교 · 지역사회 · 사회 수준의 요인으로 구분할 수 있다.

6. 청소년문제의 형태

오늘날의 사회에서 청소년이 겪는 문제는 매우 다양하다. 따라서 청소년문제의 형태(종류)에는 여러 가지가 있을 수밖에 없다. 그리고 청소년문제의 형태를 제시하는 방식은 전문가나 학자에 따라 크게 차이가 나고 있다. 그러므로 청소년문제의 형태를 분명하게 구분하는 것은 어려울 수 있다.

1) 지위 비행과 범죄 행위

청소년문제의 형태를 구분할 경우, 청소년이 사회의 가치에 어긋나는 행동을 하는 것과 관련해 일반적으로 구분하는 것을 참고할 필요가 있다. 청소년이 사회의 가치에 어긋나는 행동을 하는 것과 관련해서는 지위 비행과 범죄 행위로 구분하는 경우가 많다.

넓게 볼 경우, 지위 비행은 성인이 하면 문제가 되지 않지만, 청소년이 하면 문제가 되는 행동을 말한다. 지위 비행의 예로, 술을 마시는 것, 담배를 피우는 것, 가출하는 것, 무단결석을 하는 것이 있다(이현철 · 김경식 · 최성보, 2016).

이에 비해서, 범죄 행위는 성인이나 청소년 누가 하든지에 상관없이 모두 법적으로 문제가 되는 행동을 말한다. 범죄 행위의 예로 사람을 죽이는 것(살인), 다른 사람을 때리는 것(폭행), 물건을 훔치는 것(절도)이 있다.

2) 청소년문제의 형태에 대한 구분과 경향

청소년이 사회의 가치에 어긋나게 하는 행동을 앞에서 제시한 두 가지 형태(즉, 지위 비행과 범죄 행위)로만 구분할 경우, 많은 청소년문제는 이런 형태에서 제외될 수 있다. 예를 들어, 청소년의 우울문제는 앞에서 제시한 두 가지 형태에 속하지 않게 된다.

그러므로 이런 상황을 고려해서, 청소년문제의 형태를 다음과 같이 구분할 수 있다.

① 지위 비행과 관련된 청소년문제가 있다. 이런 청소년문제의 예로 청소년이 알코올을 사용하는 것이 있다.

② 범죄 행위와 관련된 청소년문제가 있다. 이런 청소년문제의 예로 청소년이 상점에서 물건을 훔치거나 도구를 사용해 사람을 때리는 것이 있다.

③ 지위 비행과 범죄 행위에 속하지 않는 청소년문제가 있다. 여기에는 지위 비행 및 범죄 행위에 해당되지 않는 모든 청소년문제가 포함된다. 이런 청소년문제의 예로 청소년이 우울한 상태에 있는 것이 있다.

한편 청소년기의 지위 비행은 나중에 범죄 행위로 나아갈 수 있다(이현철 · 김경식 ·

최성보, 2016). 따라서 지위 비행과 관련된 청소년문제는 나중에 범죄 행위와 관련된 청소년문제로 진행될 가능성이 있다.

법에 어긋나는 행동의 구분(우리나라의 법)

우리나라의 법에서는 청소년이 사회의 가치에 어긋나게 하는 행동(행위)을 다음과 같이 구분하고 있다(위키백과, 2021; 국가법령정보센터, 2021).[4)]

① 범죄 행위가 있다. 이것은 14세 이상 19세 미만의 청소년이 한 것으로서, 범죄와 관련된 법에 어긋나는 행위를 말한다.

② 촉법 행위가 있다.[5)] 이것은 10세 이상 14세 미만의 아동이나 청소년이 범죄와 관련된 법을 위반하였으나, 형사 책임을 묻지 않는 행위를 말한다.

③ 우범 행위가 있다.[6)] 이것은 성격이나 환경에 비추어 앞으로 범죄와 관련된 법에 어긋나는 행위를 할 가능성이 있다고 인정되는 행위를 말한다. 구체적으로 이것은 10세 이상의 아동이나 청소년이 다음과 같이 한 행위를 말한다.

㉠ 집단적으로 몰려다니며 주위 사람들에게 불안감을 주고 있다.

㉡ 정당한 이유 없이 가출하고 있다.

㉢ 술을 마시고 소란을 피우거나, 좋지 않은 장소에 가고 있다.

4) 여기에 나오는 용어는 매우 어렵게 되어 있다. 그리고 여기에 대한 자세한 내용은 사회복지법이나 교정복지를 다루는 자료를 참고하면 된다.

5) '촉법'은 사전이나 법전에도 나오지 않는 용어이다(장한지, 2018). 따라서 이 용어를 바꾸어야 한다는 의견도 많이 제시되고 있다.

6) '우범'은 범죄를 저지를 가능성이 있는 것을 말한다(국립국어원 표준국어대사전, 2021).

Points

* 지위 비행은 성인이 하면 문제가 되지 않지만 청소년이 하면 문제가 되는 행동이고, 범죄 행위는 성인이나 청소년 누가 하든지에 상관없이 모두 법적으로 문제가 되는 행동이다.
* 청소년문제의 형태를 지위 비행과 관련된 청소년문제, 범죄 행위와 관련된 청소년문제, 지위 비행과 범죄 행위에 속하지 않는 청소년문제로 구분할 수 있다.

7. 청소년문제의 특징

1) 개인에 따른 차이

청소년이 겪는 문제는 청소년 개인에 따라 크게 차이가 날 수 있다. 예를 들어, 공부하는 데 전혀 관심이 없거나 거의 관심이 없는 청소년에게는 학교를 자퇴하는 것이 중요한 문제가 될 수 있다. 하지만 공부하는 데 관심이 있는 청소년에게는 학교를 자퇴하는 것은 전혀 문제가 되지 않거나 거의 문제가 되지 않고 있다.

2) 청소년기의 고유한 특성에 따른 차이

청소년도 일반 성인이 겪는 문제를 경험하는 경우가 많다. 그러나 청소년기에는 고유한 특성이 나타나기 때문에, 청소년과 일반 성인 사이에는 문제를 겪는 상황이나 기타 측면에서 서로 차이가 날 수 있다. 이런 예를 구체적으로 제시하면 다음과 같다.

① 일반 성인과 마찬가지로, 청소년도 우울문제를 겪고 있다. 하지만 일반 성인에게 우울을 가장 크게 유발하는 요인과 청소년에게 우울을 가장 크게 유발하는 요인은 서로 다를 수 있다.

② 일반 성인에게와 마찬가지로, 청소년에게도 친구관계가 중요하다. 하지만 청소년기에는 친구관계가 특히 중요한 역할을 하고 있다. 따라서 친구관계나 친구의 지지는 성인기보다는 청소년기에 더 크게 영향을 미치는 경우가 많다.

친구들끼리 학교에 가는 청소년들: 친구관계는 성인기보다는 청소년기에 더 크게 영향을 미치는 경우가 많다. [출처: 이탈리아에서 저자 촬영©]

또한 일부 청소년문제는 청소년기에게만 해당하고 있다. 따라서 일부 청소년문제는 청소년에게는 문제가 되고 있지만, 성인에게는 아무런 문제가 되고 있지 않다. 예를 들어, 청소년이 알코올을 사용하는 것은 청소년문제에 해당하고 있다. 그러나 성인이 알코올을 적절하게 사용하는 것은 사회에서 전혀 문제가 되고 있지 않다. 청소년문제

의 형태들 중에서 ‘지위 비행’ 형태의 청소년문제가 여기에 해당하고 있다.[7)]

그리고 일부 청소년문제는 청소년기에만 나타나고 있다. 예를 들어, 학교폭력문제나 자퇴문제는 청소년에게만 나타나고 있다.

3) 학교의 중요성

청소년기에는 학교가 매우 중요한 역할을 하고 있다. 물론 아동기에도 학교가 중요한 역할을 하고 있다. 그러나 아동기에 학교가 하는 역할에 비해서, 청소년기에는 학교가 훨씬 더 중요하고 큰 역할을 하고 있다(노병일, 2015).

그러므로 학교는 청소년문제를 유발하고 청소년문제를 해결하는 것과 관련해 중요한 역할을 하고 있다. 그 결과, 다른 시기에 비해서, 청소년기에는 학교 수준의 요인이 청소년문제와 더 크게 관련되고 있다.

4) 다른 청소년문제와의 관련

많은 청소년문제는 다른 청소년문제와 관련될 가능성이 크다. 예를 들어, 특정한 청소년문제(예컨대, 청소년의 우울문제)는 다른 특정한 청소년문제(예컨대, 청소년의 자살문제)를 유발할 수 있다. 또한 여러 청소년문제들은 서로에게 영향을 미칠 수 있다.

청소년은 경험이 부족한 경우가 많거나 장기적 측면에서 판단하는 능력이 부족한 경우가 많기 때문에, 청소년문제는 다른 여러 가지 청소년문제와 특히 더 관련될 수 있다.

7) 지위 비행에 대해서는 앞에서 이미 설명한 바 있다.

청소년의 약물문제와 가출문제 사이의 관련성

청소년이 약물을 잘못 사용하는 것과 청소년이 가출하는 것은 서로 크게 관련되는 것으로 알려져 있다. 물론, 어떤 것이 원인이고 어떤 것이 결과인지에 대해서는 의견이 일치하고 있지 않다. 즉, 청소년이 약물을 사용하기 때문에 청소년이 가출을 더 하는 것인지, 아니면 청소년의 가출과 관련된 상황 때문에 청소년이 약물을 더 사용하는 것인지에 대해서는 분명하게 알려져 있지 않다. 그러나 여러 시점에서 조사한 연구에 따르면, 청소년이 약물을 사용하는 것과 청소년이 가출하는 것 사이의 관계는 서로에게 영향을 미치는 관계일 수 있다(Gambon & O'Brien, 2020).

Points

* 청소년이 겪는 문제는 청소년 개인에 따라 크게 차이가 날 수 있다.
* 청소년기의 고유한 특성 때문에, 청소년과 성인 사이에는 문제를 겪는 상황이나 기타 측면에서 차이가 날 수 있다.
* 학교는 청소년문제를 유발 · 해결하는 것과 관련해 중요한 역할을 한다.
* 많은 청소년문제는 다른 청소년문제와 관련될 수 있다.

CHAPTER 02

청소년문제에 대한 이론

-CONTENTS-

1. 청소년문제에 대한 이론의 중요성
2. 청소년문제에 대한 이론의 특징
3. 청소년문제에 대한 주요한 이론
4. 청소년문제에 대한 이론의 통합

1. 청소년문제에 대한 이론의 중요성

일반적으로 이론은 어떤 것을 설명하고자 하는 가설이나 사고체계를 말한다. 그러나 더 구체적으로 볼 때, 이론은 서로 관련된 여러 현상들을 설명하거나 예측하고자 하는 원칙들을 말한다(Stewart, Harte & Sambrook, 2011; American Psychological Association, 2021). 따라서 이론은 현상을 설명하고 예측하는 것과 관련되고 있다.

우선, 이론은 어떤 현상에 대해 체계적으로 설명하고 있다. 구체적으로 볼 때, 이론은 어떤 현상이나 상황을 유발하는 요인을 설명하거나, 어떤 현상이나 상황이 발생하는 과정을 설명하는 경우가 많다. 그 결과, 이론은 사회에 존재하는 문제의 원인을 파악해서 해결하는 데 도움을 주고 있다.

그러므로 청소년문제와 관련된 이론은 청소년문제의 근본적인 원인을 파악하는 데 도움을 주고 있고, 또한 이렇게 함으로써 청소년문제를 해결하는 방안을 제시하는 데 도움을 주고 있다. 예를 들어, 어떤 이론에서는 청소년이 문제 행동을 하는 원인은 비행에[1] 관여하는 친구와 자주 교류하는 데 있다고 보고 있다. 이런 이론에 근거할 경우, 비행에 관여하는 친구와 교류하지 않게 함으로써, 청소년문제를 줄이거나 없앨 수 있게 된다.

그리고 이론은 어떤 현상이나 상황을 유발하는 요인을 설명하고 있는데, 이것은 어떤 요인이 존재할 경우에는 어떤 문제가 발생할 가능성이 커진다고 설명하는 것과 마찬가지라고 볼 수 있다. 따라서 이론은 어떤 문제가 발생할 가능성을 예측하고 있다. 그 결과, 이론은 사회에 존재하는 문제를 예방하는 데 도움을 주고 있다.

그러므로 청소년문제와 관련된 이론은 청소년문제가 발생할 가능성을 예측하는 데

1) '비행'이 무엇인지에 대해서는 뒤에서 자세히 설명한다.

도움을 주고 있고, 또한 이렇게 함으로써 청소년문제를 예방하는 방안을 제시하는 데 도움을 주고 있다. 예를 들어, 앞에서 제시한 바와 같이, 어떤 이론에서는 청소년이 문제 행동을 하는 원인은 비행에 관여하는 친구와 자주 교류하는 데 있다고 보고 있다. 이런 이론에 근거할 경우, 비행에 관여하는 친구와 자주 교류하는 청소년에게 미리 주목하고 미리 개입함으로써, 청소년문제를 예방할 수 있게 된다.

결국, 청소년문제에 대한 이론은 청소년문제를 유발하는 주요한 요인을 파악하는 데 도움을 주고 있고, 이에 따라 이런 요인과 관련된 상황을 개선하거나 이런 상황에 미리 개입하는 데 도움을 주고 있다. 그 결과, 청소년문제에 대한 이론은 청소년문제가 발생하는 사례를 크게 줄이거나 없애는 데 이바지하고 있다. 따라서 청소년문제에 대한 이론은 청소년문제와 관련된 상황을 개선하고 예방하는 데 있어 중요한 지침이 되고 있다. 그러므로 청소년문제에 대한 이론은 청소년문제를 해결하고 청소년을 보호하는 데 있어 매우 중요하다.

Points

* 청소년문제와 관련된 이론은 청소년문제의 근본적 원인을 파악하는 데 도움을 줌으로써, 청소년문제를 해결하는 방안을 제시하는 데 도움을 준다.
* 청소년문제와 관련된 이론은 청소년문제가 발생할 가능성을 예측하는 데 도움을 줌으로써, 청소년문제를 예방하는 방안을 제시하는 데 도움을 준다.

2. 청소년문제에 대한 이론의 특징

1) 청소년문제에 대한 이론의 일반적 특징

청소년문제와 관련해 자주 등장하는 용어는 비행(deviance, delinquency)이다.[2] 일반적으로 비행은 사회의 일반적 가치나 관습 등에 어긋나는 행동(행위)을 말한다(노병일, 2018; Abrams, 2021; American Psychological Association, 2021). 따라서 청소년문제와 관련된 행동은 비행에 포함되고 있다. 물론 성인도 비행에 관여하고 있다. 그러므로 때에 따라서는 청소년이 하는 비행을 '청소년 비행(juvenile delinquency)'이라고 부르고 있다.

그리고 비행이 매우 심각할 경우, 비행은 법에 어긋나는 행동이 될 수도 있다. 따라서 청소년문제에 대한 이론은 비행 이론이나 범죄 이론에 근거하는 경우가 많다. 그 결과, 청소년문제에 대한 이론에서는 비행 이론이나 범죄 이론을 청소년과 관련시키면서 설명하는 경우가 많다. 그러나 비행의 범위를 넓게 볼 경우에는 범죄 행위도 비행에 속한다고 볼 수 있다. 따라서 넓게 따져 보면, 청소년문제에 대한 이론은 비행 이론에 근거한다고 볼 수 있다.[3]

2) 우리나라의 국어사전에서는 비행은 "잘못되거나 그릇된 행위"라고 정의하고 있다(국립국어원 표준국어대사전, 2021). 그리고 영어에서는 청소년이 관여하는 비행에 대해서는 delinquency라는 용어를 많이 사용하고 있다(Editors of Encyclopaedia Britannica, 2013).

3) 따라서 앞으로 본 장에서는 '비행 이론'이라는 용어를 자주 사용한다.

2) 비행 이론의 구분

그동안 사회학자를 포함한 여러 학자들은 비행(또는 범죄)에 대한 이론을 제시해 왔다. 따라서 비행(또는 범죄)에 대한 이론에는 여러 가지가 있다. 그러나 비행과 관련된 다양한 이론에서는, 비행의 정확한 원인에 대해서 의견이 일치하고 있지 않다. 그러므로 비행 이론을 여러 가지로 구분할 수 있다.

일반적으로 비행 이론은 분석하는 수준에 따라 구분할 수도 있고, 사회학적 관점에 따라 구분할 수도 있다.

(1) 분석의 수준에 따른 구분

비행 이론은 분석하는 수준에 따라 구분할 수 있다. 분석하는 수준에 근거할 경우, 비행 이론을 미시적(micro) 수준의 이론과 거시적(macro) 수준의[4] 이론으로 구분할 수 있다.

(가) 미시적 수준의 이론

미시적 수준의 이론에서는 개인에 주목하고 있다. 따라서 미시적 수준의 이론의 경우, 비행을 학습하는 것과 가장 크게 관련된 개인적 특성에 주목하며 비행을 설명하고 있다.

그리고 미시적 수준의 이론의 경우, 사회에 널리 퍼져 있는 규범이 존재한다고 가정하고 있다. 따라서 미시적 수준의 이론에서는, 어떤 사람이나 모든 사람이 규범을 지키지 않는 이유를 설명하는 데 관심을 가지고 있다(Bridges & Ddesmond, 2021).

4) '미시적'은 "작게 [보는]" 것을 말하고, '거시적'은 "어떤 대상을 전체적으로 크게 [보는]" 것을 말한다(국립국어원 표준국어대사전, 2021).

(나) 거시적 수준의 이론

거시적 수준의 이론에서는 사회와 집단의 구조에 주목하고 있다. 따라서 거시적 수준의 이론의 경우, 비행을 사회의 폭넓은 제도적 특징과 사회에 있는 집단의 측면에서 설명하고 있다(Bridges & Ddesmond, 2021).

(2) 사회학적 관점에 따른 구분

비행 이론은 사회학적 관점에 따라 구분할 수 있다. 주요한 사회학적 관점에 근거할 경우, 비행 이론을 기능주의 관점(functionalism)에 근거한 이론, 갈등주의 관점(conflict theory)에 근거한 이론, 상징적 상호작용주의 관점(symbolic interactionism)에 근거한 이론으로 구분할 수 있다. 각각의 사회학적 관점은 비행과 범죄에 관여하는 것과 관련해 서로 다르게 설명하고 있다(노병일, 2018; Griffiths et al., 2019).

기능주의 관점의 경우, 사회의 서로 다른 요소가 전체에 이바지하는 방식에 대해 관심을 가지고 있다. 기능주의 관점에 근거한 이론의 경우, 이런 측면에서 비행은 사회적으로 필요하다고 보고 있다. 왜냐하면 비행은 규범을 지키지 않았을 경우에 겪는 결과를 사람들에게 깨닫게 해 줌으로써 규범을 더욱 확인시켜 주고 있기 때문이다. 그러나 기능주의 관점에 근거한 이론에 따르면, 규범을 지키지 않는 것은 체제에 존재하는 잘못된 것에 대해 사회가 관심을 가지게 하는 식으로 작용할 수도 있다.

갈등주의 관점의 경우, 사회는 부(wealth)와 권력 등을 얻기 위해 서로 경쟁하는 여러 집단들이 모인 곳이라고 보고 있다. 따라서 갈등주의 관점에 근거한 이론에서는 범죄와 비행의 원인으로 사회적 요인과 경제적 요인에 주목하고 있다. 그러나 갈등주의 관점에 근거한 이론의 경우, 이런 사회적 요인과 경제적 요인이 사회에서 긍정적으로 작용한다고 보고 있지 않다. 오히려, 갈등주의 관점에 근거한 이론의 경우, 이런 사회적 요인과 경제적 요인은 현 체제의 불평등을 보여 주는 증거라고 보고 있다. 그러므로 갈등주의 관점에 근거한 이론의 경우, 비행과 범죄는 불평등한 상태로 이루어진 체계 때문에 발생한다고 보고 있다.

상징적 상호작용주의 관점은 사회나 사회집단이 행동을 비행으로 인식하게 되는 방식을 설명할 경우에 근거로 삼을 수 있는 관점이다. 따라서 상징적 상호작용 관점에 근거한 이론의 경우, 비행과 관련된 낙인이 사회적으로 구성되는 측면에 주목하고 있다. 상징적 상호작용 관점에 근거한 이론에 따르면, 사람은 환경으로부터 범죄와 비행을 배우고 있다. 그리고 주위에 있는 사람은 범죄와 비행에 관여하라고 권장하거나 또는 관여하지 말라고 말리는 식으로 나가고 있다(노병일, 1995; Griffiths et al., 2019).

Points

* 청소년문제에 대한 이론은 비행 이론에 근거한다고 볼 수 있다.
* 분석하는 수준에 근거해, 비행 이론을 미시적 수준의 이론(개인에 주목)과 거시적 수준의 이론(사회 · 집단의 구조에 주목)으로 구분할 수 있다.
* 사회학적 관점에 근거해, 비행 이론을 기능주의 관점에 근거한 이론(비행은 사회적으로 필요하다고 봄), 갈등주의 관점에 근거한 이론(비행 · 범죄는 불평등한 상태로 이루어진 체계 때문에 발생한다고 봄), 상징적 상호작용주의 관점에 근거한 이론(비행과 관련된 낙인이 사회적으로 구성되는 측면에 주목함)으로 구분할 수 있다.

3. 청소년문제에 대한 주요한 이론[5)]

1) 미시적 수준의 주요한 이론

비행과 관련해, 미시적 수준의 주요한 이론으로 차별접촉 이론(differential association theory), 사회통제 이론(social control theory), 낙인 이론(labeling theory)이 있다.

(1) 차별접촉 이론

차별접촉 이론은 개인은 비행에 대한 모델이 되고 있고 또한 비행할 기회를 제공하는 친한 사람으로부터 비행을 배운다고 보는 이론을 말한다(Griffiths et al., 2019).

(가) 등장과 진전

차별접촉 이론은 서더랜드(Sutherland)가 1939년에 처음으로 제시한 이론이다. 그 후에 서더랜드는 자신의 이론을 수정해 제시하였다. 따라서 차별접촉 이론과 관련된 대표적인 학자는 서더랜드이다(Vinney, 2021; Griffiths et al., 2019).

(나) 특징

차별접촉 이론의 경우, 모든 행동이 학습되는 것처럼 비행도 학습된다고 가정하고 있다. 그리고 차별접촉 이론의 경우, 이런 학습은 친한 사람들 사이에 교류함으로써 이루어진다고 주장하고 있다.[6)] 따라서 차별접촉 이론에 따르면, 개인은 자신에게 가장 친한 사람들로부터 비행을 배우고 있다. 그러므로 차별접촉 이론의 경우, 비행은 자신

5) 여기에서는 분석 수준에 따른 구분(미시적 수준과 거시적 수준)을 중심으로 설명한다.
6) 이 경우, 친한 사람의 예로 가족구성원과 친한 친구가 있다.

과 가까운 다른 사람에게서 보이는 행동을 배우고 따라 하기 때문에 발생한다고 보고 있다.

함께 어울리며 다니는 청소년들: 차별접촉 이론에서는 비행에 대한 학습은 친한 사람들 사이에 교류함으로써 이루어진다고 주장한다. [출처: 일본에서 저자 촬영ⓒ]

차별접촉 이론에 따르면, 범죄 행위를 배우는 가장 중요한 환경은 또래집단과 가족 구성원이다. 그러나 이외의 환경에서도 범죄 행위를 일부 배울 수 있다. 이런 환경의 예로 학교, 이웃, 신문과 방송이 있다. 예를 들어, 방송 및 영화와 같은 매체에서는 범죄자를 멋진 사람으로 표현하는 경우가 있다. 이런 상황은 개인의 학습에 영향을 미칠 수 있다. 왜냐하면 이런 상황은 사회의 규범이나 법을 어기는 것이 좋은 것이라는 인식을 심어 줄 수 있기 때문이다(Ward & Brown, 2015; Vinney, 2021; Bridges &

Ddesmond, 2021; Griffiths et al., 2019).

차별접촉 이론의 경우, 비행에 관여하는 사람들과 접촉하는 정도는 사람마다 차이가 난다고 보고 있다. 차별접촉 이론에 따르면, 비행에 대해 거부감을 가지고 있지 않고 또한 비행에 관여하는 친한 친구나 가족구성원과 정기적으로 교류하는 사람은, 비행에 대해 거부감을 가지지 않을 가능성이 일반 사람보다 훨씬 더 크고 또한 비행에 관여할 가능성이 일반 사람보다 훨씬 더 크다.

차별접촉 이론에 따르면, 개인이 비행이나 범죄에 가담하기를 원할 경우, 개인은 범죄에 가담하는 데 필요한 방법을 알고 있어야 한다. 그러나 이런 방법은 다양할 수 있다. 이 경우, 어떤 방법은 복잡하고 배우기가 매우 어려울 수 있다. 이런 특성을 지니는 방법의 예로, 컴퓨터를 해킹하는 것과 관련된 방법이 있다. 그러나 어떤 방법은 더 쉽게 배울 수 있다. 이런 특성을 지니는 방법의 예로, 감시 카메라가 없는 상점에서 물건을 훔치는 것과 관련된 방법이 있다(Bridges & Ddesmond, 2021; Vinney, 2021).

한편 서더랜드의 경우, 차별접촉 이론의 원칙을 간단히 정리하고 있다. 이런 원칙은 앞에서 설명한 내용을 모두 포함하고 있다. 이런 원칙을 몇 가지 제시하면 다음과 같다(Vinney, 2021).

① 모든 범죄 행위는 학습되고 있다.

② 범죄 행위는 다른 사람과 교류함으로써 학습되고 있다.

③ 범죄 행위에 대한 대부분의 학습은 친한 개인 집단에서 이루어지고 있고 또한 이런 사람들과의 관계에서 이루어지고 있다.

④ 범죄 행위를 학습하는 과정은 다음과 같은 측면을 포함할 수 있다.

㉠ 범죄 행위를 하기 위한 방법에 대해 학습한다.

㉡ 범죄 활동을 하려는 동기를 가지고 있고, 범죄 활동이 나쁜 것은 아니라고 인식한다.

㉢ 범죄 활동을 하려는 태도를 가진다.

⑤ 어떤 법을 어기는 것이 유리하다고 해석하는 경우가 불리하다고 해석하는 경우보다 더 많을 때, 개인은 범죄 행위에 가담할 가능성이 있다.

⑥ 모든 차별접촉은 똑같지 않다. 즉, 차별접촉은 접촉하는 횟수, 접촉을 크게 하는 정도, 우선순위, 접촉을 하는 기간에서 차이가 날 수 있다.

결국, 차별접촉 이론에서는 개인이 왜 범죄자가 되는지에 대해서는 주목하지 않고 있다. 그 대신에, 차별접촉 이론에서는 개인이 범죄자가 되는 과정에 대해서 설명하고 있다. 즉, 차별접촉 이론의 경우, 사람은 비행에 관여하는 다른 사람과 접촉함으로써 자신도 비행에 관여하는 사람이 된다고 보고 있다. 구체적으로 차별접촉 이론의 경우, 사람들은 다른 사람과의 교류를 통해서 범죄 행위에 대한 가치, 태도, 방법, 동기를 배운다고 보고 있다(Vinney, 2021; Bridges & Ddesmond, 2021).

(다) 평가

비행과 관련해, 차별접촉 이론은 개인이 어떻게 비행에 관여하게 되는지를 설명하는 사회심리적 접근방식에 속하고 있다.

그리고 차별접촉 이론은 비행에 대한 사회학습 이론에 속하고 있다. 사회학습 이론의 경우, 비행을 하게끔 하는 방법과 태도를 사람이 학습하게 되는 과정에 주목하고 있다. 서더랜드의 차별접촉 이론은 사회학습 이론의 토대를 세운 이론이다(Vinney, 2021; Bridges & Ddesmond, 2021).

한편 차별접촉 이론은 범죄학 분야에 크게 영향을 미쳐 왔다. 차별접촉 이론이 계속해서 주목을 받는 이유들 가운데 하나는, 차별접촉 이론은 모든 종류의 범죄 활동을 설명하는 데 적용될 수 있기 때문이다. 예를 들어, 차별접촉 이론은 청소년 비행에 대해서 설명할 수 있을 뿐만 아니라, 사기와 같은 범죄에 대해서도 설명할 수 있다(Vinney, 2021).

차별접촉 이론과 범죄

차별접촉 이론은 범죄가 세대를 이어서 발생하는지를 이해하는 데 도움을 줄 수 있다. 여러 시점에서 조사한 연구에서, 아동이 사회의 가치에 크게 어긋나는 행동과 범죄 행동에 관여할 가능성을 가장 잘 보여 주는 요인은, 아동의 부모가 범죄 행위에 관여하였는지 또는 관여하지 않았는지인 것으로 나타난 바 있다(Griffiths et al., 2019).

차별접촉 이론과 청소년 비행

차별접촉 이론에 따르면, 비행에 대해 거부감을 가지지 않고 있고 또한 비행에 관여하는 것에 대해 잘 알고 있는 또래와 자주 접촉할 경우, 비행에 가담하지 않을 청소년이 비행에 관여하는 방향으로 나아갈 수 있다. 예를 들어, 청소년이 또래의 영향을 받아서 알코올이나 기타 약물을 사용하는 방향으로 나아갈 경우, 청소년은 비행에 대해 거부감을 가지지 않는 태도를 지니게 될 가능성이 있다. 그리고 청소년이 이런 태도를 지니게 될 경우, 청소년은 비행에 실제로 관여할 가능성이 있다(Bridges & Ddesmond, 2021).

(2) 사회통제 이론

사회통제 이론은 사회적 유대의 크기는 사회통제에 직접적으로 영향을 미치고 있고, 또한 비행은 사회와 연계되어 있지 않다고 느끼기 때문에 생긴다고 보는 이론을 말한다(Griffiths et al., 2019).

(가) 등장과 진전

사회통제 이론과 관련된 대표적인 학자는 허쉬(Hirschi)이다. 실제로, 사회통제 이론을 따르는 학자들 중에서, 허쉬는 유대 과정과 비행을 이해하는 데 가장 크게 이바지한 학자에 속하고 있다. 그 후, 샘슨(Sampson) 등은 사회통제 이론의 기본적 내용을 확대하고 있다(Griffiths et al., 2019; Bridges & Ddesmond, 2021).

(나) 특징

사회통제 이론에서는, 모든 사람은 비행이나 범죄 행위를 할 가능성과 기회를 가지고 있다고 주장하고 있다. 그러나 사회통제 이론의 경우, 대부분의 사람은 두려움과 사회적 제재(sanction)[7] 때문에 비행이나 범죄 행위를 하지 않는다고 보고 있다. 또한 사회통제 이론의 경우, 사회에는 대부분의 사람이 인정하는 규범들이 존재한다고 보고 있다. 따라서 사회통제 이론에서는, 대부분의 사람은 이런 사회적 규범을 지키기를 원하고 있고 또한 지키는 경우가 많다고 보고 있다(Flowers, 2002; Bridges & Ddesmond, 2021).

그러므로 사회통제 이론에서는 개인이 사회에 존재하는 규범을 따르게 하는 요인을 강조하고 있다.[8] 개인이 사회에 존재하는 규범을 따르게 하는 요인은 사람들을 사회의 규범에 묶는 유대(bond)라고 볼 수 있다. 사회통제 이론에서는 사회적 유대의 크기가 사회통제에 직접적으로 영향을 미친다고 주장하고 있다. 따라서 이런 유대는 사람들이 사회에 존재하는 규범을 따르게 하는 역할을 하고 있다. 사회통제 이론에 따르면, 사람들에게 이런 유대가 약한 탓에 개인의 행동을 제약하는 데 영향을 거의 미치지 못할 경우, 사람들은 사회의 규범을 따르지 않게 된다(Griffiths et al., 2019; Bridges &

7) 제재는 "일정한 규칙이나 관습의 위반에 대하여 제한하거나 금지[하는 것이나] 그런 조치"를 말한다(국립국어원 표준국어대사전, 2021).

8) 이런 점에서 사회통제 이론과 사회학습 이론은 서로 차이가 나고 있다.

Ddesmond, 2021).

사회통제 이론에서는 비행은 사회와 교류하지 못한다고 느끼기 때문에 발생한다고 보고 있다. 사회통제 이론에 따르면, 자신이 사회의 한 구성원이라고 믿는 사람은 그렇지 않은 사람보다 범죄에 관여할 가능성이 더 적다(Griffiths et al., 2019). 이에 따라서 중요한 것은 사람을 사회와 교류하게 해 주는 사회적 유대이다.

사회적 유대의 형태

허쉬의 경우, 사람을 사회와 연결시켜 주는 사회적 유대의 형태를 다음과 같이 제시하고 있다(Griffiths et al., 2019).

① 애착(attachment)이 있다. 애착은 사람을 다른 사람과 연결시켜 주는 것을 말한다. 사람이 다른 사람들과 밀접하게 애착되어 있을 경우, 사람은 다른 사람이 자신을 어떻게 생각하는지에 대해 관심을 가지게 된다. 따라서 사람은 가족구성원, 친구, 애인 등이 자신에 대해 좋게 생각하게 하기 위해 사회의 규범을 따른다

② 헌신(commitment)이 있다. 헌신은 지역사회에 투자하는 것을 말한다. 지역사회와 교류하지 않는 사람에 비해서, 지역사회에서 자원봉사 활동에 참여하면서 여러 사람과 교류하는 사람은 범죄에 관여할 경우에 잃을 것이 더 많게 된다. 따라서 이런 사람은 사회의 규범을 따를 가능성이 더 크다.

③ 참여(involvement)가 있다. 참여는 사회적으로 정당한 활동에 참여하는 정도를 말한다. 사회적으로 정당한 활동에 많이 참여할 경우, 비행에 관여할 가능성은 줄어들게 된다.

④ 신뢰(belief)가 있다. 신뢰는 사회에 있는 공통적 가치에 대해 동의하는 것을 말한다. 사회적 가치에 대해 동의하는 사람은 이런 사회적 가치를 따를 가능성이 크다.

사회통제 이론의 경우, 제재가 비행을 예방하는 것과 관련해 하는 역할에 대해 관심을 가지고 있다. 사회통제 이론을 따르는 학자들의 경우, 대부분의 사람은 비행에 대해

판단할 때는 실용적이라고 보고 있다. 따라서 대부분의 사람은 비행과 관련된 위험을 조심스럽게 따져 보며 판단하게 된다. 사회통제 이론을 따르는 학자들은, 위험한 것이 얻는 것보다 더 많은 상황에서는 제재에 대한 위협 때문에 비행에 관여하지 않게 된다고 주장하는 경우가 많다(Bridges & Ddesmond, 2021).

사회통제 이론과 청소년 비행

사회통제 이론에 따르면, 청소년 비행은 일부 청소년에게 외적인 사회적 통제가 제대로 되지 않고 또한 일부 청소년이 사회의 가치를 잘 익히지 못하기 때문에 나타나고 있다(Flowers, 2002).

그리고 사회통제 이론에 근거할 경우, 청소년의 비행을 없애거나 줄이는 방법을 다음과 같이 제시할 수 있다(Bridges & Ddesmond, 2021).

① 가정에서 부모와 자녀 사이에 더 강한 유대를 형성하도록 도와주는 프로그램을 실시한다.

② 청소년이 사회의 일반적 가치에 어울리는 활동에 더 많이 참여하도록 도와주는 프로그램을 실시한다.

③ 청소년이 비행에 관여할 경우의 유리한 점과 불리한 점을 더 잘 따져 보도록 도와주는 프로그램을 실시한다.

(3) 낙인 이론[9)]

낙인 이론은 사회의 구성원이 다른 사람에 대해 비행을 한 사람이라고 낙인을 찍는 것에 주목하는 이론을 말한다(Griffiths et al., 2019).

9) 낙인은 "다시 씻기 어려운 불명예스럽고 욕된 판정이나 평판을 이르는 말"을 말한다(국립국어원 표준국어대사전, 2021).

(가) 등장과 진전

베커(Becker)는 낙인 이론과 관련해 중요한 학자에 속하고 있다. 그 후, 레머트(Lemert)는 낙인을 폭넓게 보면서 분석하고 있다. 따라서 오늘날에 낙인 이론과 관련된 대표적인 학자는 레머트이다(Griffiths et al., 2019).

(나) 특징

낙인 이론의 경우, 어떤 특별한 형태의 행동이 비행이 되는 것은 아니라고 주장하고 있다. 낙인 이론에서는, 오히려 비행은 다른 사람들이 이런 행동에 대해 낙인을 찍어서 생기는 것이라고 주장하고 있다. 이에 따라서 낙인 이론의 경우, 사회의 구성원이 어떤 사람의 행동을 비행이라고 규정하는 데 관심을 가지고 있다. 그러므로 낙인 이론에 따르면, 비행인지를 결정하는 것은 행동 그 자체나 이런 행동을 하는 사람이 아니라, 다른 사람이 이런 행동에 대해 보이는 반응이다. 그 결과, 비행이라고 인식되는 것은 시간에 따라서 변할 수 있고 또한 문화에 따라서 변할 수 있다(Griffiths et al., 2019; Bridges & Ddesmond, 2021).

낙인 이론에서는 낙인을 찍는 과정이 중요하다는 점을 강조하고 있고, 낙인을 찍는 것이 낙인이 찍힌 사람에게 미치는 영향이 중요하다는 점을 강조하고 있다. 여기서 낙인을 찍는 과정은 어떤 행위가 비행으로 정해지는 과정을 말한다. 따라서 낙인 이론의 경우, 비행은 사회적으로 구성된다는 점에 주로 관심을 가지고 있다. 즉, 낙인 이론의 경우, 일부 행동이 다른 사람에 의해서 비행이 되는 방식에 대해 관심을 가지고 있다(Bridges & Ddesmond, 2021).

결국, 낙인 이론에서는 비행은 다른 사람의 반응 때문에 발생한다고 보고 있다. 그리고 낙인 이론의 경우, 비행은 낙인을 결정할 수 있는 힘을 가진 사람의 반응 때문에 특히 더 발생한다고 보고 있다(Griffiths et al., 2019).

1차 비행과 2차 비행

레머트의 경우, 자신이 어떤 존재인지에 대해 인식하는 데 영향을 미치는 비행을 1차 비행(primary deviance)과 2차 비행(secondary deviance)으로 구분하고 있다(Griffiths et al., 2019).

■ 1차 비행

1차 비행은 규범을 지키지 않은 것이지만, 개인의 자기 이미지나 다른 사람과의 교류에 장기적으로 어떤 영향을 미치지 않는 비행을 말한다. 예를 들어, 횡단보도가 아닌 곳을 건너다니는 것은 사회의 규범을 어기는 행동이다. 그러나 청소년이 횡단보도가 아닌 곳을 건너다닐 경우, 일반 사람은 이 청소년을 나쁜 사람이라고 생각하지 않고 있다. 그리고 청소년이 횡단보도가 아닌 곳을 건너다닐 경우, 이 청소년이 자신에 대해 가지는 이미지는 바뀌지 않고 있다. 따라서 횡단보도가 아닌 곳을 건너다니는 것은 1차 비행에 속하고 있다.

■ 2차 비행

2차 비행은 자신의 행동이 사회구성원에 의해 비행으로 낙인이 찍힌 후에 개인의 자기 이미지와 행동이 변하기 시작할 때 나타나는 비행을 말한다. 때에 따라서는 더 극단적인 경우에 1차 비행은 2차 비행으로 변할 수 있다. 예를 들어, 어떤 청소년 학생은 수업을 자주 빠지고 학교에서 싸움을 자주 할 수 있다. 이렇게 될 경우, 교사와 직원은 이 학생을 자주 꾸짖게 된다. 그리고 얼마 지나지 않아서 이 학생은 '문제 청소년'이라는 평판을 얻게 된다. 이렇게 될 경우, 이 학생은 앞에서와 같은 행동을 더 많이 하게 되고, 더 많은 규정을 지키지 않게 된다. 결국, 이 학생은 '문제 청소년'이라는 낙인이 찍히게 되고, 자신은 규범이나 규정을 지키지 않는 존재로 스스로를 인식하게 된다.

2) 거시적 수준의 주요한 이론

비행과 관련해, 거시적 수준의 주요한 이론으로 긴장 이론(strain theory), 사회해체 이론(social disorganization theory), 하위문화 이론(subcultural theory)이 있다.

(1) 긴장 이론(아노미 이론)

긴장 이론은 사회적으로 허용되는 목표를 이루는 것과 이런 목표를 이루기 위해 사회적으로 허용되는 수단을 가지는 것 사이의 관계에 주목하는 이론을 말한다(Griffiths et al., 2019).

(가) 등장과 진전

긴장 이론과 관련된 대표적인 학자는 머튼(Merton)이다. 그러나 긴장 이론은 뒤르켕(Durkheim)과 관련이 있다. 뒤르켕은 아노미(anomie)라는[10] 용어를 사회 현상을 분석하는 데 처음으로 사용한 학자이다. 뒤르켕의 경우, 비행은 사회가 제대로 돌아가기 위해서 필요하다고 보고 있다(Bernburg, 2019; Griffiths et al., 2019).

뒤르켕의 모습: 뒤르켕은 '아노미'라는 용어를 처음으로 사용한 학자이다.
[출처: Wikipedia(2021)]

10) 아노미는 규범(norm)이 없다는 의미로서, 영어로 번역하자면 'normlessness'(규범이 없는 상태)가 된다. 아노미에 대해서는 뒤에서 자세히 설명한다.

뒤르켕과 비행의 역할

뒤르켕에 따르면, 비행은 사람들이 현재 가지는 견해를 바꾸게 함으로써 사회에서 나름의 역할을 하고 있다(Griffiths et al., 2019). 예를 들어, 다문화가족의 청소년들이 자신의 인권을 보장하라고 요구하면서 과격한 행동을 할 경우, 다문화가족의 청소년들은 사회에서 인종 차별을 하는 관습을 바꾸려 하고 있는 것이다.

또한 뒤르켕에 따르면, 비행에 대해 처벌할 경우, 비행은 현재 사회에 있는 규범을 다시 확인해 주는 역할을 하고 있다. 그리고 이렇게 함으로써, 비행은 사회에 이바지하고 있다. 예를 들어, 청소년이 수업을 여러 차례 무단결석을 한 것에 대해 처벌하는 것은, 다른 청소년들도 무단결석을 하면 처벌받을 수 있다는 점을 알려 주는 역할을 하고 있다 (Griffiths et al., 2019).

뒤르켕의 이런 주장을 이어 받은 사람은 머튼이다. 머튼의 경우, 비행은 역할을 제대로 하는 사회에서 중요한 부분이라고 보는 뒤르켕의 주장에 동의하고 있다. 그러나 머튼은 뒤르켕의 이론을 더 확대해서 긴장 이론을 제시하고 있다. 머튼의 경우, 긴장 이론의 바탕이 되는 내용을 1930년대에 처음으로 제시하였다. 따라서 긴장 이론과 관련된 대표적인 학자는 머튼이다. 그 후에 다른 학자들도 긴장 이론에 대한 내용을 제시해 왔다(Bernburg, 2019; Editors of Encyclopaedia Britannica, 2019; Griffiths et al., 2019).

(나) 특징

긴장 이론은 아노미 이론(anomie theory)에서 시작되고 있다. 아노미 이론에서는 폭넓은 사회적 상황이 비행과 범죄 행위에 영향을 미친다고 보고 있다. 이 경우, 아노미는 개인의 행동과 희망을 규제하는 데 필요한 공유된 가치와 기준과 규정을 지키는 사례가 매우 적은 상태를 말한다(Bernburg, 2019).

아노미 이론의 전통을 이어받아, 긴장 이론에서는 사회적으로 허용되는 목적과 이런 목적을 이루기 위해 사회적으로 허용되는 수단 사이의 관계에 주목하고 있다. 긴장 이론의 경우, 비행은 현재 가진 방법을 통해서는 사회적으로 허용되는 목적을 이루지 못하기 때문에 발생한다고 보고 있다(Flowers, 2002; Griffiths et al., 2019).

어떤 사람은 사회적으로 허용되는 목적을 추구하지만, 이런 목적을 이루기 위해 사회적으로 허용되는 방법을 가지고 있지 않을 수 있다. 이와 관련해, 머튼은 사회적으로 허용되는 목적을 가지는 것과 이런 목적을 추구하기 위해 사회적으로 허용되는 방법을 가지고 있지 않은 것 사이의 차이에 대해, 사람들이 대응하는 방식(mode)을 다음과 같이 다섯 가지로 제시하고 있다(Merton, 1938; Griffiths et al., 2019).

① 동조 방식(conformity)이[11] 있다. 동조 방식에서는 사회적으로 허용되는 목적과 사회적으로 허용되는 수단을 모두 받아들이고 있다. 따라서 동조하는 사람의 경우, 사회적으로 허용되는 수단을 통해서 이룰 수 있는 정도 내에서 자신의 목적을 추구하고 있다. 그러므로 동조하는 사람은 비행에 관여하지 않고 있다.

② 혁신 방식(innovation)이[12] 있다. 혁신 방식에서는 사회적으로 허용되는 목적은 받아들이지만, 사회적으로 허용되는 수단은 거부하고 있다. 따라서 혁신하는 사람의 경우, 자신이 합법적 수단을 통해서 이룩할 수 없는 목적을 범죄나 비행이라는 수단을 사용해 추구하고 있다.

③ 의례 방식(ritualism)이[13] 있다. 의례 방식에서는 사회적으로 허용되는 목적은 거부하지만, 사회적으로 허용되는 수단은 받아들이고 있다. 따라서 의례하는 사람

11) 동조는 "남의 주장에 자기의 의견을 일치시키거나 보조를 [맞추는 것]"을 말한다(국립국어원 표준국어대사전. 2021).

12) 혁신은 "묵은 풍속, 관습, 조직, 방법 따위를 완전히 바꾸어서 새롭게 [하는 것]"을 말한다(국립국어원 표준국어대사전. 2021).

13) 의례는 "행사를 정하여진 방식에 따라 치르는" 것을 말한다(국립국어원 표준국어대사전. 2021).

의 경우, 사회적으로 허용되는 수단을 통해서 자신의 목적을 이룰 수 있을 때까지 자신의 목적을 낮게 잡고 있다. 의례하는 사람의 경우, 이루기 어려운 목적을 이루려고 하기보다는 동조하려고 하고 있다.

④ 도피 방식(retreatism)이 있다. 도피 방식에서는 사회적으로 허용되는 목적과 사회적으로 허용되는 수단을 모두 거부하고 있다. 따라서 도피하는 사람의 경우, 사회적으로 허용되는 목적과 수단을 거부하고 있다.

⑤ 반역 방식(rebellion)이 있다. 반역 방식에서는 사회적으로 허용되는 목적과 사회적으로 허용되는 수단을 모두 거부할 뿐만 아니라, 새로운 것으로 대체하려고 하고 있다. 따라서 반역하는 사람의 경우, 사회적으로 허용되는 목적과 수단을 자신이 추구하는 목적과 수단으로 대체하고 있다.

머튼은 앞에서의 내용을 〈표 2-1〉과 같이 정리하고 있다.

〈표 2-1〉 대응 방식의 형태

	문화적 목적*	제도화된 수단*
동조 방식	+	+
혁신 방식	+	−
의례 방식	−	+
도피 방식	−	−
반역 방식	±	±

* '+'는 받아들이는 것, '-'는 거부하는 것, '±'는 거부하고 새로운 목적과 기준으로 대체하는 것을 의미함.

[출처: Merton(1938)]

고전적 긴장 이론과 일반 긴장 이론

긴장 이론을 고전적 긴장 이론(classic strain theory)과 일반 긴장 이론(general strain theory)으로 구분할 수 있다. 머튼의 이론은 고전적 긴장 이론에 속하고 있다. 고전적 긴장 이론에서는 취약한 집단에 주로 주목하고 있다. 고전적 긴장 이론의 경우, 일반적인 목적을 가지지만 이런 목적을 이룰 수 없는 것이 범죄를 유발하는 요인이라고 보고 있다.

그 후에, 일부 학자들은 고전적 긴장 이론을 더 가다듬은 바 있다. 일부 학자들의 연구에서 제시한 내용을 일반 긴장 이론이라고 부르고 있다. 일반 긴장 이론에서는 고전적 긴장 이론에서 부족한 부분을 다루고 있다. 고전적 긴장 이론에서 부족한 부분의 예로 중산층의 사람이 비행을 하는 것에 대한 설명이 적절하지 않은 것이 있다(Editors of Encyclopaedia Britannica, 2019).

(다) 평가

한때는 긴장 이론을 비행을 설명하는 가장 주요한 관점이라고 인식하였다. 그러나 긴장 이론에서는 빈곤을 비행의 주요한 원인으로 보고 있다. 긴장 이론에서 빈곤에 많이 주목하고 있기 때문에, 그동안 긴장 이론은 비판을 받아 왔다(Bridges & Ddesmond, 2021).

하지만 긴장 이론을 따르는 최근 연구의 경우, '긴장'의 의미를 확대하고 있다. 이렇게 함으로써, 최근 연구에서는 긴장 이론의 기본적 원칙을 수정하고 확대해 오고 있다(Bridges & Ddesmond, 2021). 그 결과, 긴장 이론을 쓸모 있게 적용할 가능성이 커지고 있다.

(2) 사회해체 이론

사회해체 이론은 범죄는 사회적 유대가 약하고 사회통제가 없는 지역사회에서 발생한다고 주장하는 이론을 말한다(Griffiths et al., 2019).

(가) 등장과 진전

사회해체 이론은 1920년대와 1930년대에 시카고대학교(University of Chicago)의 사회학자들이 연구한 결과에 근거해 등장하였다. 따라서 사회해체 이론과 관련된 대표적인 학자들은 시카고대학교에서 연구한 학자들이다(Griffiths et al., 2019; Bridges & Ddesmond, 2021).

(나) 특징

사회해체 이론의 경우, 지역사회에 존재하는 사회통제의 측면에 주목하고 있다. 이에 따라서 사회해체 이론에서는, 비행은 사회적 유대가 약하고 사회적 통제가 부족하기 때문에 발생한다고 보고 있다. 사회적 유대가 약하고 사회적 통제가 부족할 경우, 사회가 일부 집단에 대해서는 규범을 지키라고 강요하는 능력이 줄어들게 된다. 따라서 사회해체 이론의 경우, 비행이나 범죄는 사회적 유대가 약하고 사회적 통제가 없는 지역사회에서 발생할 가능성이 가장 크다고 주장하고 있다. 그러므로 사회해체 이론을 주장하는 학자들의 경우, 취약한 지역사회에서 자라는 사람은 비행이나 범죄 행위에 관여할 가능성이 더 크다고 보고 있다(Flowers, 2002; Griffiths et al., 2019; Bridges & Ddesmond, 2021).

사회해체 이론에 따르면, 사람은 범죄자로 태어나는 것이 아니라, 시간이 지나면서 범죄자가 되고 있다. 이렇게 범죄자가 되는 이유는 자신의 사회적 환경에 있는 요인 때문인 경우가 많다(Griffiths et al., 2019).

편안한 지역사회: 사회해체 이론을 따르는 학자들은 취약한 지역사회에서 자라는 사람은 비행에 관여할 가능성이 크다고 본다. [출처: 스웨덴에서 저자 촬영ⓒ]

사회해체 이론과 청소년 비행

사회해체 이론에 따르면, 부유한 동네에서 살고 좋은 학교에 다니고 가족구성원이 지역사회에 적극적으로 관여하는 청소년에 비해서, 약물 사용과 폭력과 10대 임신의 사례가 많은 빈곤한 동네에서 살고 부모가 자녀를 제대로 보살피지 않는 청소년은 범죄에 관여할 가능성이 더 크다(Griffiths et al., 2019).

사회해체 이론을 따르는 최근 학자들의 경우, 도시 지역의 특정한 장소가 비행을 유발하는 공간이 되는 과정에 주목하고 있다. 예를 들어 일부 학자의 경우, 지역에 많은 사람들이 살게 되면 자녀를 감독하기 어려울 가능성이 있다고 주장하고 있다. 이때에 자녀를 잘 감독하지 못할 경우, 자녀는 학교에서 잘하지 못하게 된다. 그리고 이와 더불어, 이런 자녀가 학습에 관심을 가지지 않을 가능성이 더 커지게 되고, 또한 사회의 일반적 가치에 어울리는 기타 행동에 관여할 생각을 하지 않을 가능성이 훨씬 더 커지게 된다. 이렇게 될 경우, 청소년 자녀가 비행에 관여할 가능성은 훨씬 더 커지게 된다(Bridges & Ddesmond, 2021).

(3) 하위문화 이론[14)]

하위문화 이론은 하위문화를 가진 집단에 존재하는 가치와 규범이 사회의 일반적 가치 및 규범과 어긋날 때 비행이 발생한다고 보는 이론을 말한다(Stupperich, Ihm & Harper, 2021).

(가) 등장과 진전

코헨(Cohen)은 하위문화 이론과 관련해 가장 유명한 학자에 속하고 있다. 코헨의 경우, 서더랜드의 차별접촉 이론과 머튼의 긴장 이론을 하나의 이론으로 통합해서 하위문화 이론을 제시하고 있다. 나중에 코헨은 다른 형태의 하위문화도 살펴보고 있다.

그 후에, 다른 학자들도 비행집단의 하위문화에 대해 여러 가지 이론을 제시해 오고 있다(Bernard, 2021; Wickert, 2019).

(나) 특징

하위문화 이론을 이해하기 위해서는 하위문화에 대해 먼저 살펴볼 필요가 있다. 외국의 경우, 하위문화라는 용어는 비행을 이해하기 위해서 사회학과 범죄학 분야에서 많이 사용되어 왔다(Blackman, 2014).

코헨의 경우, 하위문화는 특정한 집단 내에 존재하는 지식, 확신, 믿음, 관습, 좋아하는 것, 편견을 모아 놓은 것이라고 정의하고 있다. 코헨에 따르면, 비행집단의 하위문화의 주요한 특징은 사회의 일반적 가치 및 규범과는 어울리지 않는 가치와 규범을 지닌다는 데 있다(Stupperich, Ihm & Harper, 2021; Wickert, 2019).

14) 하위문화 이론에는 여러 형태가 있으나, 여기에서는 코헨(Cohen)의 이론을 중심으로 설명한다.

하위문화의 구체적 특성

코헨에 따르면, 비행집단의 하위문화는 구체적으로 다음과 같은 특성을 지니고 있다(Wickert, 2019).

① 실용적이지 않다. 즉, 비행이 경제적 합리성에 근거해서 이루어지고 있지 않다.
② 나쁜 의도가 있다. 즉, 비행의 목적이 다른 사람을 괴롭히거나 해치는 데 있다.
③ 부정적이다. 즉, 사회의 일반적 가치를 의식적으로 거부하기 위해서 비행을 하고 있다.
④ 여러 가지가 있다. 즉, 비행의 형태가 다양하다.
⑤ 쾌락적이다. 즉, 비행에서는 순간적 즐거움을 추구하는 데 관심을 가지고 있다.
⑥ 저항적이다. 즉, 사회의 가치를 따르라는 압력에 대해서는 저항하고 있으나, 자기 집단의 구성원과 가치와 규범에 대해서는 잘 따르고 있다.

코헨은 비슷한 사회적 환경을 경험하는 사람들 사이에는 비슷한 생각을 하게 되는 경우가 많다고 주장하고 있다. 따라서 코헨의 경우, 범죄에 가담하는 대부분의 청소년은 하위문화를 가진 비행집단에 소속되어 있다고 가정하고 있다.

코헨에 따르면, 청소년이 하위문화를 가진 집단에 모이는 것은 이 집단의 구성원들이 적응과 관련된 문제를 겪고 있고 또한 자신의 낮은 계층과 관련된 문제를 겪고 있기 때문이다. 이런 문제는 계급 사회에서 불평등이 존재하기 때문에 발생하고 있다. 특히 코헨은 비행에 관여하는 청소년은 사회적 지위를 이루기 위한 일반적 방법을 가지고 있지 않은 경우가 많다고 주장하고 있다. 이에 따라서 이런 청소년은 사회의 일반적 기대와는 반대로 나아가는 비행집단을 형성하고 있다. 그러므로 코헨의 경우, 비행은 계급 사회에서 불평등한 기회 때문에 생긴 문제에 대해서 집단적이고 현실적이고 빠르게 해결하는 방법이라고 보고 있다(Stupperich, Ihm & Harper, 2021; Bernard, 2021;

Wickert, 2019).

(다) 평가

코헨의 하위문화 이론의 경우, 일부 집단에서의 비행은 흔히 있는 것이라는 점을 이해하는 데 도움을 주고 있다. 그러나 코헨의 하위문화 이론은 청소년 비행에게만 적용된다는 단점을 지니고 있다(Wickert, 2019).

Points

* 비행과 관련된 미시적 수준의 주요한 이론으로 차별접촉 이론, 사회통제 이론, 낙인 이론이 있다. 차별접촉 이론에서는 개인은 비행에 대한 모델이 되고 비행할 기회를 제공하는 친한 사람으로부터 비행을 배운다고 본다. 사회통제 이론에서는 사회적 유대의 크기는 사회통제에 직접적으로 영향을 미치고 또한 비행은 사회와 연계되어 있지 않다고 느끼기 때문에 생긴다고 본다. 낙인 이론에서는 사회구성원이 다른 사람에 대해 비행을 한 사람이라고 낙인을 찍는 것에 주목한다.
* 비행과 관련된 거시적 수준의 주요한 이론으로 긴장 이론, 사회해체 이론, 하위문화 이론이 있다. 긴장 이론에서는 사회적으로 허용되는 목표를 이루는 것과 이런 목표를 이루기 위해 사회적으로 허용되는 수단을 가지는 것 사이의 관계에 주목한다. 사회해체 이론에서는 범죄는 사회적 유대가 약하고 사회통제가 없는 지역사회에서 발생한다고 본다. 하위문화 이론에서는 하위문화를 가진 집단에 존재하는 가치 · 규범이 사회의 일반적 가치 · 규범과 어긋날 때 비행이 발생한다고 본다.

4. 청소년문제에 대한 이론의 통합

앞에서 살펴본 바와 같이, 청소년문제에 대한 이론은 비행 이론과 밀접하게 관련되어 있다. 그러나 각 비행 이론에서는 몇 개의 주요한 요소에만 주목하고 있다. 따라서 각 비행 이론은 비행의 일부 범위만을 설명할 수 있을 뿐이다. 하지만 많은 학자들은 비행의 원인은 다양하고 매우 복잡하다고 보고 있다. 따라서 서로 다른 비행 이론들을 통합하는 데 관심을 가질 필요가 있다(Bridges & Ddesmond, 2021).

그러나 여러 비행 이론들을 의미 있게 통합하기 위해서는, 비행과 관련된 요인들을 단순하게 통합하는 것 이상의 작업을 할 필요가 있다. 우선, 이를 위해서 학자들은 여러 비행 이론들의 서로 반대되는 내용을 조정할 필요가 있다. 이 경우, 조정할 내용의 예로 사회에 대한 가정, 인간 행동을 유발하는 동기, 비행의 원인이 있다(Bridges & Ddesmond, 2021).

청소년복지 영역에서 활동하는 전문가들이 청소년문제에 대한 여러 이론을 폭넓게 사용하는 것에 대해 토의한 후에 기념 촬영하는 모습: 여러 비행 이론들을 의미 있게 통합하기 위해서는, 비행과 관련된 요인들을 단순하게 통합하는 것 이상의 작업을 할 필요가 있다. [출처: 유호석 님 제공]

이론을 통합하는 것과 관련된 예로 사회학습 이론(차별접촉 이론)과 사회통제 이론을 들 수 있다. 사회학습 이론에서는 비행을 유발하는 동기에 크게 주목하고 있다. 따라서 사회학습 이론에서는 개인에게 비행을 유발하는 믿음과 태도가 중요하다는 점을 강조하고 있다. 이와는 대조적으로, 사회통제 이론에서는 비행을 유발하는 동기는 중요하다고 보지 않는 경향이 있다. 그 대신에, 사회통제 이론에서는 사람이 비행에 관여하지 않게 제약하는 사회적 환경의 측면에 주목하고 있다. 사회학습 이론과 사회통제 이론 사이의 이런 차이점을 조정하는 것은 결코 쉬운 일이 아니다. 그리고 때에 따라서는 이와 같이 하는 것이 불가능할 수도 있다(Bridges & Ddesmond, 2021).

Points

* 비행의 원인은 다양하고 매우 복잡하므로, 비행 이론들을 통합하는 데 관심을 가질 필요가 있다.

PART 2

정신건강과 관련된 청소년문제

Chapter 03 청소년의 우울문제
Chapter 04 청소년의 자살문제

CHAPTER 03

청소년의 우울문제

-CONTENTS-

1. 청소년과 우울
2. 우울의 정의
3. 청소년 우울의 실태
4. 청소년 우울을 유발하는 요인
5. 청소년 우울의 증상
6. 청소년 우울이 미치는 영향
7. 청소년 우울에 대한 진단
8. 청소년 우울에 대한 치료
9. 청소년의 우울문제에 대한 보호 방안

1. 청소년과 우울

청소년기는 신체적 · 정서적 영역에서 빠르게 변화하는 시기이다. 그리고 여러 가지 원인 때문에, 청소년기에는 기분이 좋은 상황과 기분이 좋지 않은 상황이 자주 변할 수 있다(Mayo Clinic, 2021). 이에 따라서 청소년은 좋은 정신건강을 유지하는 데 어려움을 겪을 수 있다. 그 결과, 청소년은 정신건강과 관련된 여러 가지 문제를 경험할 수 있다(노병일 · 노대겸, 2019).

청소년이 겪고 있는 다양한 정신건강문제들 중에서 가장 널리 퍼져 있는 문제는 우울(depression)과 관련된 문제이다. 물론, 청소년이 아닌 인구층(예컨대, 일반 성인과 노인)도 우울을 겪고 있다. 하지만 청소년은 이들과는 다른 증상을 보여 주면서 우울을 겪는 경우가 많다.

우울은 전 세계적으로 질병과 장애를 유발하는 주요한 원인이 되고 있다(Bernaras, Jaureguizar & Garaigordobil, 2019). 특히 우울은 청소년의 정서적 영역에서 매우 부정적인 영향을 미칠 뿐만 아니라, 신체적 영역에서도 부정적인 영향을 미치고 있다. 또한 청소년의 우울은 학습과 관련된 영역에서도 영향을 미치고 있다. 그리고 청소년이 우울을 심각하게 겪을 경우, 청소년은 자살을 시도하거나 실제로 자살할 수도 있다. 따라서 우울은 청소년의 삶을 송두리째 바꾸어 놓을 수도 있다. 또한 청소년의 우울은 청소년의 가족과 사회와 국가에도 매우 부정적인 영향을 미치고 있다.

결국, 청소년 우울은 중요한 청소년문제에 속하고 있다. 그러나 청소년 우울은 예방될 수 있다. 그리고 다행스럽게도 청소년 우울은 치료될 수 있다(American Psychiatric Association, 2021; Morin, 2020). 그러므로 청소년문제를 다루는 영역에서는 청소년의 우울을 효과적으로 예방하고 파악하고 치료하는 것에 대해 관심을 가질 필요가 있다.

Points

* 청소년이 겪는 다양한 정신건강문제들 중에서 가장 널리 퍼져 있는 문제는 우울과 관련된 문제이다.
* 청소년 우울은 개인과 가족과 사회와 국가에 매우 부정적인 영향을 미친다.
* 청소년문제를 다루는 영역에서는 청소년의 우울을 효과적으로 예방 · 파악 · 치료하는 데 관심을 가질 필요가 있다.

2. 우울의 정의

여러 학자와 기관은 우울에 대해 나름대로 정의해 왔다. 그동안 우울에 대해 정의한 것을 몇 가지 제시하면 다음과 같다(한국사회복지협의회, 1993; Barker, 2003; American Psychiatric Association, 2020).

① 우리나라 사회복지협의회에서 발간한 사전에 따르면, 우울은 "의기[1] 상실한 기분으로 정신운동 저하,[2] 불면증, 체중 감소를 수반한[3] 정신적 증후군"을[4] 말한다.

② 미국 전국사회복지사협회에서 발간한 사전에 따르면, 우울은 슬픈 것, 절망에 빠져 자신을 포기하는 것, 미래에 대해 비관적인 것, 활동과 생산성이 줄어드는 것,

1) 의기는 "어떤 일을 하려고 [꾀하는 것]"을 말한다(국립국어원 표준국어대사전, 2021).
2) 저하는 "정도, 수준, 능률 따위가 떨어져 [낮아지는 것]"을 말한다(국립국어원 표준국어대사전, 2021).
3) 수반은 "어떤 일과 더불어 [생기는 것]"을 말한다(국립국어원 표준국어대사전, 2021).
4) 증후군은 "몇 가지 증후가 늘 함께 나타나지만, 그 원인이 명확하지 아니하거나 단일하지 아니한 병적인 증상들을 통틀어 이르는 말"이다(국립국어원 표준국어대사전, 2021).

자는 데 어려움을 겪는 것, 심하게 피곤한 것, 자신을 미워하는 것의 특징을 지니는 감정적인 반응을 말한다.

③ 미국 정신의학학회에 따르면, 우울은 느끼는 방식, 생각하는 방식, 행동하는 방식에 부정적인 영향을 미치는 일반적이고 심각한 의학적 질병을 말한다.

정리하건대, 우울은 생활에 대해 부정적으로 인식하는 탓에, 느끼고 생각하고 행동하는 데 크게 어려움을 겪는 마음 상태라고 볼 수 있다(노병일 · 모선희, 2007). 그리고 우울에 대해 이렇게 정리할 경우, 청소년 우울은 청소년이 자신의 삶에 대해 부정적으로 인식하기 때문에, 느끼고 생각하고 행동하는 데 크게 어려움을 겪는 마음 상태라고 볼 수 있다.

Points

* 청소년 우울은 청소년이 자신의 삶에 대해 부정적으로 인식하기 때문에, 느끼고 생각하고 행동하는 데 크게 어려움을 겪는 마음 상태이다.

3. 청소년 우울의 실태

오늘날에 세계의 청소년은 우울문제로 어려움을 겪는 경우가 많은 것으로 알려져 있다. 예를 들어 미국의 경우, 우울 때문에 어려움을 겪는 청소년이 적지 않은 것으로 알려져 있다. 그러나 청소년이 우울을 겪는 비율은 조사 결과에 따라 크게 차이가 나고 있다(노병일 · 노대겸, 2019; Morin, 2020; Beirao, Monte, Amaral, Longras, Matos & Villas-Boas, 2020).

아동기에는 우울이 나타나는 비율이 남성 아동과 여성 아동 사이에 크게 차이가 없는 것으로 알려져 있다. 하지만 청소년기에는 남성 청소년보다는 여성 청소년에게서 우울이 더 나타나는 것으로 알려져 있다. 이런 상황은 성인기에서의 상황과 비슷하다(Beirao et al., 2020).

Points

* 세계적으로 청소년은 우울문제로 어려움을 겪는 경우가 많다.

4. 청소년 우울을 유발하는 요인

1) 일반적 요인

청소년 우울은 여러 가지 요인 때문에 나타날 수 있다. 우선, 청소년 우울은 생물학적 요인 때문에 나타날 수 있다. 예를 들어, 생물학적 관점에 근거한 이론에서는 잠을 자는 것과 관련된 장애, 뇌의 구조가 변화한 것, 유전자의 영향 등의 측면에서 우울을 설명하고 있다.

또한 청소년 우울은 심리적 요인 때문에 나타날 수 있다. 예를 들어, 심리학적 관점에 근거한 이론에서는 우울을 애착, 자신을 통제하는 것, 사람들 사이의 관계, 스트레스를 주는 생활 사건 등의 측면에서 설명하고 있다(Bernaras, Jaureguizar & Garaigordobil, 2019).

이 중에서, 청소년이 다음과 같은 상황에 있는 것은 청소년 우울을 유발할 수 있는 일반적 요인에 속하고 있다(Mayo Clinic, 2021; Beirao et al., 2020; Kwak & Ickovics, 2019).

① 자신을 가치 있는 존재로 인식하는 데 부정적인 영향을 미치는 상태에 있다. 이런 예를 몇 가지 제시하면 다음과 같다.

㉠ 몸이 비만한 상태에 있다.

㉡ 친구와의 관계에서 어려움을 겪고 있다.

㉢ 오랫동안 괴롭힘을 당하고 있다.

㉣ 학습과 관련해 어려움을 겪고 있다. 특히 우리나라에서 공부와 관련된 스트레스는 우울과 크게 관련되고 있다.

비만과 우울 사이의 관계

오늘날의 사회에서 몸무게가 많이 나가는 것은 청소년 자신의 이미지에 부정적인 영향을 미칠 수 있다. 이렇게 될 경우, 청소년이 우울을 겪을 가능성이 커지게 된다.

더구나 우울한 청소년은 덜 건강한 생활을 할 수 있고, 스트레스를 제대로 통제하지 못할 수 있다. 이에 따라서, 우울한 청소년은 몸무게가 더 늘어나는 방향으로 나아갈 수 있다(Beirao et al., 2020).

② 우울 이외의 다른 정신건강문제를 겪고 있다. 이런 정신건강문제의 예로 불안 장애, 성격 장애가 있다.

③ 어린 아동기에 마음의 상처를 주는 사건을 겪은 것이 있다. 이런 사건의 예로 신체적 학대를 당한 것, 정서적 학대를 당한 것, 부모와 이별한 것이 있다.

④ 계속해서 고통스러운 상태에 있거나, 고치기 힘든 신체적 질병이 있다. 이런 예로 암이나 당뇨나 천식으로 어려움을 겪는 것이 있다.

⑤ 알코올이나 담배나 기타 약물을 잘못 사용하고 있다.[5)]

⑥ 동성애를 좋지 않게 보는 사회적 분위기에서 동성애자로 살고 있다.

2) 가족과 관련된 요인

가족과 관련된 요인은 청소년에게 우울을 유발하는 요인이 될 수 있다. 예를 들어, 청소년이 다음과 같은 상황에 있는 것은 청소년 우울을 유발할 수 있는 요인에 속하고 있다(Mayo Clinic, 2021; Beirao et al., 2020).

① 부모나 조부모나 기타 친척이 우울이나 기타 문제를 겪은 적이 있다.

② 가족구성원이 자살로 사망한 적이 있다.

③ 가족이 역할을 제대로 하지 못하고 있고, 가족구성원들 사이에 갈등하고 있다.

④ 가족과 관련해 최근에 스트레스를 주는 사건을 겪은 적이 있다. 이런 사건의 예로 부모가 이혼한 것, 가족구성원이 사망한 것이 있다.

5) 약물이 청소년 우울을 유발하는 것에 대해서는 약물문제를 다루는 장(제5장)에서도 설명한다.

Points

* 청소년 우울은 여러 가지 요인 때문에 나타날 수 있다.
* 가족과 관련된 요인은 청소년 우울을 유발하는 요인이 될 수 있다.

5. 청소년 우울의 증상

1) 청소년 우울을 보여 주는 증상

청소년이 우울을 겪을 경우, 여러 영역에서 증상이 나타날 수 있다. 청소년이 우울을 겪을 경우에 나타날 수 있는 증상을 몇 가지 제시하면 다음과 같다(Mayo Clinic, 2021; Shain, 2016a; Katrina & Patriquin, 2019; Stanford Children's Health, 2021).

① 슬퍼하고 있다.

② 좌절하고 있거나 분노하고 있다. 이 경우, 사소한 문제에 대해서조차도 좌절하거나 분노하고 있다.

③ 흥분해 있거나 들떠 있다. 이런 예로 왔다 갔다 하는 것, 가만히 앉아 있지 못하는 것이 있다.

④ 희망이 없다고 느끼고 있거나, 허무하다고 느끼고 있다.

⑤ 거절당한 것이나 실패한 것에 대해 너무 민감하게 반응하고 있다.

⑥ 자신을 가치 있는 존재로 생각하지 않고 있다.

⑦ 삶과 미래에 대해 항상 부정적으로 인식하고 있다.

⑧ 일상 활동에 대해 관심을 가지지 않고 있거나, 일상 활동에서 즐거움을 느끼지 못하고 있다.

⑨ 가족과 친구에 대해 관심을 가지지 않고 있거나, 가족이나 친구와의 관계가 좋지 않다.

⑩ 사회적으로 고립되어 지내고 있다.

⑪ 학교 성적이 좋지 않거나, 학교를 자주 결석하고 있다.

⑫ 생각하고 집중하고 결정을 내리고 기억하는 데 어려움을 겪고 있다.

⑬ 잠자는 데 어려움을 겪고 있거나, 너무 많이 잠자고 있다.

⑭ 식욕이 변하고 있다. 이런 예로 식욕이 줄어들어서 몸무게가 줄고 있는 것, 식욕이 늘어나서 몸무게가 늘고 있는 것이 있다.

⑮ 특별한 이유가 없이 몸과 머리가 아프다고 자주 불평하고 있다.

⑯ 개인의 위생이나 외모에 대해 신경을 덜 쓰고 있다.

⑰ 분노를 밖으로 갑자기 드러내거나, 위험한 행동을 하고 있다.

⑱ 알코올이나 기타 약물을 사용하고 있다.

⑲ 자신을 해치고 있다. 이런 예로 자신의 신체를 베는 것, 자신의 신체를 태우는 것, 자신의 신체에 과도하게 문신하는 것이 있다.

⑳ 죽는 것이나 자살하는 것에 대해 자주 생각하고 있다.

함께 돌아다니는 청소년들: 사회적으로 고립되어 지내는 것은 우울을 보여 주는 증상일 수 있다. [출처: 독일에서 저자 촬영©]

2) 고려할 점

우울은 살아가면서 어느 때고 나타날 수 있다. 그러나 청소년에게 나타나는 우울 증상과 성인에게 나타나는 우울 증상은 서로 다를 수 있다. 또한 청소년의 우울 증상은 우울이 심각한 정도에 따라 차이가 날 수 있다(Beirao et al., 2020; Mayo Clinic, 2021).

청소년의 우울은 불안과 관련될 수 있다. 사실, 청소년기에는 불안도 많이 경험하고 있다. 실제로, 청소년기의 심각한 불안은 우울과 함께 나타나는 경우가 많은 것으로 알려져 있다(노병일 · 노대겸, 2019; Katrina & Patriquin, 2019).

또한 우울을 겪는 성인에 비해서, 우울을 겪는 청소년은 불안한 상태에 있는 경우가 더 많고, 사회의 가치에 어긋나는 행동을 하는 경우가 더 많고, 성격 장애를 가지는 경우가 더 많은 것으로 알려져 있다(Beirao et al., 2020).

Points

* 청소년이 우울을 겪을 경우, 여러 영역에서 증상이 나타날 수 있다.
* 청소년에게 나타나는 우울 증상과 성인에게 나타나는 우울 증상은 서로 다를 수 있다.
* 청소년 우울은 불안과 관련될 수 있다.

6. 청소년 우울이 미치는 영향

1) 청소년에게 미치는 영향

청소년 우울은 청소년 개인에게 부정적인 영향을 미치고 있다. 무엇보다도 청소년 우울은 청소년의 정신건강을 더 좋지 않게 할 가능성이 크다. 또한 청소년 우울은 청소년의 신체적 영역에서 부정적인 영향을 미칠 가능성이 크다. 그리고 이렇게 해서 좋지 않게 된 신체적 건강은 다시 청소년의 정신건강에 부정적인 영향을 미칠 가능성이 크다. 이런 탓에, 청소년 우울은 청소년에게 정서적 문제와 신체적 문제를 유발할 가능성이 크다.

그리고 청소년 우울은 청소년이 생각하고 느끼고 행동하는 방식에 영향을 미치고 있다. 따라서 청소년 우울은 사회적 영역과 교육적 영역에서 부정적인 영향을 미칠 수 있다.

한편 청소년 우울은 청소년에게 자살을 유발하는 주요한 요인이 되고 있다.[6] 따라서 우울한 청소년은 자살할 가능성이 있다. 이것은 우울할 가능성을 보여 주는 상황이 심각하지 않은 경우와 우울한 증상이 심각하게 보이지 않은 경우에조차도 해당하고 있다. 실제로 청소년 우울은 청소년이 자살을 생각하거나 시도하는 것과 크게 관련되고 있다.

결국, 청소년 우울은 청소년이 제 역할을 하는 데 크게 어려움을 유발할 수 있다. 특히 심각하고 지속적인 우울은 청소년의 모든 생활 영역에서 부정적인 영향을 미칠 수 있다.

2) 청소년의 가족에게 미치는 영향

청소년 우울은 청소년의 가족에게도 부정적인 영향을 미치고 있다. 청소년 우울 때문에 청소년의 신체적 건강과 정신건강이 좋지 않게 될 경우, 청소년의 부모와 기타 가족구성원은 청소년의 불안정한 정서 때문에 크게 민감해질 가능성이 크다. 이렇게 될 경우, 청소년 가족의 분위기가 좋지 않게 될 가능성이 크다. 이런 상황은 청소년과

6) 청소년의 우울과 자살에 대해서는 앞에서 이미 설명한 바 있다.

기타 가족구성원 사이의 관계에 더 부정적인 영향을 미칠 수 있다.

이런 탓에, 청소년 우울은 청소년의 가족구성원 모두에게 부정적인 영향을 미치게 된다. 특히 청소년 우울은 청소년의 가족이 제 역할을 하는 데 부정적인 영향을 미칠 가능성이 크다.

그리고 청소년이 우울 때문에 자살을 시도하거나 자살할 경우, 청소년의 부모와 기타 가족구성원은 엄청난 고통을 겪게 된다.[7)]

3) 사회와 국가에 미치는 영향

청소년 우울은 사회와 국가에도 부정적인 영향을 미치고 있다. 청소년이 우울한 상태에 있을 경우, 청소년은 위험한 행동을 하거나 사회의 가치에 어긋나는 행동을 할 수 있다. 이렇게 되면, 사회와 국가는 청소년 우울 때문에 피해를 볼 수 있다.

때에 따라서는 청소년 우울 때문에 나타난 문제에 대처하느라, 사회와 국가는 비용을 크게 부담할 수도 있다. 이런 탓에, 청소년 우울은 사회와 국가에도 비용 측면에서 부정적인 영향을 미칠 수 있다.

Points

* 청소년 우울은 청소년 개인과 가족과 사회와 국가에 부정적 영향을 미친다.
* 청소년 우울은 청소년에게 자살을 유발하는 주요한 요인이다.

7) 청소년 자살이 미치는 영향에 대해서는 자살문제를 다루는 장(제4장)에서 자세히 설명한다.

7. 청소년 우울에 대한 진단

청소년이 우울한 정도를 파악하고 이에 근거해 개입하기 위해서는, 청소년 우울에 대해 진단하는 작업이 필요하다. 우울을 진단하는 기준은 잘 정해져 있다(Beirao et al., 2020). 따라서 청소년 우울을 진단하는 기준에 대해서는 크게 어려움이 없을 수 있다. 청소년이 우울한 상태에 있는 것으로 의심될 경우, 이런 진단 기준에 근거해서 청소년이 우울한 상태를 정확하게 진단할 필요가 있다.

그러나 청소년 우울을 정확히 진단하는 것은 쉽지 않을 수 있다. 그리고 청소년 우울을 진단하는 것은 복잡할 수 있다(Beirao et al., 2020).

청소년 우울에 대한 검사

청소년 우울을 일찍 파악하기 위해서는 청소년의 우울을 검사하는 도구가 필요하다. 청소년 우울을 파악하기 위해 가장 일반적으로 사용되는 검사도구는 벡(Beck)의 우울 척도(Beck Depression Inventory, BDI)와 청소년 환자 건강 척도(Patient Health Questionnaire for Adolescents, PHQ-A)이다.

BDI는 처음에는 성인의 우울 증상을 파악하기 위해 개발되었다. 그러나 BDI는 성인과 청소년의 우울을 파악하기 위해 널리 사용되고 있다.

PHQ-A는 청소년의 우울을 파악하기 위해서 사용될 수 있는 도구이다. PHQ-A에서는 제 역할을 할 수 있는 정도를 측정하고 있다. 또한 PHQ-A의 경우, 자살 생각과 자살 시도에 대해서도 질문하고 있다(Beirao et al., 2020).

일반적으로 청소년 우울을 진단하기 위해서는 면담할 필요가 있다. 이때 전문가는 청소년 혼자와 면담할 수도 있고, 청소년의 가족이나 기타 보호자와 함께 면담할 수도 있다. 이 경우, 전문가는 다음과 같이 할 필요가 있다(Beirao et al., 2020).

① 청소년이 여러 영역에서 제 역할을 제대로 하는 정도를 살펴본다.

② 청소년이 우울 이외의 정신건강문제를 겪고 있는지를 살펴본다.

청소년 우울을 우울 이외의 다른 정신건강문제로 잘못 진단할 수도 있다. 따라서 전문가는 청소년 우울을 다른 정신건강문제와 구분해 올바르게 진단할 필요가 있다. 왜냐하면 각각의 정신건강문제는 치료하는 방법과 그 후에 진행되는 과정에서 차이가 나기 때문이다(Beirao et al., 2020).

Points

* 청소년이 우울 상태에 있는 것으로 의심될 경우, 청소년의 우울 상태를 정확하게 진단할 필요가 있다.
* 청소년 우울을 우울 이외의 다른 정신건강문제로 잘못 진단할 수도 있다.

8. 청소년 우울에 대한 치료

1) 치료의 필요성

앞에서 설명한 바와 같이, 청소년 우울은 심각한 문제를 유발할 수 있다. 따라서 청소년이 우울을 치료하지 않을 경우, 청소년은 정서적 영역, 행동과 관련된 영역, 건강과 관련된 영역 등에서 어려움을 겪을 수 있다. 이런 상황은 청소년의 삶의 모든 영역에서 다시 크게 영향을 미칠 수도 있다.

청소년이 겪는 우울 증상은 시간이 지난다고 해서 저절로 줄어들지 않을 가능성이 있다. 따라서 청소년이 우울을 치료하지 않을 경우, 청소년의 우울 증상이 더 심해지거나 청소년에게 다른 문제가 나타날 수도 있다(Mayo Clinic, 2021).

그러므로 청소년이 우울한 상태에 있는 것으로 진단될 경우, 청소년 우울에 대해 치료할 필요가 있다. 대부분의 청소년은 우울에 대해 치료를 받으면 우울 증상이 줄어들 가능성이 크다(Mayo Clinic, 2021).

2) 치료 방법

우울은 치료될 수 있다. 그러나 청소년 우울을 치료하기 위해서는 전문가의 도움을 받을 필요가 있다(Morin, 2020a).

청소년 우울을 치료하는 방법에는 여러 가지가 있을 수 있다. 청소년 우울을 치료하는 방법을 몇 가지 제시하면 다음과 같다(Beirao et al., 2020).

① 심리 치료(psychotherapy)가 있다. 심리 치료의 예로 인지행동 치료(cognitive behavioral therapy), 대인 치료(interpersonal therapy)가 있다. 인지행동 치료에서는 생각하는 것을 바꾸어서 행동을 바꾸는 데 주목하고 있다. 대인 치료에서는 사람들 사이의 관계를 개선하는 데 주목하고 있다. 인지행동 치료와 대인 치료는 효과가 있는 것으로 알려져 있다.

② 약물 치료(pharmacotherapy)가 있다. 약물 치료에서는 약물을 사용하고 있다. 심리 치료를 이용할 수 없거나 심리 치료를 적용할 수 없을 경우, 약물 치료를 대신 사용할 수 있다.

③ 심리 치료와 약물 치료를 함께 사용하는 치료가 있다.

개인 미술치료에 참여 중인 청소년: 심리 치료는 청소년 우울을 치료하는 주요한 방법의 하나이다. [출처: 전영신 님 그림©]

청소년 우울을 치료하는 방법을 선택할 때는 여러 가지 측면을 고려할 필요가 있다. 예를 들어, 청소년 우울을 치료하는 방법을 선택할 경우에는 다음과 같이 할 필요가 있다(Beirao et al., 2020).

① 우울 상태가 심각한 정도를 고려한다.

② 청소년과 가족이 원하는 방법을 고려한다.

③ 우울을 유발한 것으로 보이는 요인을 고려한다.

④ 가족이 청소년을 지지해 주는 정도를 고려한다.

⑤ 각각의 치료 방법을 이용할 수 있는 정도를 고려한다.

3) 고려할 점

다음과 같은 상태에 있는 청소년에게는 심리 치료를 우선적으로 고려할 필요가 있다(Beirao et al., 2020).

① 약물을 사용하는 것을 두려워하고 있다.

② 스트레스를 유발한 요인을 잘 알고 있다.

③ 다른 치료 방법은 효과적이지 않다.

우울한 정도가 심하지 않은 청소년에게는 처음에는 심리 치료를 할 수 있다. 그러고 나서 심리 치료가 효과가 없을 경우, 약물 치료도 함께할 수 있다(Beirao et al., 2020).

한편 우울은 빨리 치료하는 것이 중요하다. 이런 상황은 청소년에게도 그대로 해당하고 있다. 따라서 청소년이 우울할 가능성을 보여 주는 상황을 맞이할 경우, 빨리 치료를 받을 필요가 있다.

우울은 짧은 기간에 완전하게 치료되기 어려운 경우가 많다. 또한 우울은 재발될 가능성이 있다. 이런 상황은 청소년에게도 그대로 해당하고 있다. 따라서 청소년 우울에 대해서는 꾸준히 치료할 필요가 있다. 특히 전문가가 청소년에게 치료를 받으라고 할 경우, 청소년은 우울 증상이 다시 또 나타나지 않도록 하기 위해서 꾸준히 치료를 받을 필요가 있다. 이것은 청소년에게 우울 증상이 줄어든 경우에조차도 그렇다(Mayo Clinic, 2021).

Points

* 청소년이 우울 상태에 있는 것으로 진단될 경우, 청소년 우울에 대해 치료할 필요가 있다.
* 청소년 우울을 치료하는 방법으로 심리 치료, 약물 치료, 심리 치료와 약물 치료를 함께 사용하는 치료가 있다.
* 청소년 우울에 대해서는 빨리 그리고 꾸준히 치료를 받을 필요가 있다.

9. 청소년의 우울문제에 대한 보호 방안

청소년의 우울에 대해 앞에서 살펴본 내용에 근거해, 청소년의 우울문제를 줄이거나 없애기 위한 방안을 몇 가지 제시하면 다음과 같다.

1) 일반적 방안

(1) 예방 측면에의 주목

청소년 우울에 대해서 중요한 것은, 청소년이 심각한 우울을 처음부터 겪지 않도록 하는 것이다. 따라서 청소년 우울을 예방하는 데 주목하는 것은 매우 중요하다. 그러므로 청소년과 관련된 모든 사람과 조직과 기관은 청소년 우울을 예방하는 데 적극적으로 관심을 가질 필요가 있다.

그러나 우울을 예방하기 위한 확실한 방안은 없는 것으로 알려져 있다. 하지만 일부 방안은 우울을 예방하는 데 도움이 될 수 있다. 청소년 우울을 예방하는 데 도움이 될 수 있는 일반적 방안을 몇 가지 제시하면 다음과 같다(Mayo Clinic, 2021).

① 스트레스를 잘 관리하게 한다.

② 어려움을 겪고 나서 다시 원래대로 돌아갈 수 있는 능력을 키우게 한다.

③ 자신을 가치 있는 존재로 생각하게 한다.

청소년 우울을 예방하기 위한 개입 방법의 형태

청소년 우울을 예방하기 위해 개입하는 방법에는 여러 가지가 있을 수 있다. 이 경우, 청소년 우울을 예방하기 위해 개입하는 방법을 다음과 같이 구분할 수 있다(Beirao et al., 2020).

① 보편적 개입(universal intervention)이 있다. 보편적 개입의 경우, 청소년 집단 전체를 대상으로 하고 있다.

② 선별적 개입(selective intervention)이 있다. 선별적 개입의 경우, 우울이 나타날 가능성이 있는 청소년을 대상으로 하고 있다.

③ 지시적 개입(indicated intervention)이 있다. 지시적 개입의 경우, 우울 증상은 보이지 않지만 우울한 상태에 있는 것으로 보이는 청소년을 대상으로 하고 있다.

(2) 사회적 지지의 제공

사회적 지지는 정신건강문제가 나타나지 않게 하거나 줄여 주는 데 도움을 주고 있다(노병일 · 모선희, 2007). 따라서 여러 수준에서 청소년에게 제공하는 사회적 지지는 청소년 우울과 관련된 문제를 줄이거나 없애는 데 도움을 줄 수 있다.

교사와 청소년 학생들: 교사가 청소년에게 제공하는 사회적 지지는 우울과 관련된 문제를 줄이거나 없애는 데 도움을 줄 수 있다. [출처: 일본에서 저자 촬영©]

그러므로 청소년의 가정과 학교와 지역사회에서는 우울한 청소년을 지지해 주는 데 적극적으로 관여할 필요가 있다. 이것은 우울할 가능성이 큰 청소년의 경우에 특히 그렇다.

(3) 이른 개입과 꾸준한 치료

우울에 대해서는 빨리 개입하는 것이 중요하다. 그러므로 청소년이 우울한 상태에 있는 것으로 판단될 경우, 빠르게 진단하고 개입할 필요가 있다.

그리고 우울은 재발하는 특성을 지니고 있다. 그러므로 청소년이 우울에 대해 치료를 받을 경우, 우울 증상이 당장 없어진다고 해도 전문가의 최종 판단이 내려질 때까지는 꾸준히 치료받게 할 필요가 있다.

2) 구체적 방안

(1) 전문가 관련

청소년 우울은 전문적 분야에 속하기 때문에, 청소년 우울과 관련해서는 전문가의 역할이 무엇보다도 중요하다. 그러므로 전문가는 청소년 우울과 관련해 나름의 역할을 할 필요가 있다.

무엇보다도, 청소년문제에 관여하는 전문가는 청소년 우울과 관련해 다음과 같이 할 필요가 있다(Beirao et al., 2020).

① 청소년 우울을 일찍 파악한다.

② 청소년 우울을 치료한다.

③ 필요할 경우, 청소년을 정신건강 전문가에게 의뢰한다.

(2) 부모 관련

청소년과 가까이에서 지내는 부모는 청소년이 우울한 상태에 있음을 가장 빠르게 알 수 있는 경우가 많다. 따라서 청소년의 부모는 청소년 우울을 보여 주는 증상을 잘 알고 있을 필요가 있다. 그러므로 청소년과 관련된 기관은 부모가 청소년 우울에 대해 알 수 있는 기회를 제공할 필요가 있다.

그리고 청소년 자녀에게 우울할 가능성을 보여 주는 상황과 우울한 증상이 계속될 경우, 부모는 청소년 자녀의 삶에 관여할 필요가 있다. 이 경우, 부모는 청소년 자녀의 자살 가능성이나 청소년 자녀의 안전에 대해서도 관심을 가질 필요가 있다. 또한 부모는 이와 관련해, 청소년과 관련된 의사나 정신건강 전문가와 상담할 필요가 있다(Mayo Clinic, 2021).

(3) 친구 관련

청소년에게 친구는 자신의 마음을 터놓고 이야기를 나눌 수 있는 존재이다. 친구는 청소년의 상황을 이해하고 공감해 줌으로써, 청소년이 정서적으로 안정된 상태를 유지하는 데 도움을 줄 수 있다. 이렇게 될 경우, 청소년의 우울이 줄어들거나 없어질 수 있다.

이렇게 하기 위해서는 청소년이 우울에 대해 잘 알고 있어야 한다. 그러므로 학교나 기타 기관은 모든 청소년에게 우울에 대해 교육함으로써, 자신의 친구가 우울 증상을 보일 때 도와주게 할 필요가 있다.

Points

* 청소년의 우울문제를 줄이거나 없애기 위해서는, 청소년 우울을 예방하는 데 적극적으로 관심을 가지고, 우울한 청소년을 지지해 주는 데 적극적으로 관여하고, 우울 상태에 있는 것으로 판단된 청소년에 대해서는 빠르고 꾸준히 진단 · 개입 · 치료할 필요가 있다.
* 청소년의 우울문제를 줄이거나 없애기 위해서는, 전문가는 청소년 우울과 관련해 역할을 하고, 자녀에게 우울할 가능성을 보여 주는 상황과 증상이 계속될 때 부모는 자녀의 삶에 관여하고, 모든 청소년에게 우울에 대해 교육할 필요가 있다.

CHAPTER 04

청소년의 자살문제

-CONTENTS-

1. 청소년과 자살
2. 자살과 관련된 용어의 정의
3. 청소년 자살의 실태
4. 청소년 자살을 유발하는 요인
5. 청소년 자살의 가능성을 보여 주는 상황
6. 청소년 자살과 관련된 특징
7. 청소년 자살이 미치는 영향
8. 자살 생각의 파악과 자살 시도 청소년에 대한 개입
9. 청소년 자살문제에 대한 보호 방안

1. 청소년과 자살

세상의 모든 사람은 살아가면서 매우 어려운 상황을 경험할 수 있다. 이 경우, 대부분의 사람은 이런 심각한 상황을 잘 극복하고 있다. 하지만 일부 사람은 자신의 목숨을 스스로 끊는 식으로 심각한 상황을 해결하고 있다. 이것은 청소년에게도 그대로 해당하고 있다.

청소년기는 나름의 독특한 특징을 지니고 있기 때문에(노병일 · 노대겸, 2019), 청소년은 일반 성인이 겪는 것과는 다른 형태의 어려움을 겪을 수 있다. 따라서 청소년은 일반 성인이 겪는 것과는 다른 요인 때문에 자신의 목숨을 끊을 수도 있다.

말할 것도 없이, 세상에서 발생하는 모든 자살 사례는 매우 불행한 사건이다. 그러나 청소년 자살은 어린 생명이 세상과 영원히 이별하는 것이기 때문에, 매우 안타까운 사건이 아닐 수 없다. 더욱이 청소년이 자살하는 상황을 충분히 예방할 수도 있었기에, 청소년 자살은 남아 있는 사람에게도 커다란 아픔을 주는 사건이 될 수밖에 없다.

청소년 자살은 청소년의 가족에게뿐만 아니라 사회와 국가에도 부정적인 영향을 미치고 있다. 왜냐하면 청소년 자살은 청소년이 자신의 능력을 펼칠 기회를 빼앗아 갈 뿐만 아니라, 청소년이 나중에 사회에 생산적으로 이바지할 수 있는 기회도 빼앗아 가기 때문이다(노병일, 2018).

결국, 청소년 자살은 중요한 청소년문제에 속하고 있다. 청소년 자살은 청소년과 관련된 문제들 중에서 가장 안타깝고 슬픈 문제에 속하고 있다. 그러므로 청소년문제를 다루는 영역에서는 청소년이 자살하는 것에 대해 관심을 가질 필요가 있다.

Points

* 청소년은 일반 성인이 겪는 것과는 다른 요인 때문에 자살할 수도 있다.
* 청소년 자살은 개인과 가족과 사회와 국가에 매우 부정적인 영향을 미친다.
* 청소년문제를 다루는 영역에서는 청소년이 자살하는 것에 대해 관심을 가질 필요가 있다.

2. 자살과 관련된 용어의 정의

1) 자살과 관련된 용어의 정의

자살과 관련해서는 여러 가지 용어가 등장하고 있다. 이 경우, 가장 기본적인 용어는 '자살'이다. 우선, 『자살론(Le Suicide)』에서 자살을 체계적으로 연구한 뒤르켕의 경우, 자살은 이런 행위를 하면 죽을 것이라는 사실을 아는 상황에서, 개인의 적극적이거나 소극적인 행위 때문에 직접적 · 간접적으로 발생하는 사망이라고 정의하고 있다.

그러나 자살에 대한 정의는 간단할 수 있다. 뒤르켕 이후에, 일부 기관이나 학자가 자살에 대해 정의한 것을 몇 가지 제시하면 다음과 같다(Merriam-Webster Dictionary, 2021; Barker, 2003; Freedenthal, 2011).

① 외국의 유명한 영어사전에 따르면, 자살은 자신의 삶을 자발적이고 의도적으로 끝내는 행위를 말한다.

② 미국 전국사회복지사협회에서 발간한 사전에 따르면, 자살은 의도적으로 자신을 죽이는 행위를 말한다.

③ 프리덴탈(Freedenthal)에 따르면, 자살은 자기 스스로 의도적으로 하는 죽음을 말한다.

정리하건대, 자살은 자기의 목숨을 스스로 끊는 행위라고 볼 수 있다. 그리고 이렇게 정리할 경우, 청소년 자살은 청소년이 일부러 자기의 목숨을 스스로 끊는 행위를 말한다.

자살에 대한 학술행사의 안내문: 자살은 자기의 목숨을 스스로 끊는 행위이다. [출처: 안내문을 저자 촬영]

그러나 자살은 자살 생각(자살 사고, suicidal ideation), 자살 시도(suicide attempt), 자살 행동(suicidal behavior)을 연속적으로 포함하는 폭넓은 용어이다. 그러므로 자살을 이해하기 위해서는, 이 세 가지 용어를 이해할 필요가 있다. 각 용어에 대해 간단히 설명하면 다음과 같다(Freedenthal, 2011; New York Times, 2012; Stanford Children's Health, 2021).

① 자살 생각은 자신의 생명을 끊으려는 의도가 있는지에 상관없이, 자살을 생각하는 것을 말한다.

② 자살 시도는 자신의 생명을 끊으려는 의도를 가지고 스스로 해를 끼치는 행위를 말한다. 이 경우, 자살할 의도가 없이 스스로 자기에게 해를 끼치는 행동과 진심으로 자살을 시도한 행동을 구분할 필요가 있다.

③ 자살 행동은 죽음을 유발할 수 있는 행동을 말한다. 자살 행동의 예로 약물을 너무 많이 사용하는 것, 일부러 차에 충돌하는 것이 있다.

앞에서와 같이 볼 경우, 청소년의 자살 생각(자살 사고), 자살 시도, 자살 행동은 다음과 같은 것을 말한다.

① 청소년의 자살 생각은 청소년이 자살을 생각하는 것을 말한다.

② 청소년의 자살 시도는 청소년이 자신의 생명을 끊으려는 의도를 가지고 스스로 해를 끼치는 행위를 말한다.

③ 청소년의 자살 행동은 청소년에게 죽음을 유발할 수 있는 행동을 말한다.

Points

* 청소년 자살은 청소년이 일부러 자기의 목숨을 스스로 끊는 행위이다.
* 자살은 자살 생각(자살 사고), 자살 시도, 자살 행동을 연속적으로 포함한다. 청소년의 자살 생각은 청소년이 자살을 생각하는 것이고, 자살 시도는 청소년이 자신의 생명을 끊으려는 의도를 가지고 스스로 해를 끼치는 행위이고, 자살 행동은 청소년에게 죽음을 유발할 수 있는 행동이다.

3. 청소년 자살의 실태

선진국과 우리나라에서 자살은 청소년의 주요한 사망 원인으로 알려져 있다. 그러나 세계에서 청소년의 자살률은 국가에 따라 크게 차이가 나고 있다(노병일, 2018; Katrina & Patriquin, 2019; Shain, 2016a; Stanford Children's Health, 2021; Kwak & Ickovics, 2019; Hawton & van Heeringen, 2009; Hawton, Saunders & O'Connor, 2012).

청소년이 자살 때문에 실제로 사망한 사례는 신고된 사례보다 더 많을 가능성이 크다. 왜냐하면 청소년이 자살 때문에 사망한 사례들 중의 일부에 대해서는, 사망 원인을 자살이 아니라 다른 것으로 기록할 수 있기 때문이다(Shain, 2016a; Hawton, Saunders & O'Connor, 2012).

일부 청소년층은 자살할 가능성이 큰 것으로 알려져 있다. 청소년이 자살할 가능성은 나이, 성별, 문화적 요인, 사회적 요인에 따라 차이가 나고 있다(Stanford Children's Health, 2021).

Points

* 청소년의 자살률은 국가에 따라 크게 차이가 난다.
* 청소년이 자살 때문에 실제로 사망한 사례는 신고된 사례보다 더 많을 가능성이 크다.

4. 청소년 자살을 유발하는 요인

1) 일반적 요인

청소년에게 자살을 유발하는 요인에는 여러 가지가 있을 수 있다. 그리고 성인에게 자살을 유발하는 요인은 청소년에게도 해당하는 경우가 많다. 청소년에게 자살을 유발하는 일반적 요인을 몇 가지 제시하면 다음과 같다(Katrina & Patriquin, 2019; Shain, 2016a; Stanford Children's Health, 2021; Hawton, Saunders & O'Connor, 2012; National Association of School Psychologists, 2013; Hawton & van Heeringen, 2009; Korea Times, 2012; New York Times, 2012).

① 정신건강과 관련된 요인이 있다. 자살로 사망한 청소년은 정신건강문제를 겪은 경우가 매우 많다. 이와 관련된 정신건강문제의 예로 우울한 것, 불안한 것, 행동하는 데 어려움을 겪는 것이 있다.

② 알코올과 관련된 요인이 있다. 청소년이 알코올을 많이 사용하면, 자살할 가능성은 커지는 것으로 알려져 있다.

③ 가족과 관련된 요인이 있다. 이런 예로 가족이 스트레스를 겪는 것, 가족이 역할을 제대로 하지 못하는 것, 가족구성원에게 학대를 당한 것, 가정폭력을 겪은 것, 가족구성원 중에 누구인가가 정신건강문제나 약물을 잘못 사용하는 문제를 겪은 것이 있다.

④ 가족구성원의 자살 경험과 관련된 요인이 있다. 가족구성원 중에 자살한 사람이 있는 것은 자살을 유발하는 중요한 요인이 되고 있다.

⑤ 환경과 관련된 요인이 있다. 이런 예로 가정에 자살에 사용될 수 있는 도구가 있는 것이 있다.

⑥ 상황과 관련된 요인이 있다. 이런 예로 사랑하는 사람의 죽음을 잊지 못하는 것, 이성관계가 좋지 않게 끝난 것이 있다.

⑦ 학교와 관련된 요인이 있다. 이런 예로 학교에서 어려움을 겪는 것이 있다.

⑧ 지역사회와 관련된 요인이 있다. 이런 예로 최근에 청소년이 자살한 지역사회에 거주하는 것이 있다.

⑨ 다른 사람이 자살한 사례를 아는 것과 관련된 요인이 있다. 이런 예로 친구가 자살한 것, 자살한 사건을 뉴스를 통해 알게 된 것, 자살한 사례를 소설과 같은 문학 작품에서 읽은 것이 있다.

⑩ 신문과 방송 등의 매체나 인터넷과 관련된 요인이 있다. 이런 예로 대중 매체에서 청소년의 자살에 대해 다룬 내용 때문에 여러 청소년이 자살하는 것이 있다.

자살하는 청소년: 청소년에게 자살을 유발하는 요인에는 여러 가지가 있다. [출처: 전영신 님 그림ⓒ]

한편 앞에서 제시한 모든 요인은 우리나라의 청소년에게도 해당하고 있다. 그러나 우리나라의 경우, 청소년에게 자살을 유발하는 것과 특히 더 관련되는 요인이 있을 수 있다.

우리나라에서 청소년이 다음과 같은 상황에 있는 것은 청소년 자살을 특히 더 유발하는 요인이 될 수 있다(Kwak & Ickovics, 2019).

① 공부와 관련해 스트레스를 겪고 있다. 우리나라의 경우, 청소년에게 자살을 유발하는 주요한 요인은 공부와 관련된 스트레스인 것으로 알려져 있다.

② 사회에서 정신건강문제에 대해 편견을 가지고 있다.

③ 친구와의 관계가 좋지 않다.

④ 부모와의 관계가 좋지 않다.

청소년에게 자살 생각을 유발하는 요인

청소년에게 자살 생각을 유발하는 요인에는 여러 가지가 있을 수 있다. 청소년이 자살을 생각하게 하는 요인을 몇 가지 제시하면 다음과 같다(이창식 · 정미나 · 김윤정, 2012).

① 개인과 관련된 요인이 있다. 이런 예로 우울, 절망감, 스트레스, 어려움에 대처하는 방식, 자아존중감이 있다.

② 가족과 관련된 요인이 있다. 이런 예로 가족이 그동안 지내 온 상황, 가족이 교류하는 정도, 부모가 자녀에 대해 가지는 관심이 있다.

③ 학교와 관련된 요인이 있다. 이런 예로 교사의 사회적 지지, 학교에서의 또래관계, 학습과 관련된 스트레스가 있다.

④ 사회와 관련된 요인이 있다. 이런 예로 거주지와 대중 매체가 있다.

2) 고려할 점

청소년 자살을 유발하는 요인에 대해 앞에서 제시한 내용은 참고할 지침일 뿐이다(Shain, 2016a). 따라서 청소년 자살을 유발하는 요인이 있다고 해서, 청소년이 반드시 자살하는 것은 아니라는 점을 고려할 필요가 있다.

그리고 청소년에게 자살을 유발하는 요인이 없을 경우, 청소년이 자살할 가능성은 더 적어진다고 볼 수 있다. 그러나 청소년에게 자살을 유발하는 요인이 없다고 해서,

청소년이 자살할 가능성이 없다는 것은 아니다. 따라서 청소년 자살을 유발하는 요인이 없다고 해서, 청소년이 자살을 하지 않는다는 것은 아니라는 점을 고려할 필요가 있다(Shain, 2016a).

Points

* 성인에게 자살을 유발하는 요인은 청소년에게도 해당하는 경우가 많다.
* 청소년 자살을 유발하는 요인이 있다고 해서 청소년이 반드시 자살하는 것은 아니고, 청소년 자살을 유발하는 요인이 없다고 해서 청소년이 자살하지 않는 것은 아니다.

5. 청소년 자살의 가능성을 보여 주는 상황

1) 일반적 상황

자살하는 청소년은 자살할 가능성을 미리 보여 주는 경우가 많다(노병일, 2018). 청소년이 자살할 가능성을 보여 주는 상황에는 여러 가지가 있을 수 있다.

청소년이 자살할 가능성을 보여 주는 일반적 상황을 몇 가지 제시하면 다음과 같다(Stanford Children's Health, 2021).

① 먹는 습관과 잠자는 습관이 변하고 있다.

② 일상 활동에 대해 관심을 가지고 있지 않다.

③ 친구나 가족구성원과 어울리지 않고 있다.

④ 억압된 감정을 무의식적으로 행동으로 옮기고 있거나, 가출하고 있다.

⑤ 알코올이나 기타 약물을 자주 사용하고 있다.

⑥ 자신의 외모에 대해 신경을 쓰지 않고 있다.

⑦ 위험한 일을 쓸데없이 하고 있다.

⑧ 죽는 것에 대해 과도하게 관심을 가지고 있다.

⑨ 정서적 스트레스 때문에 생긴 것으로 보이는 신체적 어려움을 더 겪고 있다. 이런 어려움의 예로 배가 아픈 것, 머리가 아픈 것, 심하게 피로한 것이 있다.

⑩ 학교나 공부에 대해 관심을 가지고 있지 않다.

⑪ 따분하다고 느끼고 있다.

⑫ 집중하는 데 어려움을 겪고 있다.

⑬ 누가 자신을 칭찬해도 이에 대해 반응하지 않고 있다.

청소년이 자살하려는 계획을 세우거나 자살을 시도하려고 애쓰는 것은, 자살할 가능성을 보여 주는 신호일 수 있다. 이와 관련된 상황을 몇 가지 제시하면 다음과 같다 (National Association of School Psychologists, 2013; Stanford Children's Health, 2021).

① "나는 죽고 싶어" 또는 "나는 자살할 거야"와 같이 말하고 있다.

② 자살과 관련된 내용을 담고 있는 말을 하고 있다. 이런 예로 "나는 더 이상 문젯거리가 되고 싶지 않아"나 "내게 어떤 일이 생기면 네가 그것을 알아주면 좋겠어"라고 말하는 것이 있다.

③ 자신이 좋아하는 것을 다른 사람에게 주거나, 자신의 중요한 물건을 버리고 있다.

④ 우울한 상태에 있다가 갑자기 명랑해지고 있다.

⑤ 유서를 쓰고 있다.

2) 고려할 점

앞에서 제시한 상황은, 자살이 아니라 다른 건강문제를 겪을 때 나타나는 상황과 비슷해 보일 수도 있다. 특히, 청소년이 자살할 가능성을 보여 주는 상황은 우울 증상도 보여 주는 상황인 경우가 많다. 따라서 청소년이 앞에서와 같은 상황에 있을 경우, 전문가를 만나 자세하게 진단해 볼 필요가 있다(Stanford Children's Health, 2021).

Points

* 자살하는 청소년은 자살할 가능성을 미리 보여 주는 경우가 많다.
* 청소년이 자살 계획을 세우거나 자살을 시도하려고 애쓰는 것은 자살 가능성을 보여 주는 신호일 수 있다.

6. 청소년 자살과 관련된 특징

1) 일반적 특징

자살을 시도한 청소년은 스트레스를 더 많이 경험하는 경향이 있다. 예를 들어, 자살을 시도한 청소년과 그렇지 않은 청소년을 비교한 결과, 자살을 시도한 청소년집단은 생활하면서 더 심각한 스트레스를 최근에 경험한 것으로 나타난 바 있다(Wilson, Stelzer, Bergman, Kral, Inayatullah & Elliot, 1995).

그리고 청소년은 스트레스를 유발하는 요인에 대해 대처하는 능력이 부족한 경우가 많다(Bluth, 2018). 이런 상황 때문에, 청소년은 자살하는 길을 선택할 수 있다.

또한 청소년은 자살하기 전에 자살을 시도하는 경우가 성인보다 훨씬 더 많은 것으로 알려져 있다. 그러나 청소년은 충동적으로 자살을 시도하거나, 도움을 요청하는 신호로서 자살을 시도하는 경우가 많다(김기원 · 김한곤, 2011).

그리고 자해하거나[1] 자살하는 청소년은, 자해나 자살을 하기 전에 전문가에게 미리 도움을 청하지 않는 경우가 많다. 청소년이 자살하려는 생각이 들 때 도움을 청하지 않는 이유는, 비밀이 유지될 것인지를 걱정하고 오명이[2] 따라 다닐 것을 걱정하기 때문인 것으로 알려져 있다(Freedenthal, 2011; Hawton, Saunders & O'Connor, 2012).

한편 청소년에게 자살을 유발하는 요인은 여러 가지 청소년문제와 관련되는 경우가 많다(노병일, 2018). 예를 들어, 청소년기에 학교폭력문제를 경험하는 것은 청소년에게 자살을 유발할 수 있다. 따라서 이 경우, 청소년의 학교폭력문제는 청소년의 자살문제와 관련되고 있다.

2) 성별에 따른 특징

여성 청소년에 비해서, 남성 청소년은 자살을 시도해서 실제로 사망하는 비율이 더 높은 것으로 알려져 있다. 그러나 남성 청소년에 비해서, 여성 청소년은 자살을 시도하는 비율이 더 높은 것으로 알려져 있다. 이런 상황은 여성 청소년은 사망할 가능성이 더 적은 방법을 선택하는 경향과 관련되어 있다(Shain, 2016a; Stanford Children's Health, 2021).

1) 자해는 자기 몸에 스스로 해를 끼치는 것을 말한다.
2) 여기에서 오명은 불명예나 낙인과 같은 것을 말한다.

Points

* 자살을 시도한 청소년은 스트레스를 더 많이 경험하는 경향이 있다.
* 청소년은 자살하기 전에 자살을 시도하는 경우가 성인보다 더 많다.

7. 청소년 자살이 미치는 영향

자살한 청소년은 이 세상에 더 이상 존재하지 않는다. 그러나 해당 청소년의 자살은 여러 수준에서 부정적인 영향을 미치고 있다.

1) 가족에게 미치는 영향

무엇보다도 청소년 자살은 자살한 청소년의 가족에게 매우 부정적인 영향을 미치고 있다. 우선, 자살한 청소년의 부모는 엄청난 슬픔에 잠기게 된다. 그리고 이런 슬픔은 청소년의 부모가 살아가는 동안에 엄청난 고통으로 바뀌게 된다. 그리고 극단적인 경우, 청소년의 부모가 자살할 수도 있다.

또한 자살한 청소년의 형제나 자매도 매우 큰 슬픔에 잠기게 된다. 청소년의 부모와 마찬가지로, 자살한 청소년의 형제나 자매도 살아가는 동안에 해당 청소년의 자살을 아픔으로 간직하게 된다.

2) 친구에게 미치는 영향

청소년 자살은 지역에서 친하게 지내던 친구나 학교의 친구에게 매우 부정적인 영향을 미치고 있다. 더구나 전혀 그럴 것 같지 않던 청소년이 갑자기 자살할 경우, 청소년의 친구는 커다란 슬픔에 잠기게 된다. 특히 일부 친구의 경우, 자살한 청소년을 제대로 보살펴 주지 못한 것이나 마음을 헤아려 주지 못한 것에 대해 죄의식을 느낄 수도 있다.

3) 학교에 미치는 영향

학교에 다니던 청소년의 자살은 학교 전체에 매우 부정적인 영향을 미치고 있다. 학교에 다니던 청소년이 자살할 경우, 자살 소식을 들은 모든 학교구성원은 충격을 받게 된다. 따라서 학교의 모든 구성원은 해당 청소년의 자살에 따른 슬픔과 상처를 평생 동안 간직하면서 살아가게 된다. 이 경우, 자살한 청소년이 다니던 학교의 학생들은 말할 것도 없고, 학교의 교사와 직원도 자살한 청소년의 어려운 상황을 헤아려 주지 못한 것에 대해 죄의식을 느끼게 된다.

그리고 학교에 다니던 청소년이 자살할 경우, 적어도 한동안은 학교 전체의 분위기가 어둡게 된다. 이런 상황은 다시 모든 학교구성원에게 부정적인 영향을 미치게 된다.

4) 사회와 국가에 미치는 영향

청소년 자살은 사회와 국가에 매우 부정적인 영향을 미치고 있다. 청소년이 자살할 경우, 나중에 사회와 국가에 크게 이바지할 수 있는 인물이 사라지게 된다. 따라서 사회와 국가는 유능한 인물을 잃기 때문에, 커다란 손해를 입을 수밖에 없다.

Points

* 청소년 자살은 자살한 청소년의 가족에게 매우 부정적인 영향을 미친다.
* 청소년 자살은 친구, 학교, 사회 · 국가에 매우 부정적인 영향을 미친다.

8. 자살 생각의 파악과 자살 시도 청소년에 대한 개입

1) 자살 생각의 파악

(1) 자살 생각의 파악 방법

자살을 생각하고 있는 정도는 직접 질문해서 파악할 수도 있고, 설문지에 체크하게 해서 파악할 수도 있다. 이 경우, 자살할 생각이 있는지에 대해서 비밀을 보장하며 물어보는 방법의 하나는, 일반적인 질문으로 물어보는 것이다. 예를 들어, "귀하는 자살할 생각을 해 본 적이 있거나, 또는 죽기를 원한 적이 있느냐?"와 같이 물어볼 수 있다.

이런 질문은 우울에 대해 물어보는 질문들의 중간 부분이나 끝 부분에서 하는 것이 좋다. 그다음에는 "자신을 해치거나 죽기 위해서 어떤 것을 한 적이 있느냐?"와 같은 내용에 대해 질문할 필요가 있다. 앞에서의 두 가지 질문에 대해 하나라도 '그렇다'고 응답할 경우, 전문가는 더 자세하게 물어볼 필요가 있다(Shain, 2016a).

(2) 고려할 점

청소년에게 자살에 대해 물어보고자 할 경우, 청소년을 부모와 따로 면담할 필요가 있다. 왜냐하면 청소년은 부모가 있을 경우에는 중요한 정보를 제공하지 않을 가능성이 크기 때문이다. 또한 청소년 자살과 관련해, 부모와 기타 사람으로부터도 정보를 얻을 필요가 있다(Shain, 2016a).

그리고 청소년의 신체적 · 정신적 건강과 관련해서는 비밀을 보장해 줄 필요가 있다. 그러나 자신을 해칠 가능성이 있는 청소년과 관련해서는, 비밀을 보장해 주는 것보다는 안전을 더 우선적으로 고려할 필요가 있다. 그러므로 청소년이 이런 점을 처음부터 이해하도록 하기 위해서, 전문가는 청소년에게 이런 점을 설명해 줄 필요가 있다(Shain, 2016a).

2) 자살 시도 청소년에 대한 개입

자살을 시도하는 청소년에 대해서는 개입할 필요가 있다. 예를 들어, 청소년이 자살을 시도하였을 경우, 다음과 같이 할 필요가 있다(Stanford Children's Health, 2021).

① 먼저, 생명을 위협하는 건강문제가 있는지를 알기 위해서 신체를 전체적으로 검사한다.

② 다음에, 안정된 상태를 유지할 때까지 정신건강에 대해 검사하고 치료한다.

자살하려는 행동을 한 청소년을 치료하는 방법은 청소년에게 나타난 증상, 청소년의 나이, 청소년의 일반적 건강 상태에 따라 차이가 날 수 있다. 그리고 자살하려는 행동을 한 청소년을 치료하는 방법은 상태가 심각한 정도에 따라 차이가 날 수 있다(Stanford Children's Health, 2021).

자살하려는 행동을 한 청소년을 치료하는 방법에는 여러 가지가 있다. 이런 방법을 몇 가지 제시하면 다음과 같다(Stanford Children's Health, 2021).

① 개인을 대상으로 하는 치료가 있다.

② 가족을 대상으로 하는 치료가 있다. 가족을 대상으로 하는 치료에서는 부모가 중요한 역할을 하고 있다.

③ 의료시설에서 오래 치료를 받는 것이 있다. 이렇게 할 경우, 청소년은 전문적인 보호를 받고 안전한 환경에서 치료를 받을 수 있게 된다.

Points

* 자살 생각을 하는 정도는 직접 질문해 파악할 수도 있고 질문지에 체크하게 해 파악할 수도 있다.
* 청소년에게 자살에 대해 물어보고자 할 때는 청소년을 부모와 따로 면담할 필요가 있다.
* 자살하려는 행동을 한 청소년을 치료하는 방법은 증상, 나이, 건강 상태에 따라 차이가 날 수 있다.

9. 청소년 자살문제에 대한 보호 방안

청소년의 자살에 대해 앞에서 살펴본 내용에 근거해, 청소년의 자살문제를 줄이거나 없애기 위한 방안을 몇 가지 제시하면 다음과 같다.

1) 일반적 방안

(1) 사회와 국가의 적극적 관심

청소년 자살은 예방할 수 있다. 사실, 자살하려는 청소년의 대부분은 살기를 원하고 있다. 그리고 자살하려는 청소년은 자신의 문제에 대한 해결 방안을 찾을 수 없기 때문에 자살하려는 것이다(American Association of Suicidology, 2010). 그러므로 사회와 국가는 청소년 자살을 예방하는 데 적극적으로 관심을 가질 필요가 있다.

(2) 청소년 자살에 대해 보호해 주는 요인의 증대

청소년 자살에 대해 보호해 주는 요인은 청소년이 자살할 가능성을 줄이는 역할을 하고 있다. 따라서 청소년 자살에 대해 보호해 주는 요인은 청소년 자살을 예방하는 요인이 될 수 있다.

청소년 자살에 대해 보호해 주는 요인에는 여러 가지가 있을 수 있다. 예를 들어, 청소년이 다음과 같은 상황에 있는 것은 청소년 자살에 대해 보호해 주는 요인이 될 수 있다(Shain, 2016a; National Association of School Psychologists, 2013; Kwak & Ickovics, 2019).

① 가족구성원들이 서로 지지해 주고 있고, 가족의 유대가 강하다.

② 친구가 지지해 주고 있고, 친구들끼리 친한 관계를 형성하고 있다.

③ 학교에서 관계가 좋다.

④ 학교와 지역사회가 서로 잘 교류하고 있다.

⑤ 자살을 꺼리게 하고 건전한 생활을 하도록 권장하는 문화나 종교적 신념을 가지고 있다.

⑥ 상황에 잘 적응하는 기술과 문제를 해결하는 기술을 가지고 있다. 여기에는 갈등을 해결하는 기술도 포함되고 있다.

⑦ 삶에 만족하는 정도가 높고, 자신을 가치 있는 존재라고 생각하고, 목표 의식이 뚜렷하다.

⑧ 효과적인 의료 자원과 정신건강 자원을 쉽게 이용할 수 있다.

자살 예방 안내문: 사회적 지지는 자살에 대해 보호해 주는 요인이다. [출처: 정신건강증진센터의 안내문을 저자 촬영]

그러므로 청소년문제에 관여하는 전문가의 경우, 청소년 자살에 대해 보호해 주는 요인을 청소년이 더 많이 가지게 해 줄 필요가 있다.

(3) 자살을 유발하는 요인의 파악

청소년 자살을 예방하기 위해서는 자살을 유발하는 요인을 파악하는 것이 중요하다. 특히 청소년 자살을 효과적으로 예방하고 또한 자살과 관련된 상황에 효과적으로 개입하기 위해서는, 청소년에게 자살을 유발할 수 있는 요인을 실제 자료에 근거해서 파악하는 것이 중요하다. 그리고 청소년에게 자살을 유발하는 요인은 시간이 흐르면서 달라질 수 있다(Katrina & Patriquin, 2019; Stanford Children's Health, 2021). 따라서 청소년에게 자살을 유발할 수 있는 요인을 사회적 환경 등을 고려하면서 파악하는 것이 중요하다.

그러므로 청소년문제에 관여하는 전문가의 경우, 실제 자료에 근거하고 또한 그때그때의 사회적 환경 등을 고려하면서, 청소년에게 자살을 유발하는 요인을 파악하고 이에 따라 개입할 필요가 있다.

2) 구체적 방안

(1) 정신건강 프로그램 관련

(가) 자기 애정을 키우는 프로그램의 실시

자살하거나 자살을 생각하는 사람은 자신에 대한 애정이 부족한 경우가 많은데, 이것은 청소년에게 특히 해당하고 있다. 그러므로 청소년을 대상으로 자기 애정(self-compassion) 프로그램과 같은 것을 실시할 필요가 있다. 친한 친구가 어려움을 겪고 있으면 그 친구를 잘 대해 주고 잘 보살펴 주는 것과 마찬가지로, 자기 애정 프로그램에서는 자기 자신을 잘 대해 주고 잘 보살펴주는 것을 크게 장려하고 있다(Bluth, 2018).

(나) 우울과 불안을 줄이는 프로그램의 실시

일반인이나 노인의 경우와 마찬가지로, 청소년에게 우울은 자살을 생각하게 하는 주요한 요인이 되고 있다. 특히, 청소년의 자살과 관련된 실제 사례에서는 우울의 측면을 가장 일반적으로 살펴보는 경우가 많다(Katrina & Patriquin, 2019). 그러므로 청소년을 대상으로 우울을 줄여 주는 프로그램을 적극적으로 실시할 필요가 있다.

그리고 심각한 불안은 청소년에게 자살과 관련된 행동을 유발하는 요인이 될 수 있다. 따라서 청소년의 자살 가능성을 파악하고자 할 경우, 우울의 측면뿐만 아니라 심각한 불안의 측면도 살펴볼 필요가 있다(Katrina & Patriquin, 2019). 특히 우리나라에서 청소년의 자살 생각은 성적이나 진학에 대한 불안과 크게 관련되는 것으로 알려져 있다. 그러므로 청소년을 대상으로 불안을 줄여 주는 프로그램을 실시할 필요가 있다(노병일, 2018).

(2) 부모 관련

청소년의 부모는 청소년이 자살하는 것을 예방하는 데 있어 중요한 역할을 하고 있다. 그러므로 청소년의 부모는 청소년 자녀의 자살을 예방하는 데 적극적으로 관심을 가지고 관여할 필요가 있다.

청소년 자녀를 가진 부모의 경우, 청소년 자녀가 자살을 시도하는 것을 예방하기 위해서 기본적으로 다음과 같이 할 필요가 있다(Stanford Children's Health, 2021).

① 청소년이 자살할 가능성을 보여 주는 상황에 대해 잘 안다.

② 청소년 자녀 및 그 친구들과 솔직하게 계속해서 교류한다. 이렇게 할 경우, 부모는 청소년 자녀를 때맞추어 도와줄 수 있게 된다.

③ 위험한 도구나 물건은 청소년 자녀가 만지지 못하는 곳에 보관한다.

④ 청소년 자녀가 정신건강문제나 약물을 잘못 사용하는 문제를 겪을 경우, 도움을 받도록 한다.

(3) 친구 관련

청소년의 친구는 청소년의 자살을 예방하는 데 있어 중요한 역할을 할 수 있다. 어떤 상황에서는, 청소년이 자살하는 것을 예방하는 데 있어 청소년의 친구가 부모보다 더 큰 역할을 할 수도 있다. 그러므로 청소년은 자신의 친구가 자살하는 것을 예방하는 데 적극적으로 관심을 가지고 관여할 필요가 있다.

실제로, 청소년은 자신의 친구가 자살할 가능성을 보여 주는 상황에 있을 경우, 친구가 자살을 시도하는 것을 예방하기 위해서 여러 가지로 도와줄 수 있다. 청소년의 친구가 도와줄 수 있는 방법을 몇 가지 제시하면 다음과 같다(Stanford Children's Health, 2021).

① 친구에게 전문가의 도움을 받도록 권장한다.

② 필요할 경우, 친구와 함께 전문가를 찾아간다.

③ 자신이 믿는 성인에게 친구의 상태에 대해 바로 이야기한다.

(4) 기타

(가) 학교 환경의 개선

청소년이 많은 시간을 보내는 학교는 청소년이 자살을 생각하는 정도에 크게 영향을 미치고 있다. 그러므로 학교중심의 자살 예방 프로그램을 적극적으로 실시할 필요가 있다. 그리고 청소년 자살을 더 근본적으로 예방하기 위해서는, 학교의 교사와 직원과 학생 모두가 친근하고 인간적인 학교 분위기를 만드는 데 관여할 필요가 있다(노병일, 2018).

(나) 도움을 요청하는 기회의 확대

청소년이 자살과 관련해 도움을 청하지 않는 것은 비밀 유지와 오명에 대해 걱정하기 때문인 경우가 많다. 그러므로 청소년이 자신의 어려움을 자유롭게 상담할 수 있게 하고, 상담 내용에 대해서 비밀을 보장하고, 상담한 것에 대해서 오명이 따르지 않도록 할 필요가 있다(노병일, 2018).

그리고 청소년은 자살과 관련해 전문가에게 도움을 요청하기를 꺼리는 경우가 많다. 그러므로 청소년이 도움을 찾는 행위를 매우 정상적인 행위로 인식하도록 할 필요가 있다(Hawton, Saunders & O'Connor, 2012).

(다) 자살할 가능성을 보여 주는 상황에 대한 교육

자살할 생각을 하는 청소년은 직접적으로 도움을 찾지 않는 경향이 있다. 그러나 자살을 생각하고 있는 청소년은 자신이 겪는 어려움을 보여 주는 경우가 많다. 그리고 청소년의 부모, 청소년이 다니는 학교의 교사와 직원, 청소년의 친구는 청소년이 자살할 가능성을 보여 주는 상황을 미리 인식할 수 있다(노병일, 2018).

그러므로 학교에서는 청소년이 자살할 가능성을 보여 주는 상황에 대한 교육을 계속 실시할 필요가 있다. 특히 학교의 모든 교사와 직원을 대상으로, 청소년에게 자살을 유발하는 요인과 청소년이 자살할 가능성을 보여 주는 상황(또는 행동)에 대해 잘 알도록 교육할 필요가 있다(National Association of School Psychologists, 2013).

(라) 대중 매체의 보도 지침 정하기

신문과 방송과 기타 대중 매체에서 자살을 보도하는 방식은 자살에 영향을 미칠 수 있다(Hawton & van Heeringen, 2009). 이것은 청소년의 경우에 특히 그렇다. 사실, 성인에 비해서, 청소년은 신문과 방송과 기타 대중 매체에 실린 내용 때문에 위험한 상태에 놓일 가능성이 훨씬 더 큰 것으로 알려져 있다. 따라서 청소년은 신문과 방송과 기타 대중 매체에 실린 자살 행동을 모방할 수도 있다(Shain, 2016a).

그러므로 정부와 시민단체 등은 신문과 방송과 기타 대중 매체가 자살 사건을 보도하는 것과 관련해 지침을 정할 필요가 있다(노병일, 2018).

Points

* 청소년의 자살문제를 줄이거나 없애기 위해서는, 사회 · 국가는 청소년 자살의 예방에 관심을 가지고, 청소년 자살에 대해 보호해 주는 요인을 더 갖게 하고, 실제 자료에 근거하고 사회적 환경 등을 고려하면서 청소년에게 자살을 유발하는 요인을 파악할 필요가 있다.
* 청소년의 자살문제를 줄이거나 없애기 위해서는, 청소년에게 자기 애정 프로그램과 우울 · 불안을 줄여 주는 프로그램을 실시하고, 부모 · 친구는 청소년 자살의 예방에 적극적 관심을 가지고, 모든 학교구성원은 인간적인 학교 분위기를 만드는 데 관여하고, 청소년이 자유롭고 비밀이 보장되고 오명이 따르지 않는 상담을 받도록 하고, 학교는 청소년 자살의 가능성을 보여 주는 상황에 대해 교육하고, 대중 매체가 자살 사건을 보도하는 것과 관련된 지침을 정할 필요가 있다.

PART 3

중독과 관련된 청소년문제

Chapter 05 청소년의 약물문제

Chapter 06 청소년의 인터넷중독문제

CHAPTER 05

청소년의 약물문제

-CONTENTS-

1. 청소년과 약물
2. 약물과 관련된 용어의 정의
3. 남용되는 약물의 형태
4. 청소년 약물사용의 실태
5. 청소년이 약물을 남용 · 사용하는 이유
6. 청소년 약물남용의 가능성을 보여 주는 상황
7. 청소년 약물사용이 청소년에게 미치는 영향
8. 약물사용 청소년에 대한 부모의 개입
9. 청소년 약물문제에 대한 보호 방안

1. 청소년과 약물

그동안 인간은 여러 가지 이유로 약물을 사용해 왔다. 그리고 일부 합법적인 약물은 인간의 신체와 정신을 치료하는 데 긍정적인 영향을 미치고 있다. 그러나 약물은 인간에게 부정적인 영향을 미치는 경우가 많다. 이것은 합법적인 약물의 경우에조차도 그렇다. 따라서 약물문제는 주요한 사회문제가 되어 왔다(노병일, 2018).

이런 상황은 청소년에게도 그대로 해당하고 있다. 일반적으로 청소년은 판단하는 능력이 부족한 경우가 많고, 또래의 영향을 크게 받는 경우가 많다. 그리고 청소년은 자신의 삶에서 새로운 것을 시도해 보는 경우가 많다(노병일 · 노대겸, 2019; Juergens, 2020). 따라서 청소년은 약물의 위험한 측면을 심각하게 생각하지 않고 약물을 사용할 수 있다.

하지만 일반적으로 약물은 청소년에게 부정적인 영향을 미치고 있다. 특히 약물은 청소년이 신체적 · 정서적 · 지적으로 건강하게 발달하는 데 매우 부정적인 영향을 미치는 경우가 많다(노병일 · 노대겸, 2019). 또한 청소년이 약물을 사용하는 것은 청소년의 가족과 사회에도 부정적인 영향을 미칠 가능성이 크다.

결국, 청소년의 약물사용은 중요한 청소년문제에 속하고 있다. 그러나 청소년의 약물문제는 충분히 예방될 수 있고 또한 해결될 수 있다. 그러므로 청소년문제를 다루는 영역에서는 청소년이 약물을 사용하는 것에 대해 관심을 가질 필요가 있다.

Points

* 청소년은 약물의 위험한 측면을 심각하게 생각하지 않고 약물을 사용할 수 있다.
* 약물은 청소년 개인과 가족과 사회에 부정적 영향을 미친다.
* 청소년문제를 다루는 영역에서는 청소년의 약물사용에 대해 관심을 가질 필요가 있다.

2. 약물과 관련된 용어의 정의

1) 약물

약과 관련된 학문의 입장에서 볼 경우, 약물은 살아 있는 생물이 제 역할을 하는 정도를 변화시키거나 생물의 구조를 화학적으로 변화시키는 물질을 말한다. 약물을 이런 식으로 정의할 경우, 약물은 음식, 살충제, 대기에 있는 오염물, 물에 있는 오염물, 비타민, 해로운 화학물, 음료수 등과 같은 다양한 것을 포함한다고 볼 수 있다. 그러나 약물을 이런 식으로 정의하는 것은 약물을 너무 넓게 보는 것이기 때문에, 이런 식의 정의는 사회문제로서의 약물문제를 이해하는 데는 유용하지 않다(Zastrow, 2010).

그러므로 약물문제와 관련해 약물을 정의할 때는, 상황을 고려해서 정의할 필요가 있다. 이런 예를 구체적으로 제시하면 다음과 같다(Zastrow, 2010).

① 의학적으로 볼 경우, 약물은 고통을 줄이거나 질병 및 기타 의학적 상태를 치료하고 예방하기 위해 특별하게 만들어진 물질을 일컫는다.

② 사회문제를 논의할 경우, 약물은 뇌와 신경에 직접적으로 영향을 미치는 습관성 물질을 일컫는다. 즉, 사회문제로서 약물문제를 다룰 경우, 약물은 다음과 같은 특성을 지니는 화학물질을 말한다.

㉠ 사용하는 사람의 기분, 인식, 신체가 하는 역할, 의식에 영향을 미치고 있다.

㉡ 사용하는 사람에게 해로울 수 있기 때문에, 잘못 사용될 가능성이 있다.

한편 단순하게 볼 때, 약물은 삼키거나 흡입하거나 기타 방법으로 사용할 때 인간의 신체나 정신에 영향을 미치는 화학물질을 말한다(Wikipedia, 2021b).

우리나라의 대표적인 슬로우시티(slow city)인 증도의 금연홍보 작품: 약물은 삼키거나 흡입하거나 기타 방법으로 사용할 때 인간에게 영향을 미치는 화학물이다. [출처: 저자 촬영ⓒ]

2) 약물오용

문자 그대로 볼 때, 약물오용(drug misuse)은 약물을 잘못 사용하는 것이다. 그러나 일부 기관에서는 약물오용에 대해 더 구체적으로 정의하고 있다. 예를 들어, 우리나라 마약류대책협의회(2013a)에 따르면, 약물오용은 "의도적은 아니지만 적절한 용도로 약물을 사용하지 못하고 잘못 사용하여 피해를 [보는 것]"을 말한다. 그러므로 약물오용은 약물을 제대로 사용하지 못해서 해를 입는 것이라고 볼 수 있다.

3) 약물남용

그동안 일부 기관과 학자는 약물남용(drug abuse)에[1] 대해 정의해 왔다. 약물남용에 대해 정의한 것을 몇 가지 제시하면 다음과 같다(마약류대책협의회, 2013a; Straussner

& Isralowitz, 2011; Zastrow, 2010).

① 미국 정신과학회(American Psychiatric Association)에서 발간한 자료에 따르면, 약물남용은 의학적으로 크게 어려움을 겪는 식으로 약물에 잘못 적응하는 것을 말한다.

약물남용에 대한 구체적 판단

미국 정신과학회에서 발간한 자료의 경우, 약물남용은 12개월 내에 다음과 같은 상황을 한 가지 이상 경험하면서 어려움을 겪게 되는 식으로 약물을 사용하는 것이라고 보고 있다(Straussner & Isralowitz, 2011).

① 사회적 · 직업적 · 심리적 · 신체적 문제를 겪음에도 불구하고 해로운 약물을 계속해서 사용하고 있다.
② 직장이나 학교나 가정에서 주요한 역할을 하지 못하고 있다.
③ 약물이 신체적으로 위험한 상태에서 약물을 계속 사용하고 있다. 이런 예로 약물을 사용한 상태에서 운전하는 것이 있다.
④ 약물을 사용하는 것과 관련해 법적으로 문제가 계속 발생하고 있다.

② 재스트로우(Zastrow)에 따르면, 약물남용은 약물을 사용하면 다음과 같은 결과가 나타나는 상황에서 약물을 일상적으로 사용하거나 너무 많이 사용하는 것을 말한다.
㉠ 다른 사람과의 관계가 매우 나빠지고 있다.
㉡ 약물을 사용하는 사람의 건강이 나빠지고 있다.

1) 남용은 "일정한 기준이나 한도를 넘어서 함부로 [쓰는 것]"을 말한다(국립국어원 표준국어대사전, 2021).

ⓒ 사회가 위험해지고 있다.

③ 우리나라 마약류대책협의회에 따르면, 약물남용은 "약물을 의도적으로 다른 목적을 위해 사용하는 것"을 말한다.

정리하건대, 약물남용은 개인의 건강이나 사회생활에 어려움을 끼치는 식으로 약물을 사용하는 것이라고 볼 수 있다.

4) 약물의존

그동안 일부 기관과 학자는 약물의존(drug dependence)에 대해 정의해 왔다. 약물의존에 대해 정의한 것을 구체적으로 제시하면 다음과 같다(노병일, 2018; Straussner & Isralowitz, 2011).

① 브리태니커(Britannica) 백과사전에 따르면, 약물의존은 향정신성 물질에[2] 신체적 · 심리적으로 중독된 것을 말한다.

② 미국 정신과학회에서 발간한 자료에 따르면, 약물의존은 다음과 같은 증상이 12개월 사이에 세 가지 이상이 나타나는 것을 말한다.

ⓐ 내성(tolerance)이 생기고 있다. 내성은 바라는 효과를 얻기 위해 약물을 더 많이 사용하여야 하거나, 또는 같은 양의 약물을 사용하였을 때 효과가 줄어드는 특성을 말한다.[3]

ⓑ 금단 증상(withdrawal)이 생기고 있다. 금단 증상은 약물을 사용하지 않음에

2) 향정신성 물질은 인간의 정신적 기능에 영향을 미치는 물질을 말한다(국립국어원 표준국어대사전, 2021).

3) 사전에 따르면, 내성은 약물을 반복 사용함에 따라 약의 효과가 낮아지는 현상을 말한다(국립국어원 표준국어대사전, 2021).

따라 특정한 증상이 나타나거나, 또는 이런 증상을 줄이거나 피하기 위해 약물을 사용하는 것을 말한다.[4]

㉢ 약물을 더 많이 사용하거나 더 오랜 기간 동안 사용하고 있다.

㉣ 약물을 덜 사용하기를 계속 바라고 있거나, 약물사용을 통제하기를 계속 바라고 있거나, 이런 노력이 성공하지 못하고 있다.

㉤ 약물을 구하는 데 시간을 많이 보내고 있고, 약물을 사용하는 데 시간을 많이 보내고 있고, 약물을 사용하다가 회복하려고 시간을 많이 보내고 있다.

㉥ 약물을 사용하기 때문에, 중요한 사회 활동, 직업과 관련된 활동, 여가 활동을 하지 못하고 있거나, 이런 활동을 줄이고 있다.

㉦ 약물이 심각한 신체적 문제나 심리적 문제를 유발한다는 점을 알고 있음에도 불구하고, 약물을 계속해서 사용하고 있다.

미국 정신과학회의 구분

미국 정신과학회에서 발간한 자료의 경우, 약물을 사용하는 것이 문제가 되는 것과 관련된 모든 장애를 분류하기 위해서 '약물 관련 장애(substance-related disorder)'라는 용어를 사용하고 있다. 그리고 이 자료에서는 약물 관련 장애를 '약물유발 장애(substance-induced disorder)'와 '약물사용 장애(substance use disorder)'로 더 구분하고 있다.

약물유발 장애의 경우, 개인이 약물을 남용하거나 약물에 의존하는 것을 중단하면 비교적 짧은 기간 내에 없어질 가능성이 크다. 그리고 약물사용 장애의 형태에는 약물남용과 약물의존이 있다(Straussner & Isralowitz, 2011).

4) 사전에 따르면, 금단 증상은 약물에 중독된 사람이 약물을 끊었을 때 나타나는 정신적 · 신체적 증상을 말한다(국립국어원 표준국어대사전, 2021).

5) 약물중독

약물중독(drug addiction)은 정의하기가 다소 어려운 용어이다. 가장 넓게 볼 경우, 약물중독은 특정한 약물을 크게 원하는 것을 말한다. 그러나 모든 사람은 크게 원하는 것이 있다. 예를 들어, 어떤 사람은 초콜릿을 크게 원할 수 있다. 하지만 그렇다고 해서 이런 사람을 중독자라고 부르고 있지는 않다.

구체적으로 볼 때, 약물중독은 약물이 건강에 해로운 영향을 미침에도 불구하고, 충동적이거나 통제하지 못하면서 약물을 구해서 사용하는 질병을 말한다. 그러나 단순하게 볼 때, 약물중독은 약물을 많이 사용한 탓에 신체적으로 약물에 의존하는 시기를 거친 후에 나타나는 것이라고 정의할 수 있다(National Institute on Drug Abuse, 2016; Zastrow, 2010).

약물남용과 약물의존과 약물중독

약물을 남용하면 약물에 대한 내성이 생기게 된다. 이에 따라, 시간이 흐르면서 약물의 양을 점점 늘려 가게 된다. 그 결과, 나중에는 약물을 끊지 못하고 계속 사용해서 약물의존 상태에 놓이게 된다. 그리고 약물의존 상태에 놓일 경우, 약물이 신체에 너무 많이 존재해서 여러 가지 부작용이 나타나는 약물중독 상태를 경험하게 된다(마약류대책협의회, 2013a).

Points

* 약물은 삼키거나 흡입하거나 기타 방법으로 사용할 때 인간의 신체 · 정신에 영향을 미치는 화학물질이다.
* 약물오용은 약물을 제대로 사용하지 못해서 해를 입는 것이다.
* 약물남용은 개인의 건강 · 사회생활에 어려움을 끼치는 식으로 약물을 사용하는 것이다.
* 약물의존은 기분을 바꾸어 주는 물질에 신체적 · 심리적으로 중독된 것이다.
* 약물중독은 약물이 건강에 해로운 영향을 미침에도, 충동적이거나 통제하지 못하면서 약물을 구해서 사용하는 질병이다.

3. 남용되는 약물의 형태

1) 약물의 일반적 형태

약물에는 남용되는 약물이 많다. 그러나 남용되고 있는 약물을 구분하는 방식에는 여러 가지가 있다. 우선, 스트라우스너와 이스랄로비츠(Straussner & Isralowitz, 2011)의 경우, 약물을 다음과 같이 구분하고 있다.

① 합법적으로 구할 수 있는 약물이 있다. 이런 약물의 예로 다음과 같은 것이 있다.

㉠ 알코올, 담배, 카페인이 있다.

㉡ 처방을 받아 구하는 약이 있다.

㉢ 여러 가지 흡입제가 있다. 흡입제의 예로 페인트, 에어로졸[5]이 있다.

5) 에어로졸(aerosol)은 "밀폐된 용기에 액화 가스와 함께 [넣은] 액체나 미세한 가루 약품을 가스의 압력으로

② 불법적인 약물이 있다. 이런 약물의 예로 마리화나, 헤로인, 코카인, 환각제가 있다.

그리고 재스트로우(2010)의 경우, 미국에서 가장 많이 사용하는 약물을 다음과 같이 구분하고 있다.

① 진정제(depressant)가 있다. 진정제의 예로 알코올, 안정제가 있다.
② 흥분제(stimulant)가 있다. 흥분제의 예로 카페인, 코카인이 있다.
③ 최면제(narcotic)가 있다. 최면제의 예로 아편, 헤로인, 모르핀이 있다.
④ 환각제(hallucinogen)가 있다. 환각제의 예로 엑스타시가 있다.
⑤ 담배가 있다.
⑥ 마리화나(marijuana)가 있다.
⑦ 아나볼릭 스테로이드(anabolic steroid)가 있다.

술을 만드는 공장(양조장): 알코올은 청소년이 일반적으로 남용하는 약물이다. [출처: 저자 촬영ⓒ]

뿜어내어 사용하는 약품"을 말한다(국립국어원 표준국어대사전, 2021).

2) 청소년이 남용하는 약물의 형태

청소년이 가장 일반적으로 남용하는 약물의 형태는 성인이 가장 일반적으로 남용하는 약물의 형태와 크게 다르지 않다(Juergens, 2020). 따라서 청소년이 일반적으로 남용하는 약물의 형태로 알코올, 담배, 불법 약물을 들 수 있다. 이 중에서 알코올은 청소년이 가장 많이 남용하는 약물이다.

그리고 처방전이 없이 구할 수 있는 약물도 약물에 속하고 있다. 청소년은 이런 약물을 위험한 방식으로 사용할 수도 있다(Juergens, 2020).

Points

* 청소년이 일반적으로 남용하는 약물의 형태로 알코올, 담배, 불법 약물이 있다.
* 알코올은 청소년이 가장 많이 남용하는 약물이다.

4. 청소년 약물사용의 실태

우리나라의 경우, 일부 청소년은 알코올이나 담배를 사용한 적이 있거나 또는 현재 사용하고 있는 것으로 나타나고 있다. 그리고 우리나라에서 청소년이 알코올이나 담배를 처음으로 사용하게 된 계기는 호기심 때문인 경우가 가장 많은 것으로 나타난 바 있다(통계청 사회통계기획과, 2017).

외국의 경우, 일부 청소년은 알코올이나 담배를 사용한 적이 있거나 또는 현재 사용하고 있는 것으로 나타나고 있다. 그리고 영국에서 학교에 다니는 청소년들을 대상으로 조사한 결과, 부모의 사회경제적 지위가 낮은 청소년은 그렇지 않은 청소년보다 더 위험한 알코올을 사용하고 있고, 담배를 더 일찍 시도하는 것으로 나타난 바 있다 (Centers for Disease Control and Prevention, 2020; Juergens, 2020; Hagger-Johnson, Bell, Britton, Cable, Conner, Shickle, Shelton & Bewicket, 2013).

한편 우리나라와 외국의 경우, 일부 청소년은 불법 약물을 사용한 적이 있거나 또는 현재 사용하고 있는 것으로 나타나고 있다. 미국의 경우, 불법 약물을 정기적으로 사용하는 사람은 이런 약물을 청소년기에 시작한 경우가 많은 것으로 나타난 바 있다 (Juergens, 2020).

청소년의 알코올 사용과 흡연의 관련성

영국에서 학교에 다니는 청소년들을 대상으로 조사한 결과, 흡연과 음주는 14세에 이미 서로 관련되는 것으로 나타난 바 있다. 또한 영국에서 조사한 결과, 청소년 시기에는 흡연을 하면 음주를 하게 되고 또한 음주를 하면 흡연을 하게 되는 경향이 있는 것으로 나타난 바 있다.

그리고 영국에서 실시한 연구에서, 부모의 사회경제적 지위가 높은 청소년은 그렇지 않은 청소년보다 알코올을 더 사용하는 경향이 있고, 부모의 사회경제적 지위가 낮은 청소년은 그렇지 않은 청소년보다 흡연을 더 하는 경향이 있는 것으로 나타난 바 있다 (Hagger-Johnson et al., 2013).

Points

* 우리나라와 외국의 경우, 일부 청소년은 알코올이나 담배나 불법 약물을 사용한 적이 있거나 또는 현재 사용하고 있다.

5. 청소년이 약물을 남용 · 사용하는 이유

1) 약물남용의 일반적 이유

청소년이 약물을 남용하는 이유에는 여러 가지가 있을 수 있다. 청소년이 약물을 남용하는 일반적 이유를 몇 가지 제시하면 다음과 같다(Juergens, 2020; Palmer et al., 2013).

① 호기심을 가지기 때문이다.

② 친구가 시도해 보라고 요구하기 때문이다.

③ 스트레스를 받기 때문이다.

④ 정서적으로 어려움을 겪기 때문이다.

⑤ 어떤 것에서 벗어나기를 원하기 때문이다.

2) 약물을 처음에 사용하는 이유

처음에 청소년은 여러 가지 이유 때문에 약물을 사용하고 있다. 청소년이 약물을 처음에 사용하는 이유를 몇 가지 제시하면 다음과 같다(마약류대책협의회, 2013b).

① 청소년기에는 또래의 영향력이 크기 때문이다. 청소년기에는 소속하고 싶은 욕구가 크므로, 청소년은 또래가 약물을 사용하라는 압력에 크게 영향을 받을 수 있다.

② 청소년은 어른 세대에 반항하는 경향이 있기 때문이다. 청소년은 어른 세대의 권위에 도전하기 위해 약물을 사용할 수 있다.

③ 청소년은 자신에게 상처를 주었다고 생각하는 사람에게 앙갚음을 하려고 할 수 있기 때문이다. 예를 들어, 청소년은 자신의 부모가 자기에게 상처를 주었다고 생각하고, 이에 대한 앙갚음으로 약물을 사용할 수 있다.

④ 청소년은 자신이 크게 가치가 있다고 생각하지 않을 수 있기 때문이다. 자신이 크게 가치가 있다고 생각하지 않는 청소년은 긍정적 방법을 사용해 성공하는 길을 선택하기보다는, 자신에게 부닥친 도전을 피하는 길을 선택할 수 있다. 이 경우, 도전을 피하는 길의 하나가 약물을 사용하는 것일 수 있다.

청소년이 흡연하는 이유

흡연(담배를 피우는 것)이 건강에 나쁘다고 경고하지만, 많은 청소년은 흡연을 시작하고 있다. 청소년이 흡연하는 이유에는 여러 가지가 있을 수 있다. 청소년이 흡연하는 이유를 구체적으로 제시하면 다음과 같다(Coleman & Cressey, 1999).

① 흡연이 젊은층의 반항하는 모습을 보여 준다고 인식하기 때문이다.

② 흡연이 청소년의 멋을 보여 준다고 인식하기 때문이다.

Points

* 청소년이 약물을 남용하는 이유에는 여러 가지가 있을 수 있다.
* 처음에 청소년은 여러 이유 때문에 약물을 사용한다.

6. 청소년 약물남용의 가능성을 보여 주는 상황

약물을 남용하는 청소년은 약물남용과 관련된 상황을 보여 줄 수 있다. 청소년이 약물을 남용하고 있을 가능성을 보여 주는 상황에는 여러 가지가 있다.

청소년이 약물을 남용하고 있을 가능성을 보여 주는 일반적 상황을 몇 가지 제시하면 다음과 같다(Juergens, 2020).

① 성적이 나빠지고 있다.

② 눈에 핏발이 서 있다.

③ 아무런 이유 없이 웃고 있다.

④ 활동에 관심을 가지지 않고 있다.

⑤ 위생 상태가 좋지 않다.

⑥ 눈을 마주치는 것을 피하고 있다.

⑦ 자주 배고파하고 있다.

⑧ 숨을 쉴 때나 옷에서 담배 냄새가 난다.

⑨ 어떤 행동을 숨기고 있다.

⑩ 보통 때와는 다르게 피곤해하고 있다.

⑪ 집에 들어오도록 되어 있는 시간을 지키지 않고 있다.

Points

* 약물을 남용하는 청소년은 약물남용과 관련된 상황을 보여 줄 수 있다.

7. 청소년 약물사용이 청소년에게 미치는 영향

1) 일반적 영향

청소년이 약물을 사용하는 것은 청소년이 발달하고 성장하는 데 부정적인 영향을 미칠 수 있다. 특히 청소년이 약물을 남용하는 것은, 인지 및 행동과 관련된 영역에 장기적으로 부정적인 영향을 미칠 수 있다. 왜냐하면 청소년의 뇌는 아직도 발달하고 있는 중이기 때문이다. 무엇보다도, 청소년기부터 시작해서 초기 성인기까지 알코올이나 기타 약물을 많이 사용할 경우, 인지와 관련된 영역에서 어려움을 겪을 수 있다. 그리고 청소년이 약물을 사용할 경우, 청소년이 우울을 겪을 가능성이 커질 수 있다(노병일 · 노대겸, 2019; Centers for Disease Control and Prevention, 2020; Juergens, 2020; Hanson, Medina, Padula, Tapert & Brown, 2011; Beirao et al., 2020).

또한 청소년이 약물을 사용하는 것은, 청소년이 다른 위험한 행동에 더 자주 관여하게 하는 식으로 영향을 미칠 수 있다. 이 경우, 위험한 행동의 예로 피임도구를 사용하지 않고 성행위를 하는 것이 있다(Centers for Disease Control and Prevention, 2020). 무엇보다도 청소년이 약물을 사용하는 것은 다른 청소년문제를 유발할 수 있다. 예를 들어, 약물을 사용하는 청소년은 학교에 잘 나가지 않을 수도 있고, 학교나 지역사회에서 폭력을 사용할 수도 있다.

그리고 청소년이 약물을 사용하는 것은 성인이 되었을 때 건강문제를 유발할 수 있다. 이 경우, 이와 관련된 문제의 예로 심장병, 고혈압이 있다.

결국, 청소년이 약물을 사용하는 것은 청소년의 건강과 복리에 매우 부정적인 영향을 미칠 수 있다(Centers for Disease Control and Prevention, 2020).

2) 약물을 사용하는 시기에 따른 영향

청소년이 약물을 더 이른 시기에 사용하면 할수록, 다음과 같은 상황에 놓일 가능성이 더 커지게 된다(Centers for Disease Control and Prevention, 2020).

① 약물을 계속해서 사용한다.

② 나중에 성인이 될 때, 약물을 사용하는 것과 관련된 문제를 겪는다.

특히 청소년이 어린 시기에 알코올을 사용할 경우, 알코올에 중독되거나 나중에 약물을 계속해서 남용할 가능성이 커지게 된다(Centers for Disease Control and Prevention, 2020).

3) 약물의 형태에 따른 영향

(1) 알코올이 미치는 영향

청소년이 알코올을 사용하는 것은 청소년에게 부정적인 영향을 미치고 있다. 특히, 청소년이 알코올을 사용하는 것은 청소년에게 신경과 관련된 영역에서 부정적인 영향을 미치는 것으로 알려져 있다. 청소년이 알코올을 사용하는 것이 청소년에게 미치는 영향을 구체적으로 제시하면 다음과 같다(Franke & de Anda, 2011; Juergens, 2020; Beirao et al., 2020).

① 뇌가 좋지 않게 되고, 지적 발달이 늦어질 수 있다. 이 경우, 뇌가 영원히 좋지 않게 될 수도 있다.

② 사고나 살인이나 자살을 유발할 수 있다. 따라서 알코올은 청소년에게 사망을 유발하는 요인이 될 수도 있다.

그리고 청소년기에 일찍 알코올을 사용할 경우, 나중에 위험하게 알코올을 사용하는 습관이 생길 수 있다. 따라서 청소년기에 알코올을 사용하는 것은 건강에 좋지 않은 결과를 가져올 수 있다. 특히 청소년이 알코올을 많이 사용하는 것은 다른 약물을 사용하는 계기로 작용하는 경우가 많다(Hagger-Johnson et al., 2013; Straussner & Isralowitz, 2011).

(2) 담배가 미치는 영향

청소년이 담배를 피우는 것은 청소년의 신체적 건강에 매우 부정적인 영향을 미치고 있다. 무엇보다도 청소년이 담배를 피울 경우, 나중에 폐와 기타 부위에서 암이 생길 수 있고 수명이 줄어들 수 있다(노병일, 2018).

담배의 니코틴은 뇌에서 신경전달 물질이 하는 활동에 영향을 미치고 있다. 따라서 청소년이 담배를 사용하는 것은 우울이 나타나는 정도에 영향을 미칠 수도 있다(Beirao et al., 2020).

보건소의 금연 클리닉: 흡연은 신체적 건강에 부정적인 영향을 미친다. [출처: 저자 촬영©]

(3) 마약이 미치는 영향

마약이 성인에게 미치는 영향은 청소년에게도 거의 그대로 해당하고 있다. 특히, 마약을 사용하는 청소년은 일반 청소년에 비해서 다음과 같은 상황에 놓일 가능성이 더 크다(Straussner & Isralowitz, 2011).

① 학교에서 어려움을 겪고 있다.

② 다른 사람들과의 관계에서 어려움을 겪고 있다.

③ 정신건강과 신체적 건강이 좋지 않다.

또한 마약은 우울 증상을 증가시키는 물질에 영향을 미칠 수 있다(Beirao et al., 2020). 따라서 마약은 청소년에게 우울을 유발할 수 있다.[6)]

그러므로 마약은 청소년의 건강을 해치고 있고, 더 나아가서는 청소년의 미래를 해치고 있다.

4) 중독과 관련된 영향

청소년이 약물을 사용하는 것은 나중에 약물중독을 유발할 수 있다. 따라서 약물을 사용하는 청소년은 나중에 약물에 중독될 가능성이 있다. 예를 들어, 일반 청소년에 비해서, 약물을 남용하는 청소년은 자신이 성인이 되었을 때 약물에 중독될 가능성이 더 클 수 있다(Juergens, 2020).

그러나 청소년들 중에는 약물을 시도해 보지만 약물에 중독되지 않는 청소년도 많다. 즉, 청소년이 알코올이나 기타 약물을 시도해 본다고 해서, 이런 청소년이 나중에

6) 약물이 청소년 우울을 유발하는 것에 대해서는 우울문제를 다루는 장(제3장)에서 이미 설명한 바 있다.

약물에 반드시 중독되는 것은 아니다. 따라서 청소년에 대해서는 약물남용과 약물중독을 구분할 필요가 있다(Juergens, 2020).

Points

* 청소년의 약물사용은 청소년이 발달 · 성장하는 데 부정적 영향을 미친다.
* 마약은 청소년의 현재 건강과 미래를 해친다.
* 청소년의 약물사용은 나중에 약물중독을 유발할 수 있다.

8. 약물사용 청소년에 대한 부모의 개입

청소년 자녀가 약물을 사용하고 있는 것으로 보일 경우, 부모는 청소년 자녀와 대화를 시작할 필요가 있다. 이 경우, 부모는 청소년 자녀에게 약물사용에 대해 솔직하게 물어볼 수 있다. 부모가 청소년 자녀에게 알코올이나 기타 약물을 사용한 적이 있느냐고 묻거나 또는 다른 사람이 청소년 자녀에게 최근에 약물을 준 적이 있느냐고 단순하게 물어보는 것은, 부모가 청소년 자녀와 대화를 시작하는 좋은 계기가 될 수 있다. 이때 청소년이 약물사용을 인정하거나 부정하는 식으로 대답할 경우, 부모가 이런 대답에 대해 바로 대응하는 것은 청소년 자녀에게 올바른 질문을 하는 것만큼이나 중요하다(Juergens, 2020).

청소년이 약물을 사용하는 것으로 보일 경우, 청소년이 약물사용을 인정하느냐 또는 부정하느냐에 따라서 부모가 대응하는 방식은 달라질 수 있다.

1) 약물사용을 인정하는 경우

청소년 자녀가 약물을 사용한 적이 있지만 지금은 사용하지 않고 있다고 대답할 경우, 부모는 과도하게 반응하지 않을 필요가 있다. 부모가 청소년 자녀에게 과도하게 반응하거나 청소년 자녀를 심하게 혼낼 경우, 청소년 자녀는 자신이 약물을 사용한 것에 대해서 이야기를 꺼내지 않을 수 있다.

청소년 자녀가 약물에 대해 이야기를 하게 하는 것은, 청소년 자녀가 약물을 한 번만 사용한 것인지를 파악하거나 또는 약물을 사용한 것이 문제가 되고 있는지를 파악하는 데 중요하다. 이 경우, 부모는 자신이 청소년 자녀의 현재와 미래에 대해 매우 관심을 가지고 있다는 점을 설명할 필요가 있다. 왜냐하면 부모의 지지와 사랑을 받고 있다고 느끼는 청소년은, 그렇지 않은 청소년에 비해서 다음과 같이 할 가능성이 더 크기 때문이다(Juergens, 2020).

① 약물을 사용해 보는 것을 멈춘다.

② 약물중독이 되었을 때 도움을 청한다.

2) 약물사용을 부정하는 경우

때에 따라서는 청소년 자녀는 자신이 약물을 사용하는 것에 대해 거짓말을 할 수도 있다. 이 경우, 부모는 자신이 청소년 자녀에게 관심을 가지고 있다는 점을 확신시켜 줄 필요가 있다. 또한 부모는 자신이 청소년 자녀를 도와주기를 원한다는 점을 확신시켜 줄 필요가 있다.

청소년 자녀는 약물을 사용하고 있다는 점을 계속 부정하지만, 부모는 이것을 거짓이라고 판단할 수도 있다. 이때는 가정에서 약물 검사를 하거나 전문가의 도움을 받아서, 청소년 자녀가 약물과 관련해 문제가 있는지를 파악할 수 있다(Juergens, 2020).

Points

* 청소년이 약물을 사용하는 것으로 보일 경우, 부모는 청소년 자녀와 대화를 시작할 필요가 있다.
* 청소년이 약물사용을 인정 · 부정하느냐에 따라서 부모가 대응하는 방식은 다를 수 있다.

9. 청소년 약물문제에 대한 보호 방안

청소년의 약물사용에 대해 앞에서 살펴본 내용에 근거해, 청소년의 약물문제를 줄이거나 없애기 위한 방안을 몇 가지 제시하면 다음과 같다.

1) 일반적 방안

(1) 예방 측면에의 주목

청소년이 약물을 잘못 사용하는 것을 파악해서 이에 대해 예방할 경우, 약물과 관련된 문제가 시작되기 전에 문제를 막을 수 있게 된다(Juergens, 2020). 따라서 청소년의 약물문제를 해결하기 위해서는 청소년이 약물을 사용하는 것을 예방하는 것이 중요하다. 그러므로 청소년과 관련된 모든 사람은 약물을 사용하는 것에 대해 청소년과 계속해서 이야기를 나눌 필요가 있다.

(2) 부모의 관심

부모는 학교 이외의 공간에서 청소년과 일상생활을 함께하는 경우가 많다(노병일 · 노대겸, 2019). 따라서 청소년이 약물을 사용하는 것과 관련해, 부모의 역할은 매우 중요하다.

청소년은 약물을 정해진 양보다 더 많이 사용하는 것이 위험하다는 사실을 모르는 경우가 많다. 그러므로 부모는 청소년 자녀와 약물의 위험성에 대해 자주 대화할 필요가 있다. 이 경우, 부모는 처방받은 약도 위험하다는 점을 청소년 자녀에게 알려줄 필요가 있다(Morin, 2020).

청소년의 알코올 사용에 대한 부모 의견 제시의 필요성

청소년의 부모가 청소년 자녀가 술을 마시는 것을 찬성하지 않는다고 밝히는 것은, 청소년 자녀가 술을 마실 것인지를 결정하는 데 크게 영향을 미칠 수 있다. 그러므로 청소년의 부모는 청소년 자녀가 술을 마시는 것을 찬성하지 않는다는 점을 분명하게 밝힐 필요가 있다(Morin, 2020).

(3) 이른 개입

약물을 어린 시기에 사용하면 나중에 약물과 관련된 문제를 겪을 가능성이 커지게 된다. 그러므로 청소년이 약물을 처음으로 사용하는 나이를 늦추는 데 주목하는 예방 프로그램을 이른 시기에 적극적으로 실시할 필요가 있다.

(4) 교육 프로그램의 실시

약물 때문에 발생하는 피해를 잘 알지 못하는 탓에, 청소년은 약물을 쉽게 사용할 수 있다. 그러므로 약물을 잘못 사용하는 것은 문제를 해결하는 것이 아니라, 문제를 더 악화시키는 것이라는 점을 청소년에게 교육할 필요가 있다(Zastrow, 2010).

특히 청소년은 약물에 매우 쉽게 중독될 수 있다는 사실을 심각하게 생각하지 않는 경우가 많다(Morin, 2020). 그러므로 청소년에게 약물의 중독성에 대해 교육할 필요가 있다.

(5) 재발 방지

약물남용은 재발되는 경우가 많다. 따라서 약물을 남용하는 청소년은 치료를 계속해서 받아야 하는 경우가 많다(Straussner & Isralowitz, 2011). 그러므로 청소년의 약물남용이나 약물의존을 치료하는 데 있어 재발을 방지하는 측면에 주목할 필요가 있다.

2) 구체적 방안

(1) 청소년의 알코올 구입의 제약

청소년은 알코올을 쉽게 구입할 수 있는 경우가 많다. 그러므로 청소년이 알코올을 구입하는 것을 더 강력하게 막고 규제할 필요가 있다.

(2) 담배를 광고하는 방식에 대한 제약

담배를 제조하는 기업이 세련되게 광고하는 것은, 청소년이 담배를 피울 생각을 하는 데 영향을 미칠 수 있다. 그러므로 기업이 담배를 광고하는 방식을 크게 제약함으로써, 청소년이 흡연을 꺼리게 할 필요가 있다(Zastrow, 2010).

(3) 마약과 관련된 교육의 실시

마약은 청소년의 학교생활과 인간관계에 매우 부정적인 영향을 미치고 있고, 결국에 가서는 청소년의 미래를 파괴하고 있다. 그러나 청소년은 마약이 장기적으로 심각하게 부정적인 영향을 미친다는 사실을 잘 모르기 때문에, 마약을 사용할 수 있다. 그러므로 청소년을 대상으로 마약의 심각한 부정적 영향을 알려 주는 교육 프로그램을 자주 실시할 필요가 있다(Straussner & Isralowitz, 2011).

Points

* 청소년의 약물문제를 줄이거나 없애기 위해서는, 약물사용에 대해 청소년과 계속 이야기를 나누고, 부모는 청소년과 약물의 위험성에 대해 자주 대화하고, 약물을 처음 사용하는 나이를 늦추는 예방 프로그램을 일찍 적극적으로 실시하고, 약물사용은 문제를 더 악화시킨다는 점을 교육하고, 약물남용 · 약물의존을 치료하는 데 있어 재발 방지에 주목할 필요가 있다.
* 청소년의 약물문제를 줄이거나 없애기 위해서는, 청소년의 알코올 구입을 강력하게 규제하고, 기업이 담배를 광고하는 방식을 크게 제약하고, 청소년에게 마약의 심각한 영향에 대해 자주 교육할 필요가 있다.

CHAPTER 06

청소년의 인터넷중독문제

-CONTENTS-

1. 청소년과 인터넷중독
2. 인터넷중독의 정의
3. 청소년 인터넷중독의 형태
4. 청소년 인터넷중독의 실태
5. 청소년 인터넷중독을 유발하는 요인
6. 청소년 인터넷중독의 증상
7. 청소년 인터넷중독의 가능성을 보여 주는 상황
8. 청소년 인터넷중독의 특징과 고려할 점
9. 청소년 인터넷중독이 미치는 영향
10. 청소년 인터넷중독의 치료
11. 청소년 인터넷중독문제에 대한 보호 방안

1. 청소년과 인터넷중독

오늘날의 사회에서 인터넷(internet)은 모든 인간의 일상생활과 사회생활에서 중요한 부분을 차지하고 있다. 사실, 오늘날의 사회에서 인터넷은 단순한 도구 이상의 역할을 하고 있다. 무엇보다도 인터넷은 사회를 구성하는 다양한 체계를 엮어 주는 토대가 되고 있다. 따라서 오늘날에 사회의 모든 구성원은 인터넷이라는 네트워크에서 벗어나기가 어려워지고 있다.

인터넷은 인간 사회에서 많은 편리함을 주고 있다. 무엇보다도 인터넷은 접근하기가 쉽고 풍부한 자료를 제공한다는 장점이 있다. 그러나 인터넷의 이런 편리한 점 때문에, 인간은 인터넷에 과도하게 빠져들 수도 있다.

이런 상황은 청소년에게 특히 더 해당하고 있다. 청소년은 발달과 관련된 여러 가지 어려움을 해결하려는 욕구와 또래와 교류하려는 욕구를 크게 가지고 있다(노병일 · 노대겸, 2019). 이때 인터넷에서 제공하는 사이버 공간은 청소년이 이런 욕구를 충족하는 데 크게 도움을 주고 있다. 특히 오늘날의 청소년은 사회적으로 교류하는 방법을 잘 모르는 경우가 많기 때문에, 청소년은 인터넷에 더 의지할 수 있다(Masih & Rajkumar, 2019). 그리고 다른 인구층에 비해서, 오늘날의 청소년은 정보통신 기술을 사용하는 능력을 더 많이 가지고 있는 경우가 많다. 따라서 오늘날의 청소년은 다른 인구층보다 인터넷을 더 많이 사용할 가능성이 있다.

그러나 청소년이 인터넷을 과도하게 사용하면 인터넷에 중독될 수 있다. 실제로, 세계적으로 청소년은 인터넷중독(internet addiction)을 겪을 가능성이 큰 집단으로 알려져 있다(Masih & Rajkumar, 2019).

인터넷중독은 청소년의 일상생활에 부정적인 영향을 미치고 있다. 특히 인터넷중독은 청소년의 학교생활과 인간관계에 부정적인 영향을 미치고 있다. 그리고 청소년의 인터넷중독은 사회와 국가에도 부담을 주고 있다.

결국, 청소년의 인터넷중독문제는 중요한 청소년문제에 속하고 있다. 그러므로 청소년문제를 다루는 영역에서는 청소년이 인터넷에 중독되는 것에 대해 관심을 가질 필요가 있다.

Points

* 청소년이 인터넷을 과도하게 사용하면 인터넷에 중독될 수 있다.
* 청소년문제를 다루는 영역에서는 청소년의 인터넷중독에 대해 관심을 가질 필요가 있다.

2. 인터넷중독의 정의

문자 그대로 볼 때, 인터넷중독은 인터넷에 심각하게 의존하는 상태를 말한다. 그러나 일부 기관과 학자는 인터넷중독에 대해 구체적으로 정의해 왔다. 그동안 인터넷중독에 대해 정의한 것을 몇 가지 제시하면 다음과 같다(서울대학교 병원, 2021; American Psychological Association, 2021; Bleakley, Park & Romer, 2017).

① 미국 심리학회에 따르면, 인터넷중독은 스트레스를 유발하고 기타 좋지 않은 영향을 미치는 식으로 온라인이나 오프라인에서 컴퓨터를 과도하게 사용하는 행동을 말한다.

② 서울대학교 병원에 따르면, 인터넷중독은 "컴퓨터나 인터넷 이용과 관련된 집착이나 충동적인 행동이 과도하고 조절되지 않는 것을 특징으로 하는 상태"를 말한다.

③ 블리클리(Bleakley) 등에 따르면, 인터넷중독이라는 용어는 인터넷을 하지 않고는 못 배기는 식으로 사용하는 것을 나타내기 위해 쓰이는 경우가 많다.

정리하건대, 인터넷중독은 부정적인 영향을 미치는 식으로 인터넷을 과도하고 조절하지 못하면서 사용하는 것을 말한다. 그러나 인터넷중독과 관련해서는 기본적 용어와 정의에 대해 의견이 완전히 일치하고 있지 않다(Bleakley, Park & Romer, 2017).

중독과 관련해 지원하는 기관: 인터넷중독은 부정적 영향을 미치는 식으로 인터넷을 과도하고 조절하지 못하며 사용하는 것이다. [출처: 저자 촬영ⓒ]

인터넷중독과 관련해, 인터넷중독 장애(internet addiction disorder)라는 용어도 자주 사용하고 있다. 일반적으로 인터넷중독 장애는 인터넷을 사용하고자 하는 욕구를 통제할 수 없는 상태에 있는 것을 말한다. 인터넷중독 장애를 '충동적 인터넷 사용(compulsive internet use)', '문제적 인터넷 사용(problematic internet use)', 'i-장애(iDisorder)'라고도 부르고 있다(Masih & Rajkumar, 2019; Gregory, 2020).

Points

* 인터넷중독은 인터넷을 하지 않고는 못 배기는 식으로 사용하는 것을 말하는 경우가 많다.
* 인터넷중독과 관련해, 인터넷중독 장애라는 용어도 자주 사용된다.

3. 청소년 인터넷중독의 형태

그동안의 연구에서 인터넷중독에는 여러 가지 형태가 있는 것으로 나타나고 있다. 따라서 인터넷중독의 형태를 여러가지로 구분할 수 있다. 인터넷중독의 가장 일반적인 형태로 온라인에서 너무 자주 게임하는 것, 사회적 네트워크 서비스(SNS)를 너무 자주 이용하는 것, 이메일을 너무 자주 보내고 받는 것, 블로그(blog) 작업을 너무 자주 하는 것, 온라인에서 너무 자주 쇼핑하는 것, 인터넷을 통해 음란물을 부적절하게 너무 자주 이용하는 것이 있다(American Psychological Association, 2021; Gregory, 2020).

그러나 인터넷중독의 형태를 더 전문적으로 구분할 수도 있다. 청소년이 겪을 수 있는 인터넷중독의 형태를 전문적으로 몇 가지 제시하면 다음과 같다(국가법령정보센터, 2021; Davis, 2020).

① '온라인 관계 중독(online relationship addiction)'이 있다. 이것은 인터넷 사용자가 사이버 공간에서의 관계에 너무 주목하는 것을 말한다.

② '게임 중독(gaming addiction)'이 있다. 이것은 인터넷 사용자가 게임을 해서 이기는 데 집착하는 것을 말한다. 인터넷게임 중독은 우리나라의 법에서도 설명하고 있다. 우리나라 「청소년 보호법」에 따르면, 인터넷게임 중독은 "인터넷게임의 지나친 이용으로 인하여 인터넷게임 이용자가 일상생활에서 쉽게 회복할 수 없는 신체적 · 정신적 · 사회적 기능 손상을[1] 입은 것"을 말한다.

③ '네트워크 강박(net compulsion)'이 있다. 이것은 인터넷 사용자가 강박적 행동에 빠져드는 것을 말한다. 이런 행동의 예로 사이버 공간에서 도박하는 것, 온라인에서 쇼핑하는 것이 있다. 이것은 처음에는 작은 것에서 시작될 수 있다. 그러나 이것은 나중에는 인터넷 사용자의 경제적 상태에 어려움을 주는 상황으로까지 커질 수 있다.

④ '정보 탐색(information seeking)'이 있다. 이것은 인터넷 사용자가 새로운 정보를 배우고 이런 정보를 체계적으로 정리하는 데 집착하는 것을 말한다.

⑤ '사이버 성 중독(cybersex addiction)'이 있다. 이것은 인터넷 사용자가 인터넷에서 음란물, 온라인 음란 채팅방, 성적 환상을 주는 사이트 등에 주목하는 것을 말한다.

Points

* 청소년이 겪을 수 있는 인터넷중독의 형태로 온라인 관계 중독, 게임 중독, 네트워크 강박, 정보 탐색, 사이버 성 중독이 있다.

1) 손상은 나빠지는 것을 말한다.

4. 청소년 인터넷중독의 실태

오늘날의 청소년은 자신의 자유 시간을 사이버 공간에서 교류하는 데 보내는 경우가 많다. 따라서 청소년은 인터넷을 많이 이용하고 있고, 이에 따라 인터넷중독을 겪는 청소년의 수가 증가하고 있다. 그 결과, 인터넷중독은 오늘날의 청소년에게 일반적으로 나타나는 문제가 되고 있다(Masih & Rajkumar, 2019; Kuss, van Rooij, Shorter, Griffiths & van de Mheen, 2013).

인터넷중독은 여성보다는 남성에게서 더 많이 발생하는 것으로 알려져 있다(Shaw & Black, 2008). 따라서 일반적으로 인터넷중독은 여성 청소년보다는 남성 청소년에게서 더 많이 나타나고 있다.

인터넷중독 자체가 없던 시절의 남성 청소년 모습: 인터넷중독은 여성 청소년보다는 남성 청소년에게서 더 발생하는 것으로 알려져 있다. [출처: 김세중 님 제공ⓒ]

그러나 세계적으로 볼 때, 청소년에게서 인터넷중독이 나타나는 비율은 연구에 따라서 크게 차이가 나고 있다(Masih & Rajkumar, 2019).

Points

* 인터넷중독은 오늘날의 청소년에게 일반적으로 나타나는 문제이다.

5. 청소년 인터넷중독을 유발하는 요인

인터넷중독을 유발하는 요인에는 여러 가지가 있는 것으로 알려져 있다. 그러나 인터넷중독을 유발하는 정확한 요인을 제시하는 것은 쉬운 일이 아니다(Gregory, 2020).

말할 것도 없이, 청소년에게 인터넷중독을 유발하는 현실적인 요인은 인터넷을 과도하게 사용하는 것이다. 따라서 청소년이 인터넷을 과도하게 사용하면, 인터넷중독을 겪는 상태에 이를 수 있다. 실제로, 청소년이 인터넷을 통해 자주 게임을 하고 사회적 네트워크 서비스를 자주 이용할 경우, 인터넷중독을 겪을 가능성이 커지게 된다(Kuss et al., 2013).

그러나 청소년에게 인터넷중독을 유발하는 요인을 알기 위해서는, 청소년이 인터넷을 과도하게 사용하게끔 하는 요인을 알 필요가 있다. 청소년이 인터넷을 과도하게 사용하게끔 하는 요인에는 여러 가지가 있을 수 있다. 이런 요인들 가운데 하나는, 청소년이 현실 세계를 도피하고자 하는 것과 관련될 수 있다. 실제로 청소년은 자신의 현실 세계로부터 도피하기 위해서 인터넷을 찾는 경우가 많다. 즉, 청소년은 현실이 아닌 다른 세계로 도피해서 문제를 피하기를 원하기 때문에, 인터넷을 과도하게 사용할 수 있다(Davis, 2020).

이외에 여러 가지 구체적 요인이 청소년에게 인터넷중독을 유발할 수 있다. 청소년에게 인터넷중독을 유발하는 요인이 될 수 있는 상황을 몇 가지 제시하면 다음과 같다(Masih & Rajkumar, 2019).

① 자신을 가치 있는 존재로 생각하고 있지 않다.
② 자신에 대해 좋은 이미지를 가지고 있지 않다.
③ 사회적으로 잘 교류하고 있지 않다.

Points

* 청소년이 인터넷을 과도하게 사용하게끔 하는 요인의 하나는, 청소년이 현실 세계를 도피하고자 하는 것과 관련될 수 있다.
* 여러 구체적 요인이 청소년에게 인터넷중독을 유발할 수 있다.

6. 청소년 인터넷중독의 증상

인터넷중독의 일반적 증상은 인터넷중독에 대한 정의 속에 이미 포함되어 있다. 즉, 청소년이 인터넷중독을 겪을 경우, 청소년은 인터넷을 과도하게 사용하는 것을 제대로 통제하지 못하게 된다.

청소년의 인터넷중독과 관련된 증상은 청소년의 여러 영역에서 나타날 수 있다. 특히 인터넷중독에 따른 증상은 신체적 영역과 정서적 영역에서 크게 나타날 수 있다.

1) 신체적 영역에서의 증상

인터넷에 중독된 청소년의 신체적 영역에서 나타나는 증상에는 여러 가지가 있을 수 있다. 인터넷중독 탓에 나타나는 신체적 증상을 몇 가지 제시하면 다음과 같다 (Masih & Rajkumar, 2019; Gregory, 2020).

① 손목이나 손가락이 아프거나 감각이 없다.

② 몸무게가 갑자기 늘어나거나 줄어들고 있다.

③ 눈이 건조하거나, 보는 데 어려움을 겪고 있다.

④ 인터넷을 계속하기 위해서, 음식을 먹지 못하고 있거나 과도하게 먹고 있다.

⑤ 목이 아프다.

⑥ 잠자는 데 어려움을 겪고 있다.

⑦ 머리가 아프다.

⑧ 허리가 아프다.

2) 정서적 영역에서의 증상

인터넷에 중독된 청소년의 정서적 영역에서 나타나는 증상에는 여러 가지가 있을 수 있다. 인터넷중독 탓에 나타나는 정서적 증상을 몇 가지 제시하면 다음과 같다

(Gregory, 2020; Masih & Rajkumar, 2019).

① 우울한 상태에 있다.

② 불안한 상태에 있다.

③ 기분이 자주 변하고 있다.

④ 외롭다고 느끼고 있다.

⑤ 흥분하고 있다.

⑥ 두려워하고 있다.

⑦ 거짓말을 하고 있다.

⑧ 죄의식을 느끼고 있다.

⑨ 어떤 것을 우선적으로 하여야 할 것인지를 정하지 못하고 있거나, 일정을 제대로 유지하지 못하고 있다.

⑩ 일상적 일을 하는 것이 지루하다고 느끼고 있다.

⑪ 시간의 중요성을 모르고 있다.

⑫ 공부하는 것을 꺼리고 있다.

Points

* 인터넷중독을 겪으면, 청소년은 인터넷을 과도하게 사용하는 것을 제대로 통제하지 못한다.
* 인터넷중독에 따른 증상은 신체적 · 정서적 영역에서 크게 나타날 수 있다.

7. 청소년 인터넷중독의 가능성을 보여 주는 상황

청소년이 인터넷에 중독된 상태에 놓이기 전에, 청소년이 인터넷중독을 겪을 가능성을 보여 주는 상황이 나타날 수 있다. 다만, 청소년이 인터넷중독을 겪을 가능성을 보여 주는 상황의 일부는 인터넷중독의 증상과 비슷하거나 같을 수 있다.

청소년이 인터넷중독을 겪을 가능성을 보여 주는 상황을 몇 가지 제시하면 다음과 같다(Davis, 2020).

① 인터넷에 집착하고 있다.
② 인터넷을 사용하지 말라고 할 경우, 민감하게 반응하고 있다.
③ 삶의 다른 영역에는 주목하지 않고 있다. 이런 예로 학교에 관심을 가지지 않는 것이 있다.
④ 인터넷을 사용한 시간의 양에 대해 거짓말을 하고 있다.
⑤ 인터넷을 너무 많이 사용한 탓에 피곤해하고 있다.

Points

* 인터넷중독 상태에 놓이기 전에, 청소년이 인터넷중독을 겪을 가능성을 보여 주는 상황이 나타날 수 있다.

8. 청소년 인터넷중독의 특징과 고려할 점

1) 청소년 인터넷중독의 특징

청소년이 처음에 바로 인터넷에 중독되는 것은 아니다. 인터넷을 자주 사용하는 청소년은 처음에는 인터넷에 의존하는 상태에 놓이다가, 나중에 가서는 인터넷에 중독되는 상태로 나아가게 된다. 예를 들어, 청소년이 현실 세계를 일시적으로 도피할 경우, 청소년은 인터넷에 의존하는 상태에 놓일 수 있다. 그러다가 이런 청소년은 나중에 가서는, 인터넷에 완전히 중독되는 상태에 놓일 수 있다. 그러므로 여러 가지 측면에서 볼 때, 인터넷중독은 의존이나 중독을 유발하는 다른 청소년문제(예컨대, 약물문제)와 비슷한 특징을 지니는 경우가 많다(Davis, 2020).

2) 고려할 점

청소년이 인터넷을 많이 사용한다고 해서, 청소년이 반드시 인터넷중독을 겪는 상태에 이르는 것은 아니다. 따라서 청소년은 인터넷에 중독된 상태까지는 아니고, 인터넷에 의존하는 상태에만 있을 수도 있다.

청소년이 인터넷을 사용하는 것과 관련해 문제가 되는 시기는, 인터넷을 사용하는 활동이 일상생활에 부정적인 영향을 미치기 시작할 때이다(Gregory, 2020; Davis, 2020). 따라서 인터넷을 사용하는 것과 관련해 문제가 되는 것은, 인터넷을 사용하는 시간의 양이 아닐 수도 있다.

실제로 일부 학자의 경우, 특히 문제가 되는 것은 인터넷에서 보내는 시간의 양이 아니라 인터넷을 사용하는 방식이라고 주장하고 있다. 따라서 인터넷을 사용하는 시간의 양만큼이나, 인터넷을 사용하는 것이 위험한 정도도 중요하게 따져 볼 필요가 있다. 예를 들어, 청소년이 아동을 성적으로 이용하는 인터넷 사이트에 접속하는 것은 위험할 수 있다(Gregory, 2020). 이런 상황과 관련된 인터넷중독은 청소년에게 심각한 문제가 될 수 있다.

Points

* 인터넷을 자주 사용하는 청소년은 처음에는 인터넷에 의존하는 상태에 있다가, 나중에는 인터넷에 중독되는 상태로 나아간다.
* 인터넷중독은 의존이나 중독을 유발하는 다른 청소년문제와 비슷한 특징을 지니는 경우가 많다.
* 청소년이 인터넷 사용과 관련해 문제가 되는 시기는, 인터넷을 사용하는 활동이 일상생활에 부정적 영향을 미치기 시작할 때이다.

9. 청소년 인터넷중독이 미치는 영향

청소년이 인터넷에 중독되는 것은 청소년 개인과 가족과 사회 및 국가에 부정적인 영향을 미칠 수 있다.

1) 청소년 개인에게 미치는 영향

청소년의 인터넷중독은 청소년 개인의 여러 영역에서 부정적인 영향을 미칠 수 있다.[2)]

(1) 신체적 영역에서의 영향

인터넷에 중독된 청소년은 인터넷을 사용하는 데 빠져서, 음식을 제대로 먹지 않을 가능성이 크고 또한 몸 관리를 제대로 하지 않을 가능성이 크다. 이런 상황은 청소년이 잘 성장하고 자신의 위생을 관리하는 데 불리하게 작용할 가능성이 크다. 그리고 인터넷에 중독된 청소년은 밤에도 인터넷을 사용하는 경우가 많다. 이런 상황은 청소년이 잠자고 규칙적인 생활을 하는 데 불리하게 작용할 가능성이 크다.

그러므로 청소년의 인터넷중독은 청소년에게 신체적 영역에서 부정적인 영향을 미칠 가능성이 크다.

(2) 정서적 영역에서의 영향

인터넷에 중독된 청소년은 정신건강문제를 겪을 가능성이 크다. 이와 관련된 예를 구체적으로 제시하면 다음과 같다(Shaw & Black, 2008).

① 인터넷중독은 우울과 관련이 있는 것으로 알려져 있다.

② 인터넷중독은 우울 이외의 정신건강문제와 관련되는 경우가 많은 것으로 알려져 있다. 특히 인터넷중독은 기분을 조절하지 못하는 것, 불안한 상태에 있는 것, 충동을 통제하지 못하는 것, 약물을 사용하는 탓에 어려움을 겪는 것과 관련되는 경우가 많은 것으로 알려져 있다.

2) 다만, 이런 영향 때문에 나타나는 일부 상황은 인터넷중독의 일부 증상과 비슷하거나 같을 수 있다.

그리고 인터넷에 중독된 청소년은 자살에 취약할 수 있다. 실제로 인터넷중독은 자살 생각과 관련될 수 있는 것으로 알려져 있다(Shain, 2016b).[3]

또한 인터넷에 중독된 청소년은 사이버 공간에서 자신의 본래 모습을 감추기 위해서, 자신을 실제 모습과는 다른 인물로 꾸밀 가능성이 크다(Gregory, 2020). 이런 상황은 청소년에게 긴장감과 스트레스를 유발할 수 있다.

그리고 인터넷에 중독된 청소년은 거짓말을 할 가능성이 있다. 이런 예로, 자신이 인터넷에서 보내는 시간의 양에 대해 부모에게 거짓말을 하는 것이 있다(Gregory, 2020). 이런 상황은 청소년에게 죄의식을 유발할 수 있다.

결국, 앞에서 제시한 여러 가지 상황은 청소년이 좋은 정신건강을 유지하는 데 불리하게 작용할 가능성이 크다. 그러므로 청소년의 인터넷중독은 청소년에게 정서적 영역에서 부정적인 영향을 미칠 가능성이 크다.

(3) 사회적 영역에서의 영향

인터넷에 중독된 청소년은 사이버 공간에서 자기 혼자만의 시간을 많이 가질 가능성이 크다. 그리고 인터넷에 중독된 청소년은, 여러 사람과 어울리며 게임과 같은 것을 할 때도 사이버 공간에서 교류하는 경우가 많다. 왜냐하면 인터넷에 중독된 청소년은 직접 만나는 환경보다는 사이버 공간이 더 편하다고 느끼기 때문이다(Gregory, 2020).

이런 상황은 청소년이 직접 만나는 공간에서 다른 사람과 교류하고 새로운 관계를 형성하는 데 불리하게 작용할 가능성이 크다. 또한 이런 상황은 청소년이 나중에 성인이 되어 사회생활이나 기타 생활을 하는 데 불리하게 작용할 가능성이 크다. 실제로 인터넷중독은 사회적으로 고립되는 상황과 관련이 있는 것으로 알려져 있다(Shaw &

3) 인터넷과 자살에 대해서는 자살문제를 다루는 장(제4장)에서 이미 설명한 바 있다.

Black, 2008).

그러므로 청소년의 인터넷중독은 청소년에게 사회적 영역에서 부정적인 영향을 미칠 가능성이 크다.

(4) 교육과 고용 영역에서의 영향

인터넷에 중독된 청소년은 인터넷을 사용하는 데 너무 집중하느라, 학교 공부를 소홀히 할 가능성이 크다.[4] 특히, 인터넷에 중독된 청소년이 가정에서 야간에도 인터넷을 많이 사용할 경우, 청소년은 다음 날에 학교에서 정상적으로 학교생활을 하는 데 어려움을 겪을 가능성이 크다.

이런 상황은 청소년이 학습하는 데 불리하게 작용할 가능성이 크다. 그리고 더 나아가서, 이런 상황은 청소년이 나중에 성인이 되어 질 좋은 유급 일자리에서 일하는 데 불리하게 작용할 가능성이 크다.

그러므로 청소년의 인터넷중독은 청소년에게 교육 및 고용과 관련된 영역에서 부정적인 영향을 미칠 가능성이 크다.

(5) 윤리적 영역에서의 영향

인터넷에 중독된 청소년은 인터넷을 통해서 게임을 하고, 최신의 전자 기기를 구입하고, 피시(PC) 방과 같은 공간을 이용하는 데 현금이 필요할 수 있다. 이때 청소년에게 현금이 충분히 없을 경우, 청소년은 현금을 마련하기 위해 여러 가지 방법을 알아볼 가능성이 크다. 이런 상황은 청소년이 현금을 마련하기 위해 사회의 가치에 어긋나는 행동에 가담하는 상황을 유발할 수도 있다.

4) 물론 청소년은 인터넷을 통해서 학습에 대한 자료를 찾을 수도 있다. 그러나 인터넷에 중독된 청소년은 학습을 위한 목적보다는 그렇지 않은 목적을 위해 인터넷을 더 많이 사용할 가능성이 크다.

그러므로 청소년의 인터넷중독은 청소년에게 윤리적 영역에서 부정적인 영향을 미칠 가능성이 크다.

2) 청소년의 가족에게 미치는 영향

청소년이 인터넷에 중독되어 인터넷을 과도하게 사용할 경우, 가족구성원은 청소년에게 인터넷을 사용하는 시간을 줄이라고 요구할 가능성이 크다. 특히, 청소년이 인터넷을 과도하게 사용하기 때문에 일상생활을 제대로 하지 못하는 경우나 잠을 제대로 자지 않아서 학교생활을 제대로 하지 못하는 경우, 청소년의 부모나 보호자는 청소년에게 인터넷 사용과 관련해 잔소리를 하고 간섭할 수 있다. 예를 들어, 청소년의 부모는 청소년에게 인터넷을 사용하는 시간을 크게 줄이고 인터넷을 야간에는 사용하지 말라고 요구할 수 있다.

그러나 인터넷에 중독된 청소년은, 인터넷을 과도하게 사용하는 것과 관련해 부모나 가족구성원이 하는 요구를 바로 받아들이기가 어려울 수 있다. 이런 상황은 청소년과 가족구성원(특히 부모) 사이에 좋은 관계를 형성하는 데 불리하게 작용할 가능성이 크다. 그러므로 청소년의 인터넷중독은 청소년의 가족에게 부정적인 영향을 미칠 가능성이 크다.

3) 사회와 국가에 미치는 영향

인터넷에 중독된 청소년이 많으면, 이에 따른 사회문제 때문에 사회와 국가는 비용을 부담하게 될 가능성이 크다. 실제로 세계적으로, 인터넷중독 때문에 사회와 국가는 경제적으로 커다란 비용을 지출하고 있는 것으로 알려져 있다. 인터넷중독 때문에 지출하는 비용은 앞으로 더 많아질 것으로 예상되고 있다(Masih & Rajkumar, 2019).

그러므로 청소년의 인터넷중독은 사회와 국가에 부정적인 영향을 미칠 가능성이 크다.

Points

* 청소년의 인터넷중독은 개인과 가족과 사회 · 국가에 부정적 영향을 미칠 수 있다.
* 청소년의 인터넷중독은 청소년 개인의 신체적 · 정서적 · 사회적 · 교육적 · 윤리적 영역에서 부정적 영향을 미칠 수 있다.

10. 청소년 인터넷중독의 치료

1) 개입

청소년의 인터넷중독을 치료하는 데 있어서 첫 번째 단계는, 인터넷중독을 겪는 청소년이 자신에게 문제가 존재한다는 사실을 인정하게 하는 것이다. 인터넷중독을 겪는 청소년이 자신에게 문제가 있다는 점을 인정하지 않을 경우, 청소년은 인터넷중독에 대해 치료를 받으려고 하지 않을 가능성이 크다(Gregory, 2020).

그러므로 청소년이 인터넷중독을 겪는 상태에 있는 것으로 진단되어 개입할 경우,

청소년이 자신에게 인터넷 사용과 관련해 문제가 있다는 점을 인정하게 할 필요가 있다.

2) 치료

(1) 전문적 · 일반적 치료 방법

청소년의 인터넷중독을 치료하는 방법에는 여러 가지가 있을 수 있다. 이 중에서도 인터넷중독을 치료하기 위해서 일반적으로 사용하는 방법으로 현실 치료, 예술을 활용한 치료, 여가 활동을 활용한 치료, 말(horse)을 활용한 치료, 인지행동 치료가 있다. 그리고 인터넷중독에 대한 치료는 개인을 대상으로 할 수도 있고, 집단을 대상으로 할 수도 있고, 가족을 대상으로 할 수도 있다(노대겸 · 전영신, 2017; Shaw & Black, 2008; Masih & Rajkumar, 2019; Gregory, 2020).

일상생활에서의 일부 방법은 청소년이 인터넷중독을 치료하는 데 도움이 될 수 있다. 청소년의 인터넷중독을 치료하는 데 도움이 되는 일반적 방법을 몇 가지 제시하면 다음과 같다(Masih & Rajkumar, 2019).

① 신체적 활동을 한다.
② 가족구성원과 더 많은 시간을 보낸다.
③ 친구와 더 많은 시간을 보낸다.
④ 건전한 사회적 네트워크를 형성한다.

때에 따라서는, 청소년의 인터넷중독을 치료하기 위해서 청소년이 컴퓨터를 사용하고 인터넷을 사용하는 것을 스스로 제한하게 하는 방법이 필요할 수 있다(Shaw & Black, 2008).

(2) 신체적 활동을 포함하는 치료

앞에서 제시한 여러 가지 방법들 중에서, 신체적 활동을 하게 하는 방법은 인터넷중독을 겪고 있는 청소년을 매우 잘 치료할 수 있는 것으로 알려져 있다. 인터넷중독을 겪고 있는 청소년이 신체적 활동을 할 경우, 청소년은 친구와 더 잘 어울릴 수 있게 된다. 그 결과, 청소년이 인터넷중독에서 벗어날 가능성이 더 커지게 된다(Masih & Rajkumar, 2019).

운동을 하는 청소년들: 신체적 활동은 인터넷중독을 겪는 청소년을 잘 치료할 수 있는 것으로 알려져 있다. [출처: 저자 촬영ⓒ]

신체적 활동을 포함하는 치료 프로그램은 청소년의 신체적 영역과 심리적 영역 모두에서 긍정적인 영향을 미치고 있다. 이런 점에서, 신체적 활동을 포함하는 프로그램은 예술 활동이나 여가 활동을 활용하는 치료 프로그램과 차이가 나고 있다(Masih & Rajkumar, 2019). 왜냐하면 예술 활동이나 여가 활동을 활용하는 치료 프로그램은 신체적 영역과 심리적 영역 모두에서 긍정적인 영향을 미치는 것은 아니기 때문이다.

Points

* 청소년의 인터넷중독을 치료하는 데 있어서 첫 번째 단계는 청소년이 자신에게 문제가 존재한다는 사실을 인정하게 하는 것이다.
* 신체적 활동을 하게 하는 방법은 인터넷중독을 겪는 청소년을 잘 치료할 수 있는 방법으로 알려져 있다.

11. 청소년 인터넷중독문제에 대한 보호 방안

청소년의 인터넷중독에 대해 앞에서 살펴본 내용에 근거해, 청소년의 인터넷중독문제를 줄이거나 없애기 위한 방안을 몇 가지 제시하면 다음과 같다.

1) 일반적 방안

(1) 인터넷의 적절한 사용에 대한 지속적 교육

청소년에게 인터넷을 사용하는 것을 무조건 금지할 수는 없다. 이것은 현실적으로도 어렵고 바람직한 것도 아니다. 이런 점에서 청소년의 인터넷중독문제는 다른 형태의 청소년문제와 차이가 나고 있다. 예를 들어, 청소년의 약물문제와 관련된 방안에서는 청소년에게 약물을 사용하지 말라고 할 수 있다. 그러나 청소년의 인터넷중독문제와 관련된 방안에서는 청소년에게 인터넷을 사용하지 말라고 할 수가 없다. 이런 상황에서는 청소년에게 교육하는 것이 중요할 수밖에 없다.

그러므로 청소년과 관련된 기관은 청소년에게 인터넷을 적절하게 사용하는 것에 대해서 지속적으로 교육할 필요가 있다. 이 경우, 국가는 공익 광고와 기타 방식을 통해서 청소년에게 인터넷을 적절하게 사용하는 것과 관련해 교육하고 홍보할 수 있다.

(2) 부모의 관여

청소년의 부모는 청소년 자녀가 인터넷을 너무 사용하거나 또는 너무 의존하는 것을 가장 빨리 알아차릴 수 있는 위치에 있다. 그러므로 청소년의 부모가 청소년 자녀의 과도한 인터넷 사용이나 인터넷중독에 대해 관여하게 할 필요가 있다.

청소년 자녀가 인터넷을 너무 사용하는 것처럼 보일 경우, 부모는 이것이 오늘날과 같은 디지털 시대에서 청소년이 성장하는 과정에서 나타나는 정상적 행동인지, 아니면 문제를 보여 주는 행동인지를 파악할 필요가 있다. 이때 청소년 자녀의 행동이 문제가 있는 것으로 판단될 경우, 부모는 구체적인 조치를 취할 필요가 있다.

부모는 청소년 자녀가 인터넷중독을 겪는 것으로 보일 경우, 우선적으로 다음과 같이 할 필요가 있다(Davis, 2020).

① 문제가 심각한지를 확인한다.

② 문제가 나타난 과정을 파악한다.

때에 따라서는, 인터넷을 사용하는 것과 관련해 부모는 청소년 자녀와 함께 지침을 정할 필요가 있다. 이 경우, 이런 지침에 포함시킬 내용을 몇 가지 제시하면 다음과 같다(Davis, 2020).

① 청소년 자녀가 인터넷을 사용하지 않는 시간대가 있다.

② 청소년 자녀가 게임을 하는 시간의 양이 있다.

③ 청소년 자녀가 이런 지침을 지키지 않을 경우에 취할 조치가 있다.

그러므로 청소년의 부모는 앞에서와 같은 지침을 참고해서, 청소년 자녀와 잘 상의하면서 인터넷을 사용하는 시간을 조정할 필요가 있다.

보호에 주목하는 접근방식

청소년 자녀가 인터넷중독을 겪는 것으로 보일 경우, 부모는 청소년 자녀의 인터넷중독을 막기 위해서 컴퓨터나 스마트폰이나 기타 기구를 사용하는 것을 막으려고 할 수 있다. 그러나 이렇게 할 경우, 다음과 같은 문제가 발생할 수 있다(Davis, 2020).

① 부모와 청소년 자녀 사이의 관계가 좋지 않게 된다.

② 청소년 자녀는 인터넷을 사용할 수 있는 다른 곳을 찾는다.

그러므로 부모는 인터넷중독과 관련된 기구를 사용하는 것을 막으려는 접근방식보다는 보호에 주목하는 접근방식을 취하면서, 청소년 자녀를 도울 수 있는 방법을 찾아볼 필요가 있다(Davis, 2020).

2) 구체적 방안

(1) 부모 교육

오늘날에는 인터넷과 관련된 기술이 빠르게 변하고 있다. 하지만 청소년의 부모는 최신의 정보통신 기술이나 기기 등에 대해 잘 모를 수 있다. 청소년의 부모가 이런 상황에 있을 경우, 청소년의 부모는 청소년 자녀의 인터넷중독문제를 해결하는 데 어려움을 겪거나 한계가 있을 수 있다.

그러므로 학교나 지역사회의 복지기관에서는, 청소년의 부모를 대상으로 인터넷문제와 관련된 최근 경향과 이에 따른 대처법을 알려 주는 교육을 실시할 필요가 있다.

(2) 사이버 공간 밖에서의 교류 기회의 확대

인터넷을 자주 이용하는 청소년이 외향적일 경우, 인터넷에 중독될 가능성이 줄어드는 것으로 알려져 있다. 이 경우, 청소년이 외향적인 예로 사이버 공간 밖에서 사람들과 자주 접촉하는 것이 있다(Kuss et al., 2013).

그러므로 부모나 학교나 지역사회의 복지기관에서는, 청소년이 사람들과 사이버 공간 밖에서 자주 교류할 수 있는 기회를 많이 제공할 필요가 있다.

인터넷을 너무 사용하는 청소년: 청소년에게는 사이버 공간 밖에서 자주 교류할 수 있는 기회를 많이 제공할 필요가 있다. [출처: 전영신 님 그림©]

(3) 신체적 활동 프로그램의 실시

청소년의 인터넷중독을 치료하는 프로그램에는 여러 가지가 있다. 그러나 이 중에서도 신체적 활동을 포함하는 프로그램은 청소년의 인터넷중독을 치료하는 데 특히 효과가 있는 것으로 나타나고 있다.

그러므로 인터넷중독을 겪는 청소년에게는 다른 프로그램과 더불어 신체적 활동을 포함하는 프로그램도 함께 실시해 볼 필요가 있다.[5)]

Points

* 청소년의 인터넷중독문제를 줄이거나 없애기 위해서는, 청소년에게 인터넷을 적절하게 사용하는 것에 대해 교육하고, 부모가 청소년 자녀의 과도한 인터넷 사용이나 인터넷중독에 대해 관여하게 할 필요가 있다.
* 청소년의 인터넷중독문제를 줄이거나 없애기 위해서는, 부모를 대상으로 인터넷문제와 관련해 교육하고, 청소년이 사이버 공간 밖에서 자주 교류할 수 있는 기회를 많이 제공하고, 청소년에게 신체적 활동을 포함하는 프로그램도 함께 실시할 필요가 있다.

5) 이것은 앞에서 제시한 '사이버 공간 밖에서의 교류 기회'와도 관련되고 있다.

PART 4

학교와 관련된 청소년문제

Chapter 07 청소년의 무단결석문제
Chapter 08 청소년의 자퇴문제
Chapter 09 청소년의 학교폭력문제

CHAPTER 07

청소년의 무단결석문제

-CONTENTS-

1. 청소년과 무단결석
2. 무단결석의 정의
3. 청소년 무단결석의 실태
4. 청소년 무단결석을 유발하는 요인
5. 청소년 무단결석의 가능성을 보여 주는 상황
6. 청소년 무단결석이 미치는 영향
7. 청소년 무단결석을 예방하기 위한 프로그램
8. 청소년 무단결석문제에 대한 보호 방안

1. 청소년과 무단결석

청소년이 나중에 성인이 되어 질 좋은 유급 일자리에서 일하고 사회에서 기대되는 역할을 제대로 하기 위해서는, 기본이 되는 전문적 지식을 갖출 필요가 있고 또한 여러 사람들과 좋은 관계를 형성하는 것을 경험할 필요가 있다(노병일, 2015). 이와 관련해, 오늘날의 사회에서 청소년기에 가장 큰 역할을 하는 공간은 학교이다. 따라서 청소년이 학교 수업에 출석하면서 학습을 잘하는 것은 청소년의 현재와 미래의 삶에 매우 긍정적인 영향을 미치고 있다.

그러나 일부 청소년은 여러 가지 상황 때문에 학교 수업에 정당한 이유 없이 출석하지 않을 수 있는데, 이런 행위를 무단결석(truancy)이라고[1] 부르고 있다. 무단결석은 학교에 다니는 청소년이 어려움을 겪고 있음을 보여 주는 첫 번째 신호일 수 있다. 즉, 무단결석은 청소년이 자신이 나아갈 길을 포기하고 있거나 또는 나아갈 길을 제대로 찾아가지 못하고 있음을 보여 주는 첫 번째 신호일 수 있다. 따라서 학교에 다니는 청소년이 학교에 무단결석을 하기 시작하는 것은, 청소년이 자신의 부모와 교사와 지역사회에게 자신이 어려움을 겪고 있어서 도움이 필요하다고 말하는 것이라고 볼 수 있다(U.S. Department of Education, 1996).

오늘날의 사회에서 청소년의 무단결석은 여러 영역에서 청소년과 가족과 사회 및 국가에 부정적인 영향을 미치고 있다(노병일, 2015). 특히 청소년이 무단결석을 하면서 학교 수업을 제대로 하지 않을 경우, 청소년은 학습과 관련된 영역, 사회생활을 하는 것과 관련된 영역, 경제와 관련된 영역에서 필요한 기본적 지식을 얻을 기회를 가지지 못하게 된다(Dahl, 2016). 또한 무단결석을 자주하는 청소년은 자퇴할 가능성이 크고,

1) 무단은 "사전에 허락이 [없거나] 또는 아무 사유가 [없는 것]"을 말한다(국립국어원 표준국어대사전, 2021).

또한 사회의 가치에 어긋나는 행동에 관여할 가능성이 크다. 따라서 청소년의 무단결석은 다른 청소년문제를 유발할 가능성이 매우 크다. 이런 탓에, 앞에서와 같은 여러 가지 상황은 청소년의 현재 삶과 미래 삶에 매우 부정적인 영향을 미칠 가능성이 크다.

결국, 청소년의 무단결석은 중요한 청소년문제에 속하고 있다. 그러므로 청소년문제를 다루는 영역에서는 청소년이 무단결석을 하는 것에 대해 관심을 가질 필요가 있다.

Points

* 청소년의 무단결석은 여러 영역에서 청소년과 가족과 사회 · 국가에 부정적 영향을 미친다.
* 청소년문제를 다루는 영역에서는 청소년 무단결석에 대해 관심을 가질 필요가 있다.

2. 무단결석의 정의

무단결석에 대해 정의하는 것은 간단해 보일 수 있다. 그러나 무단결석에 대한 정의는 다양한 것으로 알려져 있다(Gentle-Genitty, Karikari, Chen, Wilka & Kim, 2015). 따라서 무단결석에 대해서는 통일된 정의가 없다고도 볼 수 있다.

그동안 무단결석에 대해 정의한 것을 몇 가지 제시하면 다음과 같다(National Center

for Mental Health Promotion and Youth Violence Prevention, 2012; Truancy Prevention, 2015; Harris & White, 2013; Raising Children Network, 2021).

① 미국에는 무단결석에 대해 전국적으로 인정되는 정의는 없는 것으로 알려져 있다. 그러나 미국에서 많은 주의 경우, 무단결석은 학생이 부모나 보호자의 허락 없이 결석하는 상황이나, 학생이 교사나 담당 직원의 허락 없이 학교를 다니지 않거나 수업에 참석하지 않는 상황이라고 보고 있다.

② 영국에서 발간한 사회사업 사전의 경우, 무단결석은 학생이 계속해서 학교에 출석하지 않는 것이라고 보고 있다.

③ 무단결석예방조직(Truancy Prevention)의 경우, 무단결석은 정당하지 않은 핑계를 대면서 학교를 결석하는 것이라고 보고 있다.

④ 호주의 아동 관련 조직의 경우, 무단결석은 학생이 부모가 알지 모르는 상태나 부모의 허락을 받지 않은 상태에서 학교를 결석하는 것이라고 보고 있다.

정리하건대, 무단결석은 학교에 다니는 청소년이 부모나 보호자나 기타 관련자의 허락을 받지 않고 학교를 정당한 이유 없이 나가지 않는 것이라고 볼 수 있다. 다만, 정당하지 않은 결석을 며칠까지 인정할 것인가 등과 관련해서는, 국가나 법이나 규정 사이에 차이가 날 수 있다(National Center for Mental Health Promotion and Youth Violence Prevention, 2012).

한편 무단결석은 정식(공식적) 결석과는 다른 것이다. 정식 결석은 청소년이 부모가 아는 상태에서 가정이나 기타 장소에 있는 것을 말한다. 정식 결석을 하는 이유에는 여러 가지가 있을 수 있다(Raising Children Network, 2021). 예를 들어, 청소년은 자신이 아프거나 가족이 어려움을 겪고 있기 때문에 학교를 정식으로 결석할 수 있다.

Points

* 무단결석은 청소년이 부모나 보호자나 기타 관련자의 허락을 받지 않고 학교를 합당한 이유 없이 나가지 않는 것이다.
* 무단결석은 정식 결석과는 다르다.

3. 청소년 무단결석의 실태

세계에서 일부 청소년은 무단결석을 하고 있다. 따라서 청소년의 무단결석은 세계에서 사회문제가 되고 있다(Gentle-Genitty et al., 2015).

청소년의 경우, 실제로는 무단결석을 하고 있지만 학교에 가는 것처럼 보일 수도 있다. 예를 들어, 무단결석을 하는 청소년은 보통 때처럼 집을 나갔다 집으로 돌아올 수 있다. 그리고 무단결석을 하는 청소년은 하루 중에서 일부 시간에는 학교에 갈 수도 있다. 그러나 무단결석을 하는 청소년은 특정한 수업에 출석하지 않거나, 모든 수업에 하루 종일 출석하지 않을 수도 있다(Raising Children Network, 2021).

학교 수업이 끝난 후에 집에 가는 기차를 기다리는 청소년들: 일부 청소년은 무단결석을 한다. [출처: 대만에서 저자 촬영ⓒ]

한편 미국에서 고등학교 시절에 무단결석을 한 경험이 있는 성인들을 대상으로 조사한 결과, 청소년이 무단결석을 하는 동안에 가장 많이 하는 것은 또래와 식사를 함께 하는 것으로 나타난 바 있다. 그리고 이 조사에서, 청소년이 무단결석을 할 가능성이 가장 큰 시간은 학교의 점심시간 당시나 점심시간 전후인 것으로 나타난 바 있다(Dahl, 2016).

Points

* 세계에서 일부 청소년은 무단결석을 한다.
* 청소년은 무단결석을 하지만 학교에 가는 것처럼 보일 수도 있다.

4. 청소년 무단결석을 유발하는 요인

1) 청소년 무단결석을 유발하는 구체적 요인

청소년이 계속해서 무단결석을 하는 것은 여러 가지 요인과 관련되는 것으로 알려져 있다. 그동안의 연구에서는 청소년에게 무단결석을 유발할 수 있는 주요한 요인으로 개인과 관련된 요인, 가족과 관련된 요인, 학교와 관련된 요인을 제시해 왔다. 그리고 무단결석을 유발할 수 있는 기타 요인으로 경제와 관련된 요인, 정신건강이나 신체적 건강과 관련된 요인, 지역사회와 관련된 요인도 제시해 왔다(Dahl, 2016).

그러므로 청소년에게 무단결석을 유발할 수 있는 요인을 크게 개인과 관련된 요인, 가족과 관련된 요인, 학교와 관련된 요인, 기타 요인으로 구분할 수 있다(노병일, 2015; Baker, Sigmon & Nugent, 2001; Dahl, 2016; National Center for Mental Health Promotion and Youth Violence Prevention, 2012; Gentle-Genitty et al., 2015).

(1) 개인과 관련된 요인

청소년의 개인적 상황은 무단결석을 유발하는 요인이 되고 있다. 예를 들어, 청소년이 다음과 같은 상황에 있는 것은 무단결석을 유발하는 요인이 될 수 있다(Baker, Sigmon & Nugent, 2001).

① 알코올이나 기타 약물을 많이 사용하고 있다.

② 정신건강과 관련해 어려움을 겪고 있다.

③ 신체적 건강이 좋지 않다.

(2) 가족과 관련된 요인

청소년의 가족과 관련된 상황은 무단결석을 유발하는 요인이 되고 있다. 예를 들어, 청소년의 가족이 다음과 같은 상황에 있는 것은 무단결석을 유발하는 요인이 될 수 있다(Baker, Sigmon & Nugent, 2001; National Center for Mental Health Promotion and Youth Violence Prevention, 2012).

① 부모가 청소년을 제대로 지도하지 않고 있거나 감독하지 않고 있다.

② 청소년이 가정에서 학대나 폭력을 겪고 있다.

③ 가족이 빈곤한 상태에서 살고 있다.

④ 가족구성원이 알코올이나 기타 약물을 많이 사용하고 있다.

⑤ 가족구성원이 청소년이 학교에 출석하는 것과 관련된 규정을 자세하게 알지 못하고 있다.

⑥ 가족구성원이 교육에 대해 크게 관심을 가지고 있지 않다.

(3) 학교와 관련된 요인

청소년의 학교와 관련된 상황은 무단결석을 유발하는 요인이 되고 있다. 예를 들어, 청소년이 다니는 학교가 다음과 같은 상황에 있는 것은 무단결석을 유발하는 요인이 될 수 있다(Baker, Sigmon & Nugent, 2001; Dahl, 2016; National Center for Mental Health Promotion and Youth Violence Prevention, 2012; Gentle-Genitty et al., 2015).

① 학교 분위기가 좋지 않다.

② 학교가 청소년의 다양한 학습 방식을 잘 받아들이지 못하고 있다.

③ 청소년이 학교와 좋은 관계를 형성하지 못하고 있다.

(4) 기타 요인

앞에서 제시한 것 이외의 여러 가지 상황도 무단결석을 유발하는 요인이 되고 있다. 예를 들어, 다음과 같은 상황에 있는 것은 무단결석을 유발하는 요인이 될 수 있다 (Baker, Sigmon & Nugent, 2001; National Center for Mental Health Promotion and Youth Violence Prevention, 2012).

① 청소년이 유급 일자리에서 일하고 있다.

② 이사를 자주 하고 있다.

③ 학교까지의 거리가 멀다.

④ 부모가 여러 일자리에서 일하고 있다.

⑤ 학교까지의 교통이 좋지 못하다.

2) 고려할 점

청소년은 다양한 요인 때문에 무단결석을 할 수도 있다. 즉, 한 가지 요인이 아닌 여러 요인이 합쳐져서 청소년에게 무단결석을 유발할 수도 있다(Dahl, 2016).

그리고 무단결석을 유발하는 요인을 하나도 가지고 있지 않은 청소년에 비해서, 무단결석을 유발하는 요인을 여러 가지 가지고 있는 청소년은 무단결석을 자주 할 가능성이 더 크다(National Center for Mental Health Promotion and Youth Violence Prevention, 2012).

Points

* 청소년 무단결석을 유발할 수 있는 요인을 개인과 관련된 요인, 가족과 관련된 요인, 학교와 관련된 요인, 기타 요인으로 구분할 수 있다.
* 청소년은 다양한 요인 때문에 무단결석을 할 수 있다.

5. 청소년 무단결석의 가능성을 보여 주는 상황

청소년의 부모나 보호자는 학교로부터 어떤 연락도 받은 바는 없지만, 청소년 자녀가 무단결석을 하고 있을지에 대해 걱정할 수 있다. 이 경우에는, 청소년 자녀가 무단결석을 할 가능성을 보여 주는 상황을 살펴볼 수 있다. 이런 상황을 몇 가지 제시하면 다음과 같다(Raising Children Network, 2021).

① 청소년 자녀가 문제를 일으키는 다른 청소년과 어울리고 있거나, 학교에 대해 관심이 없는 다른 청소년과 어울리고 있다.

② 청소년 자녀가 학교에 가는 것은 지루하고 시간을 낭비하는 것이라는 식으로 말하고 있다.

③ 청소년 자녀의 교사가 부모에게 자녀는 수업 시간에 행동을 올바르게 하지 않고 있다고 알려 주거나, 학습에 대해 부정적인 태도를 가지고 있다고 알려 주고 있다.

Points

* 청소년의 부모 · 보호자는 자녀가 무단결석을 할 가능성을 보여 주는 상황을 살펴볼 수 있다.

6. 청소년 무단결석이 미치는 영향

무단결석은 청소년 개인, 청소년의 가족, 청소년이 다니는 학교, 사회, 국가에 폭넓게 부정적인 영향을 미치고 있다.

1) 청소년 개인에게 미치는 영향

청소년의 무단결석은 청소년과 관련된 여러 영역에서 부정적인 영향을 미칠 가능성이 크다(노병일, 2015; National Center for Mental Health Promotion and Youth Violence Prevention, 2012; Dahl, 2016; Baker, Sigmon & Nugent, 2001; Gentle-Genitty et al., 2015; U.S. Department of Education, 1996).

(1) 학습과 관련된 영역에서 미치는 영향

무단결석은 학습과 관련된 영역에서 청소년에게 부정적인 영향을 미치고 있다. 예를 들어, 무단결석을 하지 않은 청소년에 비해서, 무단결석을 하는 청소년은 다음과 같은 상황에 놓일 가능성이 더 큰 것으로 알려져 있다.

① 성적이 좋지 않다.

② 다음 학년으로 제때 올라가지 못하고 있다.

③ 퇴학을 당한다.

④ 학교를 졸업하지 못하고 있다.

(2) 문제 행동과 관련된 영역에서 미치는 영향

무단결석은 행동과 관련된 영역에서 청소년에게 부정적인 영향을 미치고 있다. 무엇보다도, 무단결석을 한 청소년은 사회의 가치에 어긋나는 행동에 관여할 가능성이 있다. 따라서 무단결석은 다른 청소년문제를 유발하는 요인이 될 수 있다.

무단결석 때문에 청소년이 겪을 수 있는 상황을 몇 가지 제시하면 다음과 같다.

① 약물을 사용하고 있다.

② 집단으로 모여 폭력을 사용하는 활동에 관여하고 있다

③ 심각한 범죄 행위에 관여하고 있다. 이런 행위의 예로 물건을 훔치는 것, 강도질을 하는 것이 있다.

④ 자살을 생각하고 있거나 시도하고 있다.

⑤ 이른 나이에 성행위를 하고 있다.

⑥ 학교를 자퇴하고 있다.

특히 무단결석은 청소년이 범죄 행위에 가담하는 출발점이 될 수도 있다. 실제로 미국 교육부의 경우, 청소년의 무단결석은 범죄로 나가게 되는 문이라고 주장하고 있다.

학교버스 안내판: 무단결석은 청소년이 범죄 행위에 가담하는 출발점이 될 수도 있다. [출처: 독일에서 저자 촬영ⓒ]

(3) 심리와 관련된 영역에서 미치는 영향

무단결석은 심리와 관련된 영역에서 청소년에게 부정적인 영향을 미치고 있다. 예를 들어, 무단결석은 청소년이 다음과 같은 상황에 있는 것과 관련되고 있다.

① 자신을 가치 있는 존재로 크게 생각하지 않고 있다.

② 사회적으로 고립되어 있다.

(4) 성인기와 관련된 영향

청소년의 무단결석은 청소년에게 장기적으로 부정적인 영향을 미치고 있다. 따라서 무단결석을 자주 하는 것은, 청소년이 자라서 나중에 성인이 될 때도 부정적인 영향을 미치고 있다.

우선, 일반 청소년에 비해서, 청소년기에 무단결석을 자주 한 청소년은, 나중에 성인기에 행동하고 적응하는 데 더 크게 어려움을 겪는 경우가 많은 것으로 알려져 있다. 또한 청소년기에 무단결석을 자주 한 것은, 나중에 성인기에 다음과 같은 상황에 놓이는 것과 관련이 있는 것으로 알려져 있다.

① 폭력을 사용하고 있다.

② 결혼할 경우, 부부 사이의 관계가 좋지 않다.

③ 질 좋은 유급 일자리를 찾는 데 어려움을 겪고 있다.

④ 범죄 행위에 가담하고 있다.

그리고 일반 성인에 비해서, 청소년기에 무단결석을 자주 한 성인은 다음과 같은 상황에 놓일 가능성이 훨씬 더 큰 것으로 알려져 있다.

① 일반 건강과 정신건강이 좋지 않다.

② 유급 일자리에서 얻는 소득이 적다.

③ 빈곤한 상태에서 살고 있다.

④ 국가가 취약층에게 제공하는 복지 혜택에 크게 의존하고 있다.

⑤ 자녀가 사회의 가치에 어긋나는 행동을 하고 있다.

2) 가족에게 미치는 영향

청소년이 무단결석을 자주 할 경우, 이런 상황을 지켜보는 부모나 기타 가족구성원은 안타깝고 답답할 수밖에 없다. 이런 상황에서 부모나 기타 가족구성원은 청소년에게 학교에 계속해서 다니라고 강력하게 요구할 가능성이 크다. 이런 상황이 반복되면, 청소년과 가족구성원 사이에 갈등하는 관계가 형성될 수 있다. 따라서 청소년이 무단결석을 자주 할 경우, 청소년과 가족구성원 사이의 관계가 좋지 않은 방향으로 나아갈 가능성이 크다.

3) 사회와 국가에 미치는 영향

무단결석을 자주 하는 것은 청소년이 살고 있는 사회와 국가에도 부정적인 영향을 미치고 있다. 청소년이 무단결석을 해서 학습을 소홀히 할 경우, 청소년은 나중에 성인이 되어 임금을 적게 받게 되고 생산성이 낮아질 가능성이 있다. 그리고 무단결석을 한 청소년은 나중에 범죄 행위에 관여해서 시설에 갇힐 수도 있다. 이렇게 될 경우, 사회구성원이 납부한 세금이 들어가게 된다(National Center for Mental Health Promotion and Youth Violence Prevention, 2012).

이런 탓에, 청소년의 무단결석은 사회와 국가에 경제적으로 부담을 지울 수 있다.

4) 고려할 점

(1) 성별에 따른 차이점

여성 청소년도 남성 청소년만큼이나 무단결석을 할 가능성이 있는 것으로 알려져 있다. 그러나 일부 연구에 따르면, 무단결석을 하는 남성 청소년과 무단결석을 하는 여성 청소년 사이에는 크게 차이가 날 수 있다. 예를 들어, 여성 청소년은 관계를 맺는 것과 관련된 문제 때문에 무단결석을 할 수 있고, 남성 청소년은 제도나 규정과 관련된 문제 때문에 무단결석을 할 수 있다(Dahl, 2016).

그러므로 청소년의 무단결석을 살펴볼 경우, 남성 청소년과 여성 청소년의 이런 차이점을 고려할 필요가 있다.

(2) 원인 및 결과와의 관련성

무단결석은 청소년이 살면서 겪는 많은 문제들을 유발할 수 있다. 그리고 이런 문제들은 청소년에게 무단결석을 유발할 수 있다(Dahl, 2016). 그러므로 무단결석은 청소년이 살면서 겪는 많은 문제들의 원인이 될 수도 있고 결과가 될 수도 있다.

Points

* 무단결석은 청소년의 가족과 학교와 사회와 국가에 부정적 영향을 미친다.
* 무단결석은 청소년의 학습 영역, 문제 행동 영역, 심리 영역에서 영향을 미치고 성인기에도 영향을 미친다.

7. 청소년 무단결석을 예방하기 위한 프로그램

1) 배경과 특징

청소년의 무단결석과 관련된 기관과 전문가는 무단결석에 대해 더 효과적인 접근방식을 취하는 데 관심을 가지고 있다. 무단결석에 대한 효과적인 접근방식에서는 무단결석에 대해 처벌하기보다는 무단결석을 예방하는 데 주목하고 있다. 따라서 무단결석을 예방하고자 하는 접근방식에서는 무단결석을 유발하는 요인에 크게 관심을 가지고 있다(National Center for Mental Health Promotion and Youth Violence Prevention, 2012).

이 경우, 이와 관련된 것이 무단결석 예방 프로그램이다. 무단결석 예방 프로그램의 경우, 무단결석을 유발하는 요인에 주목함으로써 청소년이 학교에 꾸준히 더 잘 출석하게 하려고 하고 있다.

수업하고 있는 모습: 무단결석 예방 프로그램에서는 무단결석을 유발하는 요인에 주목함으로써 학교에 꾸준히 출석하게 하려고 한다. [출처: 김세중 님 제공]

2) 대상에 따른 구분

무단결석 예방 프로그램은 대상에 따라서 여러 가지 형태로 구분될 수 있다. 무단결석 예방 프로그램을 대상에 따라 구분하는 예로, 무단결석 예방 프로그램을 보편적 예방 프로그램, 선별적 예방 프로그램, 지시적 예방 프로그램으로 구분하는 것이 있다(National Center for Mental Health Promotion and Youth Violence Prevention, 2012).

(1) 보편적 예방 프로그램

보편적(universal) 예방 프로그램에서는 학교에 다니는 모든 청소년을 대상으로 하고 있다. 일부 보편적 예방 프로그램의 경우, 출석하는 문화를 학교에 더 형성하는 데 주목하고 있다. 이 경우, 사용하는 방법을 구체적으로 제시하면 다음과 같다.

① 꾸준히 출석하는 청소년에게 상품이나 혜택을 준다.

② 출석이 중요하다는 것을 더 인식하게 하는 행사를 한다.

(2) 선별적 예방 프로그램

선별적(selective) 예방 프로그램에서는 습관적으로 무단결석을 할 가능성이 있는 청소년을 대상으로 하고 있다. 따라서 선별적 예방 프로그램의 대상은 무단결석을 할 가능성이 큰 일부 청소년이다.

선별적 예방 프로그램의 경우, 다음과 같은 순서로 진행하고 있다.

① 학교에서 무단결석을 하기 시작한 청소년을 파악한다.

② 이런 청소년이 습관적으로 무단결석을 하는 학생이 되기 전에, 이런 청소년과 가족에게 개입한다.

선별적 예방 프로그램에서는 여러 가지 활동을 할 수 있다. 선별적 예방 프로그램에서 할 수 있는 활동을 몇 가지 제시하면 다음과 같다.

① 청소년이 무단결석을 할 경우, 가족에게 연락한다.
② 학교에서 꾸준히 출석하는 것이 중요하다는 점을 청소년과 가족에게 알려 준다.
③ 청소년이 학교에 출석하는 데 걸림돌이 될 수 있는 문제를 청소년이나 가족이 해결하도록 도와준다. 이런 문제의 예로 교통편이 좋지 않은 것이 있다.

(3) 지시적 예방 프로그램

지시적(indicated) 예방 프로그램에서는, 계속해서 무단결석을 하고 있는 청소년과 보편적 예방 프로그램이나 선별적 예방 프로그램이 효과가 없는 청소년을 대상으로 하고 있다. 따라서 지시적 예방 프로그램의 대상은 매우 일부 청소년이다.

3) 효과

무단결석 예방 프로그램은 효과가 있는 것으로 알려져 있다. 무단결석 예방 프로그램의 효과를 구체적으로 제시하면 다음과 같다(National Center for Mental Health Promotion and Youth Violence Prevention, 2012).

① 학교 성적이 더 좋아지게 된다.
② 문제가 되는 행동을 덜 하게 된다.

그러므로 무단결석 예방 프로그램은 청소년이 사회의 가치에 어긋나는 행동을 하는 사례를 줄이는 데 도움을 줄 수 있다.

4) 고려할 점

무단결석 예방 프로그램에서는 여러 가지 측면을 고려할 필요가 있다. 무단결석 예방 프로그램에서 중요하게 고려할 필요가 있는 측면을 몇 가지 제시하면 다음과 같다(National Center for Mental Health Promotion and Youth Violence Prevention, 2012).

① 청소년의 무단결석과 직접적으로 관련이 있는 기관과 조직들 사이에 서로 협력한다.

② 부모와 기타 가족구성원이 관여한다.

③ 무단결석을 유발할 수 있는 모든 요인을 폭넓게 다룬다. 이런 요인의 예로 교통편, 학생의 정신건강, 가정의 환경, 학교 분위기가 있다.

④ 무단결석을 하였을 때는 적절하게 자극을 주고 또한 출석을 잘하였을 때는 적절하게 격려함으로써, 학생의 행동이 변하게 한다.

⑤ 프로그램을 실시한 결과 자료를 사용해 프로그램을 꼼꼼하게 평가한다. 그리고 이렇게 함으로써, 무단결석을 줄이고 예방하는 데 더 효과적인 프로그램을 개발한다.

Points

* 무단결석 예방 프로그램에서는 무단결석을 유발하는 요인에 주목함으로써 청소년이 학교에 꾸준히 더 잘 출석하게 한다.
* 무단결석 예방 프로그램은 대상에 따라 보편적 예방 프로그램, 선별적 예방 프로그램, 지시적 예방 프로그램으로 구분할 수 있다.
* 무단결석 예방 프로그램은 효과가 있다.

8. 청소년 무단결석문제에 대한 보호 방안

청소년의 무단결석에 대해 앞에서 살펴본 내용에 근거해, 청소년의 무단결석문제를 줄이거나 없애기 위한 방안을 몇 가지 제시하면 다음과 같다.

1) 일반적 방안

(1) 학교 환경의 개선

학교의 일반적 환경을 더 좋게 하는 것은 청소년의 무단결석을 예방하는 데 크게 도움을 줄 수 있다.[2] 왜냐하면 청소년이 다음과 같이 인식할 경우, 청소년이 학교에 가기를 꺼릴 가능성이 더 줄어들기 때문이다(National Center for Mental Health Promotion and Youth Violence Prevention, 2012).

① 학교가 안전하다.

② 학교가 편하다.

③ 학교는 학생들을 따뜻하게 보살피고 있다.

④ 학교는 학생에게 유익하고 의미가 있는 활동을 제공하고 있다.

그러므로 학교의 교사와 직원 및 전문가의 경우, 학교의 일반적 환경을 좋게 하는 데 적극적으로 관여할 필요가 있다.

2) 이것은 청소년 자퇴에도 그대로 해당하고 있다.

(2) 포용적 접근방식의 적용

대부분의 국가에서는 일정한 나이에 이른 청소년은 학교에 의무적으로 다니도록 되어 있다. 따라서 학교의 경우, 무단결석하는 청소년에 대해서는 학교의 규정을 근거로 제시하면서 처벌하려고 할 수 있다. 그러나 그동안의 연구에서는, 청소년의 무단결석에 대해 엄격하게 처벌하는 방식은 기대한 것만큼 효과가 있는 것으로 나타나고 있지 않다.

더구나 무단결석을 한 청소년을 유급시키거나 퇴학시키는 방식을 취할 경우, 이런 청소년이 학교를 더 꺼리는 식으로 영향을 미칠 수 있다. 그리고 무단결석을 한 청소년을 유급시키거나 퇴학시킬 경우, 이런 청소년은 학교 공부를 제대로 하지 않게 될 가능성이 크다. 따라서 무단결석을 한 청소년을 유급시키거나 퇴학시키는 방식은, 이런 청소년이 학교에 다니게 하는 데 도움이 되지 않는 것으로 알려져 있다. 실제로, 무단결석을 한 청소년을 엄격하게 다루는 방식 때문에, 청소년이 사회의 가치에 어긋나는 행동을 더 하고 또한 자퇴를 더 한 것으로 나타난 경우도 있다(National Center for Mental Health Promotion and Youth Violence Prevention, 2012).

이런 탓에, 무단결석을 예방하는 데 있어 효과적인 접근방식은 무단결석을 한 청소년을 포용하는 접근방식이다. 실제로 여러 연구에서는, 청소년을 학교에 출석하게 하는 데 있어 가장 효과적인 방안은 무단결석에 대해 처벌하는 방안이 아니라, 청소년이 학교에 출석을 더 하도록 포용하며 장려하는 방안인 것으로 나타나고 있다(National Center for Mental Health Promotion and Youth Violence Prevention, 2012).

그러므로 학교와 전문가의 경우, 무단결석을 한 청소년을 처벌하기보다는 포용하는 접근방식을 취하면서, 청소년이 출석을 더 잘하도록 도와줄 필요가 있다.

학교를 잘 다니고 있는 청소년들: 무단결석을 한 청소년에 대해서는 포용하는 접근방식을 취할 필요가 있다. [출처: 저자 촬영ⓒ]

2) 구체적 방안

(1) 무단결석 예방 프로그램의 실시

청소년이 학교에 무단결석을 하는 시간이 길면 길수록, 청소년이 학교에 다시 출석하는 것이 더 어렵게 될 가능성이 크다. 이런 탓에, 무단결석에 대해서는 일찍 대처하는 것이 중요하다(Raising Children Network, 2021). 따라서 청소년이 무단결석을 하는 상황을 줄이거나 없애기 위해서는 미리 개입하는 것이 중요하다. 그러므로 학교는 무단결석 예방 프로그램을 실시할 필요가 있다.

일반적으로 무단결석은 여러 가지 요인 때문에 생기거나 여러 가지 요인과 관련될 수 있다. 따라서 무단결석 예방 프로그램에서는 다음과 같이 할 필요가 있다(U.S.

Department of Education, 1996).

① 각 청소년이 가지는 독특한 욕구를 충족하는 데 주목한다.

② 무단결석을 유발하는 근본적 요인을 없애기 위한 방안을 설계해 실시한다.

그러므로 학교와 전문가의 경우, 학교와 학생의 특성에 맞는 무단결석 예방 프로그램을 계획하고 실시하는 데 관여할 필요가 있다.

(2) 개별적 접근방식의 적용

무단결석을 예방하는 데 있어, 청소년 및 가족구성원과 개별적으로 교류하는 접근방식은 중요한 것으로 알려져 있다(National Center for Mental Health Promotion and Youth Violence Prevention, 2012). 그러므로 학교의 교사 및 직원과 전문가의 경우, 청소년 및 가족구성원과 개별적으로 접촉하면서 청소년이 학교에 잘 다니도록 해 줄 필요가 있다.

Points

* 청소년의 무단결석문제를 줄이거나 없애기 위해서는, 학교의 일반적 환경을 좋게 하는 데 적극적으로 관여하고, 무단결석을 한 청소년을 포용하는 접근방식을 취할 필요가 있다.
* 청소년의 무단결석문제를 줄이거나 없애기 위해서는, 학교 · 학생의 특성에 맞는 무단결석 예방 프로그램을 계획 · 실시하고, 청소년 · 가족구성원과 개별적으로 접촉하면서 청소년이 학교에 잘 다니게 해 줄 필요가 있다.

CHAPTER 08

청소년의 자퇴문제

-CONTENTS-

1. 청소년과 자퇴
2. 자퇴의 정의
3. 청소년 자퇴의 실태
4. 청소년 자퇴를 유발하는 요인
5. 자퇴에 취약한 청소년층
6. 청소년 자퇴의 가능성을 보여 주는 상황
7. 청소년이 자퇴하는 과정
8. 청소년 자퇴가 미치는 영향
9. 청소년 자퇴문제에 대한 보호 방안

1. 청소년과 자퇴

과거의 사회에 비해서, 오늘날의 사회는 훨씬 더 복잡해지고 있다. 따라서 오늘날의 사회에서 청소년이 나중에 일반적인 사회구성원으로 생활하기 위해서는 사회의 기본적 가치, 사회의 제도, 사회의 규정 등을 잘 알고 있어야 한다.

학교는 청소년이 이와 관련된 지식을 배우는 주요한 공간이다. 또한 학교는 이와 관련해 미리 경험해 보는 주요한 공간에 속하고 있다. 청소년이 학교에서 이런 지식을 배우고 또한 학교에서 생활하면서 사회가 돌아가는 바를 실제로 익힐 경우, 청소년은 나중에 사회구성원으로서 다른 사람들과 조화롭게 관계를 형성하면서 살아갈 수 있게 된다. 그러므로 청소년이 사회에 쓸모 있는 구성원으로서 살아가는 것과 관련해, 학교는 매우 중요한 역할을 하고 있다(노병일, 2015).

또한 과거의 사회에 비해서, 오늘날의 사회는 점점 더 전문화되고 있다. 따라서 오늘날의 사회에서 사회구성원이 유급 일자리에서 일하기 위해서는 점점 더 높은 수준의 전문적 지식이 필요하다. 학교에서는 청소년이 나중에 유급 일자리에서 일하는 데 필요한 기초적인 전문 지식을 가르치고 있다. 청소년이 어학을 포함한 여러 가지 과목을 통해서 기초적 지식을 배울 경우, 청소년은 나중에 대학교와 같은 교육기관에서 더 높은 수준의 전문 교육을 받거나 바로 유급 일자리에서 일할 수 있게 된다. 그러므로 청소년이 나중에 괜찮은 유급 일자리에서 일하거나 또는 자신이 창업을 하면서 경제적으로 안정된 생활을 하는 데 있어, 학교는 매우 중요한 역할을 하고 있다.

결국, 학교는 청소년이 사회생활을 잘하고 유능한 일꾼이 되는 데 크게 이바지하고 있다. 따라서 청소년에게 학교는 의무적으로 교육을 받는 것 이상의 의미를 지니고 있다.

그러나 일부 청소년은 나름의 이유 때문에 학교를 중간에 그만둘 수 있다. 이것을 청소년 '자퇴(dropout)'라고 부르는 데, 청소년 자퇴는 '학업중단'과 밀접히 관련되고 있다. 우리나라에서는 이와 관련된 청소년을 '학교 밖 청소년'이라고 부르고 있다.

청소년 자퇴는 청소년이 나중에 사회생활을 제대로 하는 데 필요한 지식과 경험을 얻는 데 부정적인 영향을 미치고 있다. 또한 청소년 자퇴는 청소년이 나중에 유급 일자리에서 일하는 데 필요한 기본적 지식을 얻는 데 부정적인 영향을 미치고 있다. 그리고 청소년 자퇴는 학습과 기타 여러 영역에서 청소년에게 부정적인 영향을 미치고 있다. 무엇보다도 청소년 자퇴는 다른 형태의 청소년문제를 유발할 수 있다. 이에 따라서, 청소년이 학교를 자퇴하는 것은 개인과 사회에 계속해서 매우 부정적인 영향을 미치고 있다.

결국, 청소년 자퇴는 중요한 청소년문제에 속하고 있다. 그러므로 청소년문제를 다루는 영역에서는 청소년이 자퇴하는 것에 대해 관심을 가질 필요가 있다.

Points

* 청소년 자퇴는 개인 · 사회에 부정적 영향을 미친다.
* 청소년문제를 다루는 영역에서는 청소년 자퇴에 대해 관심을 가질 필요가 있다.

2. 자퇴의 정의

일반적으로 볼 때, 자퇴는 현실적 이유가 있거나 자신이 속한 제도에 만족하지 못해서 학교나 집단을 떠나는 것을 말한다. 그러나 자퇴라는 용어는, 학생이 졸업하기 전에 학교를 중간에 그만두는 것을 의미하는 식으로 사용되는 경우가 많다(Wikipedia, 2021a). 예를 들어, 외국의 유명한 영어사전의 경우, 자퇴는 정해진 과정을 마치기 전에 학교를 그만두는 것이라고 보고 있다(Cambridge Dictionary, 2021). 따라서 자퇴는 학생이 학교를 중간에 그만두는 것을 가리킨다고 볼 수 있다. 구체적으로 자퇴는 청소년이 졸업장을 받지 못하고 교육 과정을 그만두는 것이라고 볼 수 있다(Fernandez-Suarez, Herrero, Perez, Juarros-Basterretxea & Rodriguez-Díaz, 2016).

자퇴는 고등학교에 다니는 학생에게 해당하는 경우가 많다. 따라서 자퇴라는 용어를 사용할 때에는 고등학교와 관련시키는 경우가 많다(노병일, 2018). 이와 관련된 예를 몇 가지 제시하면 다음과 같다(Barker, 2003; Dowrick, 2003).

① 미국 전국사회복지사협회에서 발간한 사전의 경우, 학교 중퇴자(school leaver)는 고등학교를 졸업하기 전에 정규 교육을 중단하는 사람이라고 보고 있다.

② 일부 학자의 경우, 자퇴라는 용어는 고등학교를 마치지 않은 청소년을 대상으로 교육과 관련된 영역에서 널리 사용된다고 보고 있다.

한편 앞에서 이미 설명한 바와 같이, 자퇴는 '학업중단'과 관련이 있다. 다만, 자퇴한 후에 검정고시를 준비하거나 기타 공부를 하는 경우에는 학업이 계속 이어지고 있다. 따라서 자퇴가 학업을 중단하는 것을 항상 의미하는 것은 아니다.

학교 밖 청소년

우리나라에서 중학교나 고등학교를 다니다가 중간에 자퇴한 청소년은 '학교 밖 청소년'에 속하고 있다. 우리나라의 법에서는, 다음에 해당되는 청소년을 '학교 밖 청소년'이라고 부르고 있다(국가법령정보센터, 2021).

① "초등학교 · 중학교 또는 이와 동일한 과정을 교육하는 학교에 입학한 후 3개월 이상 결석하거나 [...] 취학의무를 유예한[1] 청소년"이 있다.

② "고등학교 또는 이와 동일한 과정을 교육하는 학교에서 [...] 제적 · 퇴학처분을 받거나 자퇴한 청소년"이 있다.

③ "고등학교 또는 이와 동일한 과정을 교육하는 학교에 진학하지 아니한 청소년"이 있다.

Points

* 자퇴는 학생이 학교(대개의 경우, 고등학교)를 중간에 그만두는 것이다.
* 자퇴는 학업중단과 관련된다.
* 우리나라에서 자퇴한 청소년은 '학교 밖 청소년'에 속한다.

1) 유예는 일을 실시하는 데 날짜나 시간을 미루는 것을 말한다(국립국어원 표준국어대사전, 2021).

3. 청소년 자퇴의 실태

선진국과 우리나라에서 일부 청소년은 자퇴하고 있다. 다만, 청소년이 자퇴하는 비율은 학교에 따라서 크게 차이가 나고 있다. 또한 청소년이 자퇴하는 비율은 사회적 상황과 기타 상황에 따라서 크게 차이가 날 수 있다(Dowrick, 2003).

그리고 청소년이 자퇴하는 비율은 국가에 따라 크게 차이가 나고 있다. 일반적으로 동아시아에 있는 국가(예컨대, 우리나라)와 유럽에 있는 국가에서는 자퇴하는 비율이 다른 지역의 국가에서보다 더 낮은 것으로 알려져 있다(Fernandez-Suarez et al., 2016).

한편 우리나라에서 학교를 자퇴한 청소년이 크게 겪고 있는 어려움은, 일반인이 청소년이 학교를 다니지 않는 것에 대해 좋지 않게 인식하는 것과 이런 청소년을 무시하는 것으로 조사된 바 있다(전성운, 2021).

학교 밖 청소년의 형태

학업을 중단한 이후에 학교 밖 청소년이 하는 주요한 행동에 주목할 경우, 학교 밖 청소년의 형태를 다음과 같이 구분할 수 있다(법제처, 2021).[2)]

① 학업형이 있다. 학업형의 경우, 검정고시를 공부하거나, 대학 입학시험을 준비하거나, 다시 학교에 다닐 준비를 하고 있다.

② 직업형이 있다. 직업형의 경우, 직업기술을 배우거나 아르바이트를 하거나 취업해 일하고 있다.

③ 무업형이 있다. 무업형의 경우, 특정한 목표가 없이 아무 것도 하지 않고 있다.

④ 비행형이 있다. 비행형의 경우, 가출하거나 보호시설이나 국가기관의 감독을 받고 있다.

⑤ 은둔형이 있다. 은둔형의 경우, 사회적 관계를 맺지 않고 집에서 나오지 않고 있다.

Points

* 선진국과 우리나라에서 일부 청소년은 자퇴한다.
* 자퇴하는 비율은 학교, 사회적 상황, 국가 등에 따라 크게 차이가 날 수 있다.

4. 청소년 자퇴를 유발하는 요인

1) 청소년 자퇴를 유발하는 구체적 요인

학교에 다니는 청소년에게 자퇴를 유발하는 요인에는 여러 가지가 있을 수 있다. 일반적으로 청소년에게 자퇴를 유발하는 요인에는 학교와 관련된 요인도 있고, 학교와 관련되지 않은 요인도 있다.

(1) 학교와 관련된 요인

청소년은 학교와 관련된 요인 때문에 자퇴할 수 있다. 예를 들어, 청소년이 다음과 같은 상황에 있는 것은, 학교와 관련되어서 자퇴를 유발하는 요인이 될 수 있다(노병일, 2018; Dowrick, 2003).

① 학교의 교과 과정이 자신과 관련이 없다고 생각하고 있다. 이런 예로 학교에서 배우는 내용이 자기가 바라는 직업과 관련이 없는 탓에, 수업이 지루하다고 느끼는 것이 있다.

2) 학교를 자퇴한 청소년도 이 중의 하나에 해당되고 있다.

② 학교나 공부에 대해 관심을 가지고 있지 않다. 이런 예로 공부하려는 동기가 부족한 것이 있다.
③ 교사에 대해 불만을 가지고 있다.
④ 학교생활에 제대로 적응하지 못할 것을 두려워하고 있다.
⑤ 학교가 안전하지 않다고 생각하며 두려워하고 있다. 이런 예로 학교에서의 폭력이나 괴롭힘을 두려워하는 것이 있다.
⑥ 학교의 엄격한 분위기를 싫어하고 있다.
⑦ 성적이 좋지 않다.
⑧ 과목에서 낙제하였다.

무단결석을 자주 하는 청소년은 학교 자체에 대해 흥미를 잃어버릴 가능성이 크다. 그 결과, 무단결석을 자주 하는 청소년은 나중에 학교를 자퇴할 가능성이 크다. 따라서 청소년의 무단결석은 자퇴를 유발하는 요인이 될 수 있다.

등교하는 청소년 학생들: 청소년은 학교와 관련된 요인 때문에 자퇴할 수 있다. [출처: 인도에서 저자 촬영ⓒ]

(2) 학교와 관련되지 않은 요인

청소년은 학교와 관련되지 않은 요인 때문에 자퇴할 수 있다. 예를 들어, 청소년이 다음과 같은 상황에 있는 것은, 학교와는 관련이 없이 자퇴를 유발하는 요인이 될 수 있다(노병일, 2018; Dowrick, 2003).

① 개인이나 가족이 재정적으로 어려운 상태에 있다.

② 약물을 많이 사용하고 있다.

③ 우울한 상태에 있거나, 정신건강과 관련해 어려움을 겪고 있다.

④ 행동에 문제가 있다.

⑤ 학습 장애를 겪고 있다.

⑥ 임신을 해서 결혼하여야 하는 상황에 있다.

⑦ 가족이 경제적 이외의 다른 이유 때문에 매우 어려운 상황에 있다.

장애청소년에게 자퇴를 유발하는 요인

일반 청소년에 비해서, 장애를 가진 청소년은 학교를 자퇴할 가능성이 더 클 수 있다. 예를 들어, 사회적 · 정서적 · 행동적 어려움을 겪는 청소년이 다음과 같은 상황에 있는 것은, 자퇴를 유발하는 요인이 될 수 있다(Lund, 2014).

① 교실의 분위기가 자신을 지지하지 않는다고 인식하고 있다.

② 교사와 부모가 자신을 제대로 지지하지 않고 있다.

③ 가족이 어려움을 겪고 있다.

그리고 그동안의 연구에 따르면, 청소년에게 최근에 심각한 스트레스를 유발한 요인은 자퇴를 유발할 수 있다. 실제로 자퇴를 자세히 살펴본 연구에 따르면, 청소년은 스트레스를 유발하는 여러 가지 상황 때문에 자퇴하는 경우가 많다. 이 경우, 청소년에게 스트레스를 유발하는 상황을 몇 가지 제시하면 다음과 같다(Dupere et al., 2018).

① 오랫동안 병원에 입원하고 있다.
② 교통사고를 당하였다.
③ 임신하였다.
④ 교사와의 관계가 좋지 않다.
⑤ 또래와 어울리지 못하고 있다.
⑥ 또래로부터 괴롭힘을 당하고 있다.
⑦ 가족이 안정된 상태에 있지 않다.
⑧ 부모가 교도소와 같은 곳에 갇혀 있다.

한편 청소년에게 스트레스를 유발하는 요인이 계속 쌓일 경우, 청소년이 겪는 어려움은 더 커지게 된다. 이렇게 될 경우, 청소년은 학습하는 데 집중하기가 더 어렵게 될 가능성이 크다. 그 결과, 청소년이 자퇴할 가능성은 더 커질 수 있다(Dupere et al., 2018).

2) 정리와 고려할 점

(1) 정리

앞에서 제시한 여러 요인들을 정리해 보면, 청소년은 다음과 같은 상황에 있을 때 자퇴하는 경우가 많음을 알 수 있다(Dowrick, 2003).

① 학교를 좋아하지 않고 있다. 즉, 청소년은 학교를 싫어하기 때문에 자퇴하는 경우가 많다. 실제 연구에서도, 자퇴하는 대부분의 청소년은 학교를 좋아하지 않는

것으로 나타난 바 있다.

② 학교를 계속 다니고자 하는 동기가 적다. 즉, 청소년은 학교를 계속해서 다닐 동기가 적기 때문에 자퇴하는 경우가 많다.

③ 학교를 그만두고자 하는 강력한 단기적인 동기가 있다. 즉, 청소년은 학교 밖에 강력한 단기적 기회가 있기 때문에 자퇴하는 경우가 많다. 이 경우, 청소년은 학교를 계속 다니는 방안과 자퇴하는 방안을 서로 따져 볼 수 있다.

(2) 고려할 점

청소년에게 자퇴를 유발하는 요인에 대해서는 의견이 크게 일치하고 있지 않다(Dupere et al., 2018). 따라서 모든 청소년이 특정한 요인(들) 때문에 자퇴한다고 딱 잘라서 결론을 내리기는 어렵다.

그리고 청소년은 한 가지 이유 때문에 자퇴할 수도 있지만, 여러 가지 이유 때문에 자퇴하는 경우가 더 많다. 실제로 미국에서 청소년이 고등학교를 자퇴하는 이유를 살펴본 결과, 여러 가지 요인이 자퇴하기로 결정하는 데 영향을 미치는 것으로 나타난 바 있다(Dowrick, 2003).

Points

* 청소년 자퇴를 유발하는 요인에는 학교와 관련된 요인도 있고, 학교와 관련되지 않은 요인도 있다.
* 청소년은 여러 이유 때문에 자퇴하는 경우가 많다.

5. 자퇴에 취약한 청소년층

일부 청소년은 자퇴할 가능성이 더 클 수 있다. 즉, 일반 청소년에 비해서, 어떤 특성을 지니는 청소년이나 어떤 상황에 있는 청소년은 자퇴할 가능성이 더 클 수 있다.

자퇴할 가능성이 큰 청소년의 형태를 몇 가지 제시하면 다음과 같다(Dowrick, 2003).

① 일반 청소년에 비해서, 학습하는 데 어려움을 겪는 청소년이나 행동에 문제가 있는 청소년은 자퇴하는 비율이 더 높은 것으로 알려져 있다.

② 일반 청소년에 비해서, 가족의 소득 수준이 낮은 청소년은 자퇴하는 비율이 더 높은 것으로 알려져 있다.

③ 일반 청소년에 비해서, 부모가 자퇴한 경험이 있는 청소년은 자퇴하는 비율이 더 높은 것으로 알려져 있다.

그리고 여성 청소년에 비해서, 남성 청소년은 고등학교를 자퇴할 가능성이 더 큰 것으로 알려져 있다(Dowrick, 2003).

Points

* 일부 청소년은 자퇴할 가능성이 더 클 수 있다.
* 여성 청소년에 비해서, 남성 청소년은 고등학교를 자퇴할 가능성이 더 크다.

6. 청소년 자퇴의 가능성을 보여 주는 상황

청소년은 실제로 자퇴하기 전에 자퇴할 낌새를 보여 줄 수 있다. 이런 것은 청소년이 자퇴할 가능성을 보여 주는 상황이 될 수 있다(노병일, 2018). 청소년이 자퇴할 가능성을 보여 주는 상황을 아는 것은, 청소년 자퇴를 미리 예방하거나 이와 관련해 개입하는 데 도움을 줄 수 있다.

청소년이 자퇴할 가능성을 보여 주는 상황에는 여러 가지가 있을 수 있다. 일반적으로 청소년이 학교에 출석하는 형태는, 청소년이 자퇴할 가능성을 초기에 분명하게 보여 주는 상황이라고 볼 수 있다(노병일, 2018; Bridgeland, DiIulio & Morison, 2006). 따라서 청소년이 학교에 다니는 정도는 청소년이 학교를 자퇴할 가능성과 밀접하게 관련되는 경우가 많다고 볼 수 있다.

Points

* 청소년은 실제로 자퇴하기 전에 자퇴할 낌새를 보여 줄 수 있다.
* 청소년이 학교에 다니는 정도는 자퇴할 가능성과 밀접하게 관련된다.

7. 청소년이 자퇴하는 과정

청소년이 자퇴하는 것은 장기적으로 이루어지는 경우가 많다. 그러나 때에 따라서는 청소년이 자퇴하는 것이 단기적으로 이루어질 수도 있다.

1) 장기적으로 이루어지는 경우

청소년 자퇴는 오랜 기간을 걸친 후에 이루어지는 경우가 많다. 즉, 청소년은 이전의 취약한 상태가 계속 이어진 상황 때문에, 자퇴하기로 결정하는 경우가 많다(노병일, 2018). 예를 들어, 청소년은 아동기에 학교에 들어가자마자 교과목의 성적이 매우 좋지 않은 상황과 학교에서 적응하는 데 어려움을 겪는 상황을 경험하기 시작할 수 있다(Dupere et al., 2018). 아동이 청소년기에 이르러서도 이런 상황을 계속해서 오랫동안 겪을 경우, 청소년은 자퇴하는 길을 선택할 수 있다.

그러므로 청소년이 자퇴할 경우, 청소년은 자퇴하기로 갑자기 결정하는 것이 아닌 것으로 알려져 있다. 실제로, 청소년이 자퇴하는 것은 서서히 진행되는 과정을 거치는 경우가 많다. 예를 들어, 미국 전국자퇴예방센터(National Dropout Prevention Center)가 실시한 조사에 따르면, 자퇴는 오랜 기간의 과정을 통해서 이루어지고 있다. 이런 탓에, 어느 보고서에서는 고등학생의 자퇴를 '조용한 전염병(silent epidemic)'이라고 부르고 있다(Hammond, Linton, Smink & Drew, 2007; Bridgeland, DiIulio & Morison, 2006).

2) 단기적으로 이루어지는 경우

청소년이 자퇴하는 것에 대한 그동안의 연구에서는, 아동기부터 겪어 온 취약한 상황이 오랫동안 계속 쌓여 온 것에 주목하는 경우가 많았다(Dupere et al., 2018). 하지만 청소년은 최근에 나타난 어떤 요인 때문에 갑자기 자퇴할 수도 있다. 즉, 청소년은 최근에 겪은 매우 어려운 상황 때문에, 자퇴하기로 결정할 수 있다(노병일, 2018).

이에 따라서, 청소년이 학교에서 생활하는 동안에 늦게 나타나는 상황도 자퇴와 관련될 수 있다. 결국, 최근에 청소년에게 스트레스를 유발하는 요인도 자퇴를 유발하는 요인이 될 수 있다. 이 경우, 이런 요인은 청소년이 자퇴하는 것과 관련해 다음과 같은 방식으로 영향을 미칠 수 있다(Dupere et al., 2018).

① 이전부터 존재한 불리한 상황과는 상관없이 영향을 미칠 수 있다.

② 이전부터 존재한 불리한 상황과 함께 영향을 미칠 수 있다.

실제로, 자퇴하는 고등학교 청소년들 중에는 초등학교나 중학교에 다닐 때는 학습문제나 행동문제를 겪지 않았는데도, 고등학교에 와서 뜻밖에 갑자기 자퇴하는 청소년이 적지 않은 것으로 알려져 있다. 이런 상황에서는, 심각한 스트레스를 유발하는 사건을 고등학교 시절에 겪는 것이 자퇴를 유발하는 요인이 될 수 있다(Dupere et al., 2018). 이런 사건의 예로 10대에 출산해 엄마가 되는 것이 있다.

한편 청소년 자신이 유발할 가능성이 적은 사건조차도 자퇴와 관련될 수 있다. 예를 들어, 일부 청소년은 다음과 같은 상황을 겪은 후에 얼마 있다가 자퇴할 수 있다(Dupere et al., 2018).

① 친한 친구가 자살하였다.

② 정신건강문제를 겪고 있는 아버지가 정신건강문제 때문에 직장에서 해고되었다.

Points

* 청소년 자퇴는 오랜 기간을 걸친 후에 이루어지는 경우가 많다.
* 청소년은 최근에 나타난 어떤 요인 때문에 갑자기 자퇴할 수도 있다.

8. 청소년 자퇴가 미치는 영향

청소년이 자퇴하는 것은 청소년 개인, 청소년의 가족, 사회, 국가에 부정적인 영향을 미치고 있다(노병일, 2018; Dupere et al., 2018; Dowrick, 2003).

1) 청소년 개인에게 미치는 영향

청소년이 학교를 자퇴하는 것은 청소년에게 매우 부정적인 영향을 미치고 있다. 이것은 오늘날과 같이 과학기술과 기타 전문적 지식이 발달한 시대의 경우에 특히 그렇다. 왜냐하면 오늘날과 같이 복잡한 사회에서 질 좋은 유급 일자리에서 일하기 위해서는 기본적 지식이 필요하기 때문이다.

그리고 청소년 자퇴는 고용 영역 이외의 여러 가지 영역에서도 불리하게 작용할 가능성이 크다. 예를 들어, 학교를 제대로 졸업한 청소년에 비해서, 자퇴한 청소년은 나중에 다음과 같은 상황에 놓일 가능성이 더 큰 것으로 알려져 있다(National Center for Mental Health Promotion and Youth Violence Prevention, 2012; Bridgeland, DiIulio & Morison, 2006; Baker, Sigmon & Nugent, 2001; Dowrick, 2003).

① 일자리를 구하지 못하고 있다.

② 일자리를 얻었을 경우, 임금이 적다. 그리고 자신의 능력보다 더 낮은 수준의 일자리에서 일하고 있다.

③ 소득이 적거나 빈곤한 상태에서 살고 있다.

④ 범죄 활동에 관여하고 있다.

⑤ 교도소와 같은 시설에 들어가 있다.

⑥ 일찍 사망한다.

⑦ 건강이 좋지 않다.

⑧ 이혼한다.

⑨ 한부모가 된다. 이 경우, 자신의 자녀도 학교를 자퇴할 가능성이 크다.

앞에서 제시한 예에서 알 수 있듯이, 자퇴한 청소년은 다양한 영역에서 좋지 않은 상황을 계속해서 경험할 가능성이 크다. 따라서 자퇴한 청소년은 나중에 여러 가지 측면에서 불리할 가능성이 크다. 결국, 자퇴는 청소년 개인의 삶의 질을 더 좋지 않게 하는 요인이 될 수 있다(Dupere et al., 2018; Dowrick, 2003). 이런 탓에, 자퇴한 청소년은 성인이 되어서 삶의 질의 수준이 더 낮아질 가능성이 크다.

한편 장기적으로 볼 때, 청소년의 자퇴는 다음 세대까지 부정적인 영향을 미칠 수 있다. 예를 들어, 청소년이 고등학교를 자퇴하는 것은 다음과 같은 식으로 부정적인 영향을 미칠 수 있다(Dupere et al., 2018).

① 우선, 자퇴한 청소년은 장기적으로 경제적 영역에서 어려움을 겪을 가능성이 크다.

② 이런 경제적 어려움은 건강에 불리하게 작용할 가능성이 크고, 가족이 제 역할을 하는 데 불리하게 작용할 가능성이 크다.

③ 이렇게 되면, 취약한 상태가 다음 세대로 계속 이어질 가능성이 커지게 된다.

2) 가족에게 미치는 영향

학교에 다니는 청소년이 자퇴할 경우, 부모를 포함한 모든 가족구성원은 청소년의 미래에 대해 걱정하게 된다. 자퇴한 청소년이 검정고시를 준비하거나 또는 자신의 적성을 살리는 활동을 하기로 결정할 경우, 가족구성원은 걱정을 덜할 수 있다. 그러나 그렇지 않을 경우, 가족구성원은 자퇴한 청소년의 행동과 활동에 대해 더 관심을 가지게 된다.

무엇보다도 가족구성원은 자퇴한 청소년이 가정 밖에서 사회의 가치에 어긋나는 행동에 관여할까 봐 걱정할 가능성이 크다. 그리고 이런 과정에서 가족구성원(특히 부모)은 자퇴한 청소년의 일상생활에 대해서 관여하면서 잔소리를 할 가능성이 있다. 이렇게 될 경우, 자퇴한 청소년과 가족구성원들 사이의 관계가 좋지 않게 될 수 있고, 그 결과로 전체적인 가정 분위기가 좋지 않게 될 수 있다.

3) 사회와 국가에 미치는 영향

자퇴한 청소년의 비율이 높은 것은, 사회와 국가에 매우 부정적인 영향을 미치고 있다. 예를 들어, 청소년이 자퇴한 후에 폭력적 행동이나 범죄 행위에 관여할 경우, 사회와 국가는 그에 대해 피해를 보거나 비용을 부담하여야 한다(노병일, 2018). 실제로 미국의 경우, 고등학교를 마치지 못하는 청소년들 때문에, 사회와 국가는 소득과 세금의 측면에서 크게 손실을 보는 것으로 나타난 바 있다(Skalski & Smith, 2006).

청소년 자퇴가 사회와 국가에 부정적인 영향을 미치는 예를 구체적으로 제시하면 다음과 같다(Bridgeland, DiIulio & Morison, 2006; Dowrick, 2003).

① 미래에 일할 근로자의 교육 수준이 낮아지기 때문에, 근로자의 생산성이 낮아질

수 있다.

② 자퇴한 후에 문제를 겪는 성인에게는 의료 서비스와 사회 서비스가 더 많이 필요하기 때문에, 사회와 국가는 비용을 더 많이 부담할 수 있다.

결국, 자퇴한 청소년 한 명의 전체 생애를 따져 볼 경우, 청소년 자퇴는 사회와 국가에 불리하게 작용할 가능성이 크다. 예를 들어, 자퇴한 청소년은 자신이 살아가는 동안에 임금을 적게 받고, 국가에 세금을 적게 내고, 일자리에서 생산성이 낮아질 수 있다 (National Center for Mental Health Promotion and Youth Violence Prevention, 2012). 따라서 장기적으로 볼 때, 청소년 자퇴는 사회와 국가 전체에 부정적인 영향을 미칠 수 있다.

청소년이 다니는 학교의 모습: 청소년 자퇴는 청소년 개인과 가족과 사회 · 국가에 부정적 영향을 미친다. [출처: 싱가포르에서 저자 촬영ⓒ]

Points

* 청소년 자퇴는 고용을 포함한 여러 영역에서 불리하게 작용할 가능성이 크다.
* 장기적으로 볼 때, 청소년 자퇴는 다음 세대까지 부정적 영향을 미칠 수 있다.
* 청소년 자퇴는 사회와 국가에 매우 불리하게 작용할 가능성이 크다.

9. 청소년 자퇴문제에 대한 보호 방안

청소년의 자퇴에 대해 앞에서 살펴본 내용에 근거해, 청소년의 자퇴문제를 줄이거나 없애기 위한 방안을 몇 가지 제시하면 다음과 같다.

1) 일반적 방안

자퇴는 갑자기 진행되는 것이 아니라 오랜 기간에 걸쳐서 서서히 진행되는 것으로 알려져 있다. 따라서 자퇴와 관련된 문제를 해결하기 위해서는 자퇴할 가능성을 보여주는 상황(신호)을 꾸준히 파악하는 것이 중요하다(노병일, 2015).

그러므로 학교와 전문가의 경우, 자퇴할 가능성이 있는 청소년을 일찍 파악해 장기적으로 개입할 필요가 있다(노병일, 2018).

2) 구체적 방안

(1) 가족구성원 관련

(가) 부모와 학교의 교류

많은 청소년은 학교를 계속 다니게 하는 데 도움이 되는 중요한 요인으로, 부모와 학교가 더 나은 방식으로 교류하는 것을 제시한 바 있다. 따라서 부모와 학교 사이에 서로 교류하는 것은 중요하다.

그러므로 학교와 전문가는 학교와 부모 사이에 교류를 더 많이 할 수 있도록 해 줄 필요가 있다(노병일, 2018). 특히 학교와 전문가의 경우, 청소년의 부모가 청소년의 학업중단에 대해 학교의 교사나 직원과 편하게 이야기하도록 해 줄 필요가 있다(BBC, 2014).

교사와 함께 여행 온 청소년들: 자퇴를 예방하기 위해서, 교사와 기타 전문가는 학교와 부모 사이에 더 많은 교류를 하게 해 줄 필요가 있다. [출처: 이탈리아에서 저자 촬영ⓒ]

(나) 가족구성원의 교육 관여

가족구성원이 청소년의 교육에 관심을 가지고 관여할 경우, 청소년이 자퇴할 가능성은 줄어들게 된다. 이것은 소득 수준이 낮은 가족이나 소득 수준이 낮은 지역사회에서 사는 가족의 경우에 특히 그렇다. 실제로, 소득 수준이 낮은 지역사회를 대상으로 연구한 결과, 가족구성원이 교육을 중요하게 인식하는 정도는 청소년이 자퇴를 꺼리는 요인인 것으로 나타난 바 있다(Dowrick, 2003).

이 경우, 가족구성원들 중에서 특히 중요한 인물은 청소년의 부모이다. 부모가 청소년의 교육에 더 많이 관여할수록, 청소년이 학교에 출석하고 학교생활을 즐길 가능성은 더 커지게 된다(BBC, 2014). 실제로, 많은 청소년은 학교를 계속 다니게 하는 데 도움이 되는 중요한 요인으로, 부모가 청소년의 교육에 더 많이 관여하는 것을 제시한 바 있다.

그리고 그동안의 연구에 따르면, 부모가 학교나 교육에 관여하는 것은 청소년이 학교에 계속 다니게 하는 데 긍정적인 영향을 미치고 있다. 이것은 청소년의 성적이 좋지 않을 경우에조차도 그렇다(Dowrick, 2003). 따라서 부모가 교육에 더 관여할 경우, 학교 성적이 좋지 않은 청소년이 자퇴할 가능성은 크게 줄어들 수 있다.

그러므로 학교와 전문가의 경우, 청소년의 부모와 기타 가족구성원이 청소년의 교육에 더 많이 관심을 가지고 더 많이 관여하는 데 도움을 줄 필요가 있다(노병일, 2018). 이 경우, 학교와 전문가는 특히 부모가 청소년의 교육에 더 많이 관여하는 데 도움을 줄 필요가 있다.

(2) 교사와 직원 관련

학교의 교사와 직원은 청소년의 상황을 가까이에서 자주 볼 수 있는 주요한 인물에 속하고 있다. 따라서 학교의 교사와 직원의 역할은 매우 중요하다(노병일, 2015).

학교의 교사와 직원의 경우, 청소년에게 스트레스를 유발하는 요인 때문에 자퇴가 더 발생할 수 있다는 점을 알고 있을 필요가 있다. 그리고 이와 관련해, 학교의 교사와 직원은 다음과 같이 할 필요가 있다(Dupere et al., 2018).

① 크게 어려움을 겪는 취약한 청소년에 대해서는 추가로 더 도와준다.

② 문제를 겪은 적이 전혀 없는 것처럼 보이지만, 현재 일시적으로 위험한 상태에 있는 청소년을 더 적극적으로 파악한다.

일부 청소년은 스트레스를 크게 받고 있음에도 불구하고, 자퇴할 때까지 학교를 항상 출석할 수도 있다. 따라서 지각이나 출석에 대한 자료나 기타 행정적 자료를 교사에게 제공하는 방법은, 취약한 모든 청소년을 제때 파악하는 데 크게 도움을 주지 않을 수도 있다(Dupere et al., 2018). 그러므로 학교는 학교에 다니는 청소년의 지각이나 출석에 대한 최신 자료를 교사에게 제공하는 것 이외의 여러 조치도 취할 필요가 있다.

Points

* 청소년의 자퇴문제를 줄이거나 없애기 위해서는, 자퇴할 가능성이 있는 청소년을 일찍 파악해 장기적으로 개입할 필요가 있다.
* 청소년의 자퇴문제를 줄이거나 없애기 위해서는, 학교와 부모 사이에 교류를 더 하게 해 주고, 가족구성원이 청소년 교육에 더 관여하게 해 주고, 교사 · 직원은 청소년에게 스트레스를 유발하는 요인 때문에 자퇴가 더 발생할 수 있다는 점을 인식하고, 청소년의 지각 · 출석에 대한 최신 자료를 교사에게 제공하는 것 이외의 여러 조치도 취할 필요가 있다.

CHAPTER 09

청소년의 학교폭력문제

-CONTENTS-

1. 청소년과 학교폭력
2. 학교폭력과 관련 용어의 정의
3. 학교폭력의 형태
4. 학교폭력의 실태
5. 학교폭력의 특징과 관련자
6. 학교폭력을 유발하는 요인
7. 학교폭력의 가능성을 보여 주는 상황
8. 학교폭력이 미치는 영향
9. 학교폭력의 예방
10. 학교폭력에 대한 신고와 개입
11. 청소년 학교폭력문제에 대한 보호 방안

1. 청소년과 학교폭력[1]

오늘날의 사회에서 학교는 청소년을 교육하는 대표적인 기관이다. 따라서 오늘날의 청소년은 많은 시간을 학교에서 보내고 있다. 잠자는 시간을 제외할 경우, 일부 청소년은 학교에서 보내는 시간이 가정에서 보내는 시간보다 더 많을 수도 있다. 청소년은 학교에서 많은 시간을 보내면서, 여러 교사 및 학생들(선배, 또래, 후배)과 다양한 형태의 인간관계를 형성하고 있다. 그리고 청소년은 학교에서 이렇게 인간관계를 형성하면서, 미래의 사회구성원으로 역할을 하는 것을 배우고 있다.

그러나 때에 따라서, 학교에 다니는 청소년은 학교나 기타 공간에서 학생을 계속해서 괴롭히거나 폭력적 행동을 하는 상황과 관련될 수 있다. 이런 상황과 관련되는 것이 학교폭력(school violence)이다.

학교폭력은 세계의 모든 학교에서 발생하고 있다. 그리고 학교폭력은 청소년의 삶의 여러 영역에서 매우 부정적인 영향을 미치고 있다. 실제로, 세계에서 많은 청소년은 학교폭력 때문에 크게 어려움을 경험하고 있는 것으로 알려져 있다. 이런 상황 때문에, 2019년에 유네스코(UNESCO)는 11월의 첫째 목요일을 '세계 학교폭력 · 괴롭힘 추방의 날(International day against violence and bullying at school including cyberbullying)'로 정한 바 있다.

학교는 필요한 지식을 배우고 사회에 적응하는 방법을 경험하는 공간이다. 그러나 학교에서 폭력이 발생할 경우, 학교는 이런 역할을 제대로 할 수 없게 된다(노병일, 2015; Council of Europe, 2021; Centers for Disease Control and Prevention, 2021).

---

1) 본 장에서는 '학교폭력'이라는 용어를 사용하나, '괴롭힘(bullying)'도 많이 다루고 있다. 따라서 본 장의 경우, 학교폭력에 대해 일반적 내용을 다룰 때는 '학교폭력'이라고 표현하고, 괴롭힘을 많이 다룰 때는 '괴롭힘' 또는 '학교폭력(괴롭힘)'이라는 식으로 표현한다.

결국, 청소년의 학교폭력은 중요한 청소년문제에 속하고 있다. 그러므로 청소년문제를 다루는 영역에서는 청소년의 학교폭력에 대해 관심을 가질 필요가 있다.

학교 입구에 걸린 학교폭력 관련 현수막: 많은 국가에서 학교폭력은 청소년문제에 속한다. [출처: 대만에서 저자 촬영ⓒ]

Points

* 학교폭력은 청소년의 삶의 여러 영역에서 매우 부정적 영향을 미친다.
* 청소년문제를 다루는 영역에서는 청소년의 학교폭력에 대해 관심을 가질 필요가 있다.

2. 학교폭력과 관련 용어의 정의

1) 학교폭력의 정의

문자 그대로, 학교폭력은 학교에서 나타나는 폭력적 행위를 말한다. 그러나 학교폭력에 대해서는 더 구체적으로 정의할 수 있다. 그동안 학교폭력에 대해 정의한 것을 몇 가지 제시하면 다음과 같다(국가법령정보센터, 2021; Division of Violence Prevention, 2016; Centers for Disease Control and Prevention, 2021; Astor, Benbenishty & Estrada, 2011).

① 애스터(Astor) 등에 따르면, 학교폭력은 학교나 학교 주위에서 학생과 교사에게 신체적 · 정서적으로 해를 끼치고 학교 재산에 해를 끼치기 위한 여러 가지 의도적인 행동이라고 정의하는 경우가 많다.

② 미국 폭력예방센터에 따르면, 학교폭력은 학교 건물이나 학교 내부의 기타 공간이나 학교가 후원하는 행사장에서 발생하는 청소년 폭력이나, 학교나 학교에서 후원하는 행사장을 오가는 도중에 발생하는 청소년 폭력을 말한다.

③ 미국 질병통제 · 예방센터에 따르면, 학교폭력은 학습을 방해하는 폭력적 행동을 말한다.

④ 우리나라 「학교폭력예방 및 대책에 관한 법률」에[2] 따르면, 학교폭력은 "학교 내외에서 학생을 대상으로 발생한 상해,[3] 폭행, 감금, 협박, 약취 · 유인,[4] 명예훼손 · 모욕, 공갈,[5] 강요 · 강제적인 심부름 및 성폭력, 따돌림, 사이버 폭력 등에 의하

2) 이 법을 줄여서 「학교폭력예방법」이라고 부르고 있다.

3) 상해는 "남의 몸에 상처를 내어 해를 끼[치는 것]"을 말한다(국립국어원 표준국어대사전, 2021).

4) 약취는 "폭행이나 협박 따위의 수단으로 타인을 자기의 실력적 지배 아래 [두는 것]"을 말하고, 유인은 "주의나 흥미를 일으켜 꾀어[내는 것]"을 말한다(국립국어원 표준국어대사전, 2021).

여 신체 · 정신 또는 재산상의 피해를 수반하는[6] 행위"를 말한다.

정리하건대, 학교폭력은 학교의 내부 · 외부에서 학생이나 교사에게 신체적 · 정서적으로 해를 끼치거나 재산에 피해를 주는 행위라고 볼 수 있다.

2) 괴롭힘의 정의

학교폭력과 관련해서는 여러 가지 측면에 주목하고 있다. 그러나 학교폭력과 관련해 가장 일반적으로 강조하는 측면의 하나는 괴롭힘(bullying)이다. 그동안 괴롭힘에 대해 정의한 것을 몇 가지 제시하면 다음과 같다(국가법령정보센터, 2021; American Psychological Association, 2015; Tokunaga, 2010).

① 미국 심리학회에 따르면, 괴롭힘은 어떤 사람이 다른 사람에게 의도적이고 계속해서 해를 끼치거나 불편하게 만드는 공격적 행동의 한 형태를 말한다.

② 올베우스(Olweus)에 따르면,[7] 괴롭힘은 한 사람이나 집단이 다른 사람을 해치거나 불편하게 하려는 의도를 가지고 '부정적 행동'을 하는 것을 말한다.

③ 우리나라 「학교폭력예방 및 대책에 관한 법률」에 따르면, 따돌림은[8] "학교 내외에서 2명 이상의 학생들이 특정인이나 특정집단의 학생들을 대상으로 지속적이거나 반복적으로 신체적 또는 심리적 공격을 가하여 상대방이 고통을 느끼도록 하

5) 공갈은 "공포를 느끼도록 윽박지르며 을러[대는 것]"을 말한다(국립국어원 표준국어대사전, 2021).

6) 수반은 따르게 하는 것을 말한다(국립국어원 표준국어대사전, 2021).

7) 올베우스는 괴롭힘을 처음으로 본격적으로 연구한 사람이다.

8) 우리나라의 학교폭력에 대한 법(영어판)에서는 '따돌림'을 bullying으로 번역하고 있다. 그러나 bully는 약한 자를 들볶는다는 의미를 지니고 있다. 따라서 bullying을 '따돌림'보다는 '괴롭힘'으로 번역하는 것이 원래의 뜻에 더 맞는 것으로 보인다. 그러므로 본 장에서는 가능하면 bullying을 '괴롭힘'으로 번역한다.

는 모든 행위"를 말한다.

정리하건대, 괴롭힘은 어떤 사람이나 집단이 특정한 사람에게 의도적이고 계속해서 해를 끼치거나 고통을 주는 행위라고 볼 수 있다.

그리고 최근 들어서 사이버괴롭힘(cyberbullying)도 자주 발생하고 있다. 그동안 사이버괴롭힘에 대해 정의한 것을 몇 가지 제시하면 다음과 같다(국가법령정보센터, 2021; UNICEF; 2021; Elledge, Williford, Boulton, Depaolis & Little, 2013).

① 유니세프(UNICEF)에 따르면, 사이버괴롭힘은 정보통신 기술을 사용하는 것으로서, 상대방을 겁내게 하거나 화나게 하거나 수치스럽게 하기 위한 반복적 행동을 말한다.

② 엘리쥐(Elledge) 등에 따르면, 사이버괴롭힘은 컴퓨터, 이동전화, 기타 전자통신 도구를 사용해서 피해자를 계속해서 괴롭히는 것을 말한다.

③ 우리나라 「학교폭력예방 및 대책에 관한 법률」에서는 사이버폭력이라는 용어를 사용한다. 「학교폭력예방 및 대책에 관한 법률」에 따르면, 사이버폭력은 "정보통신망을 이용하여 학생을 대상으로 발생한 따돌림과 그 밖에 신체 · 정신 또는 재산상의 피해를 수반하는 행위"를 말한다.

정리하건대, 사이버괴롭힘은 정보통신 기술이나 정보통신 기구를 사용해 상대방에게 계속해서 피해를 주는 행위라고 볼 수 있다.

Points

* 학교폭력은 학교의 내부 · 외부에서 학생이나 교사에게 신체적 · 정서적 해를 끼치거나 재산에 피해를 주는 행위이다.
* 괴롭힘은 어떤 사람 · 집단이 특정한 사람에게 의도적이고 계속해서 해를 끼치거나 고통을 주는 행위이다.
* 사이버괴롭힘은 정보통신 기술 · 기구를 사용해 상대방에게 계속해서 피해를 주는 행위이다.

3. 학교폭력의 형태

학교의 내부 · 외부에서 발생하는 폭력의 형태에는 여러 가지가 있다. 이 경우, 학교폭력의 형태를 몇 가지 기준에 따라 구분할 수 있다.

1) 구체적 행위에 따른 구분

학교폭력의 형태는 구체적으로 하는 행위에 따라 구분할 수 있다(American Psychological Association, 2015). 구체적 행위에 따른 학교폭력(괴롭힘)의 형태로 신체적 접촉을 통해 괴롭히는 것, 언어를 통해 괴롭히는 것, 더 교묘한 행동으로 괴롭히는 것이 있다.

학교폭력을 보여 주는 구체적 행위를 몇 가지 제시하면 다음과 같다(Centers for Disease Control and Prevention, 2021; Pedro, 2012; Astor, Benbenishty & Estrada, 2011; Tinerella, 2012; Capp, Moore, Pitner, Iachini, Berkowitz, Astor & Benbenishty, 2017; Council of Europe, 2021).

① 때리고 있다. 이런 예로 주먹으로 치는 것, 찰싹 때리는 것, 발로 차는 것이 있다.
② 사회적으로 고립시키고 있다.
③ 환영 행사와 같은 것을 위협적인 분위기에서 실시하거나, 체벌을 하는 식으로 진행하고 있다.
④ 돈을 빼앗기 위해 말로 협박하고 있다.
⑤ 밀치고 있다.
⑥ 학교에서 싸움을 걸고 있다.
⑦ 인간의 생명을 위협할 수 있는 도구를 소유하고 있거나 사용하고 있다.
⑧ 물건을 훔치거나 부수고 있다.
⑨ 성희롱이나 성폭행을 하고 있다.
⑩ 모욕을 주고 있다.
⑪ 무서운 이야기를 하고 있다.
⑫ 학교의 교사나 직원이 학대하고 있다.
⑬ 집단으로 폭력을 휘두르고 있다.
⑭ 인종차별을 하며 괴롭히고 있다.

2) 전자 매체의 이용에 따른 구분

학교폭력은 사람과의 관계에서 직접적으로 발생할 수도 있고, 기술을 통해 간접적으로 발생할 수도 있다(Adolescent and School Health, 2021). 오늘날과 같이 정보통신 기술이 발달한 사회에서는, 전자 매체를 사용한 형태의 학교폭력(괴롭힘)도 자주 발생하고 있다.

그러므로 학교폭력(괴롭힘)의 형태는 전자 매체를 이용하는지에 따라서 전통적 괴롭힘과 사이버괴롭힘(cyberbullying)으로 구분할 수 있다. 오늘날에는 사이버괴롭힘도 중요한 형태의 학교폭력이 되고 있다.

Points

* 학교폭력의 형태는 구체적 행위에 따라 구분할 수 있다.
* 학교폭력(괴롭힘)의 형태는 전자 매체를 이용하는지에 따라서 전통적 괴롭힘과 사이버 괴롭힘으로 구분할 수 있다.

4. 학교폭력의 실태

많은 국가에서 학교폭력이 발생하고 있다. 그러나 학교폭력이 발생하는 비율은 국가마다 차이가 나고 있다. 그리고 학교폭력이 발생하는 정도는 폭력의 형태, 학교의 특성, 학생의 특성, 시기에 따라 차이가 나고 있다(Centers for Disease Control and Prevention, 2021; Astor, Benbenishty & Estrada, 2011).

한편 학교폭력은 여러 장소에서 발생하고 있다. 예를 들어, 학교폭력은 학교 운동장이나 학교 밖에서 발생하는 경우도 많고, 학교에서 집으로 가는 도중에 발생하는 경우도 많다. 따라서 학교폭력을 실제로 겪은 청소년이 교사에게 자신이 학교폭력을 겪은 상황을 정확하게 이야기하는 것은 어려울 수 있다. 또한 교사는 청소년이 다른 청소년을 괴롭힐 때 사용하는 방식이나 표현과 같은 것을 잘 모를 수 있다.

학교에 다니는 청소년들 중에서, 학교폭력과 관련해 성인에게 도움을 적극적으로 요청하는 청소년은 드문 편이다. 또한 학교에 다니는 청소년들 중에서, 학교폭력의 사례를 학교의 교사나 직원에게 적극적으로 신고하는 청소년은 드문 편이다(Centers for Disease Control and Prevention, 2021; Ferrara, Franceschini, Villani & Corsello, 2019; World Health Organization, 2019).

그러므로 앞에서 제시한 여러 가지 상황 때문에, 학교폭력의 실태를 파악하는 것은 쉽지 않다.

Points

* 학교폭력이 발생하는 정도는 국가, 폭력의 형태, 학교의 특성, 학생의 특성, 시기에 따라 차이가 난다.
* 학교폭력의 실태를 파악하는 것은 어렵다.

5. 학교폭력의 특징과 관련자

1) 학교폭력의 특징

학교폭력(괴롭힘)은 계속해서 발생하는 학대나 희롱의 한 형태라고 볼 수 있다. 따라서 학교폭력은 다음과 같은 특징을 지니고 있다(Frey & Walker, 2007).

① 가해자와 피해자 사이에 힘이나 신체적 능력에서 차이가 나고 있다.

② 괴롭히는 행위가 반복되고 있다.

③ 가해자는 피해자에게 의도적으로 해를 끼치려 하고 있다.

학교폭력의 가해자가 학교폭력을 하는 의도는, 피해자를 사회적으로 고립시키는 데 있는 경우가 많다. 이 경우, 가해자가 피해자를 사회적으로 고립시키기 위해서 학교의 내부 · 외부에서 폭력을 사용하는 이유를 구체적으로 제시하면 다음과 같다(Pedro, 2012).

① 학교폭력은 피해자를 괴롭히는 과정에 누구도 관여하지 못하게 하는 방법이기 때문이다.

② 학교폭력은 피해자에게 엄청난 두려움을 주기 때문이다. 학교폭력을 겪고 있다는 사실을 다른 사람에게 말할 수 없을 정도로, 학교폭력은 피해자에게 엄청난 두려움을 주고 있다.

한편 학교폭력을 겪는 모든 학교에는 은밀한 '권력관계(power dynamic)'가 존재하고 있다(Twemlow, Fonagy & Sacco, 2001). 따라서 학교폭력은 더 강하고 더 지배적인 성격을 지닌 사람이 더 약하고 더 소극적인 성격을 지닌 사람에게 강요하는 상황을 포함하는 경우가 많다. 그러므로 학교폭력은 집단에서의 권력관계를 보여 주고 있다. 이런 탓에, 학교폭력의 가해자와 피해자 사이에 본질적으로 힘(권력)에서 차이가 난다는 점은, 학교폭력을 유발하는 근본적 요인이 되고 있다(Weisbrot, 2012; Elledge et al., 2013).[9)]

학교폭력과 관련해 체험 중심의 교육 프로그램을 운영하는 청소년 경찰학교: 학교폭력은 집단에서의 권력관계를 보여 준다. [출처: 저자 촬영ⓒ]

9) 학교폭력을 유발하는 구체적 요인에 대해서는 뒤에서 설명한다.

2) 학교폭력의 관련자

학교폭력(괴롭힘)과 관련해, 학교에 다니는 청소년은 여러 가지 상황을 겪을 수 있다. 학교폭력(괴롭힘)과 관련해, 학교에 다니는 청소년이 겪을 수 있는 상황을 몇 가지 제시하면 다음과 같다(Division of Violence Prevention, 2016; Ferrara et al., 2019).

① 학교폭력의 피해자가 되고 있다.

② 학교폭력을 하는 사람이 되고 있다. 즉, 학교폭력의 가해자가 되고 있다.

③ 학교폭력을 목격하는 사람이 되고 있다. 즉, 학교폭력의 목격자가 되고 있다.

(1) 피해자

학교폭력의 피해자는 학교폭력을 당하는 청소년을 말한다. 누구나 학교폭력의 피해자가 될 수 있다. 그러나 학교폭력의 피해자는 혼자 있을 때 자신을 보호하는 데 어려움을 크게 겪는 청소년인 경우가 많다. 또한 일반 청소년과는 다른 식으로 보이는 청소년은 학교폭력을 더 자주 겪을 가능성이 있다. 학교폭력의 가해자가 자신과는 다르다고 인식하는 기준의 예로 성별, 인종, 출신 국가, 외모, 장애, 성적 취향이 있다(Adolescent and School Health, 2021; Pedro, 2012).

(2) 가해자

학교폭력의 가해자는 피해자를 괴롭히는 사람을 말한다. 구체적으로 학교폭력의 가해자는 모욕하고 놀리는 행위를 통해, 다른 사람을 반복해서 강제로 학대하는 학생, 교사, 학교의 직원을 말한다(Twemlow, Fonagy & Sacco, 2001).

일반적으로 학교폭력의 가해자는 피해자와는 매우 반대되는 특성을 지니고 있다. 예를 들어, 학교폭력의 가해자은 다음과 같은 특성을 지니는 경우가 많다(Pedro, 2012).

① 자신감을 크게 가지고 있다.

② 공격적이다. 학교폭력의 가해자가 공격적인 이유로 다음과 같은 점을 들 수 있다.

㉠ 가족관계가 갈등적이기 때문이다.

㉡ 가족에서 공격적인 것을 허용하기 때문이다.

따라서 이런 가족에서 자란 청소년은 자신이 하는 학교폭력을 후회할 가능성이 적다.

그리고 학교폭력의 가해자는 과거에 자신도 폭력을 경험한 적이 있는 경우가 많다(World Health Organization, 2019).

(3) 목격자

학교폭력은 가해자와 피해자만 있는 상황에서 은밀하게 나타날 수도 있지만, 다른 사람이 있는 상황에서 나타날 수도 있다. 따라서 학교폭력을 목격하는 청소년도 적지 않다(노병일, 2015).

학교폭력이 발생하는 상황을 목격하는 청소년은, 학교폭력의 가해자와 피해자 사이의 관계를 조정하는 데 있어 중요한 것으로 알려져 있다(Twemlow, Fonagy & Sacco, 2001).

Points

* 학교폭력(괴롭힘)은 계속해서 발생하는 학대 · 희롱의 한 형태이다.
* 학교폭력은 집단에서의 권력관계를 보여 준다.
* 학교에 다니는 청소년은 학교폭력의 피해자 · 가해자 · 목격자가 될 수 있다.

6. 학교폭력을 유발하는 요인

그동안 여러 학문 분야에서는 학교폭력을 유발하는 요인에 대해 다양한 이론적 관점에서 연구해 왔다. 이런 연구에 따르면, 학교폭력을 유발하는 요인에는 여러 가지가 있다. 다만, 이런 요인이 존재한다고 해서, 학교에 다니는 청소년이 항상 학교폭력에 가담하거나 학교폭력의 피해자가 되는 것은 아니다(Division of Violence Prevention, 2016; Centers for Disease Control and Prevention, 2021).

학교폭력을 유발하는 요인은 몇 가지 수준(예컨대, 개인 · 가족 · 학교 · 사회 수준)에서 살펴볼 수 있다.

1) 개인과 관련된 요인

개인 수준의 요인은 학교폭력을 유발하는 요인이 되고 있다. 실제로 개인 수준의 요인은 학교에 다니는 일부 청소년이 공격적 행동을 하는 데 중요한 역할을 하는 것으로 알려져 있다. 예를 들어, 학교에 다니는 청소년이 다음과 같은 상황에 있는 것은, 청소년에게 학교폭력을 유발하는 요인이 될 수 있다(Pedro, 2012; Division of Violence Prevention, 2016).

① 주위에 집중하는 데 어려움을 겪고 있다.

② 자신을 가치 있는 존재로 생각하지 않고 있다.

③ 우울해하고 있다.

④ 스트레스를 겪고 있다.

⑤ 이전에 폭력을 사용한 경험이 있다.

⑥ 알코올이나 담배나 기타 약물을 사용하고 있다.

2) 가족과 관련된 요인

가족 수준의 요인은 학교폭력을 유발하는 요인이 되고 있다. 예를 들어, 다음과 같은 상황에 있는 청소년은 학교폭력의 가해자가 될 가능성이 큰 것으로 알려져 있다(Pedro, 2012).

① 부모나 기타 보호자가 가정에서 자녀를 제대로 돌보지 않고 있다.

② 부모나 기타 보호자가 가정에 대해 크게 관심을 가지고 있지 않다.

그러므로 제 역할을 하지 못하는 가족에서 생활하는 청소년은 공격적으로 행동할 수 있다. 제 역할을 하지 못하는 가족의 예로 가족구성원이 알코올이나 기타 약물을 많이 사용하는 가족, 빈곤한 가족, 사회에서 일반적으로 허용하지 않는 활동을 하는 가족이 있다. 그리고 이런 가족에서 자란 청소년은 가부장적 모델을 따르는 경향이 있다. 왜냐하면 이런 가족에서 자란 청소년은 아버지가 모든 종류의 문제를 해결한다고 보는 문화를 배울 가능성이 크기 때문이다(Division of Violence Prevention, 2016; Pedro, 2012).

3) 학교와 관련된 요인

학교 수준의 요인은 학교폭력을 유발하는 요인이 되고 있다. 실제로, 학교폭력에 대한 최근 이론에서는 학교폭력을 논의할 때 학교에도 주목하는 것이 실제적 · 이론적으로 중요하다는 점을 강조하고 있다(Astor, Benbenishty & Estrada, 2011).

학교 수준에서 학교폭력을 유발하는 요인을 몇 가지 제시하면 다음과 같다(Bickley-Green, 2007; Elledge et al., 2013; Astor, Benbenishty & Estrada, 2011).

① 학교의 규모와 학급의 규모가 있다. 학교의 규모와 학급의 규모는 학교에서 폭력이 발생하는 정도에 영향을 미칠 수 있다.

② 학급의 특성이 있다. 예를 들어, 학급의 분위기가 좋지 않은 것은 학교폭력이 더 나타나게 하는 식으로 영향을 미칠 수 있다.

③ 학교의 특성이 있다. 예를 들어, 학교의 분위기가 좋지 않은 것은 학교폭력이 더 나타나게 하는 식으로 영향을 미칠 수 있다.

그리고 청소년이 학교에서 성적이 좋지 않은 것은 학교폭력을 유발할 수 있다(Division of Violence Prevention, 2016).

4) 사회와 관련된 요인

사회 수준의 요인은 학교폭력을 유발하는 요인이 되고 있다. 이런 요인과 관련된 좋은 예가 대중 매체이다. 대중 매체를 통해서, 학생은 폭력적 내용을 담은 이미지를 자주 볼 수 있다. 이 경우, 학교에 다니는 청소년은 다음과 같이 인식할 가능성이 크다(Pedro, 2012).

① 자신이 겪는 갈등과 문제를 해결하기 위해 사람을 해치는 것은 정상적 방법이다.

② 힘에 센 사람은 옳은 사람이다.

학교에 다니는 청소년이 이런 식으로 인식할 경우, 청소년은 다른 사람의 고통에 대해 민감하지 않을 가능성이 커지게 된다. 그 결과, 이런 청소년은 학교폭력에 관여할 가능성이 커지게 된다.

또한 지역사회 수준의 요인은 학교폭력을 유발하는 요인이 될 수 있다. 예를 들어, 폭력 사례가 많은 지역사회에 있는 학교에 다니는 청소년은, 그렇지 않은 청소년보다 학교폭력의 피해자가 되는 경우가 더 많은 것으로 알려져 있다(Astor, Benbenishty & Estrada, 2011; Division of Violence Prevention, 2016).

학교폭력을 겪을 가능성이 큰 청소년

학교에 다니는 모든 청소년은 학교폭력을 겪을 수 있다. 그러나 일부 청소년은 학교폭력을 더 겪을 수 있다. 예를 들어, 다음과 같은 상황에 있는 청소년은 학교폭력을 겪을 가능성이 더 클 수 있다(Ferrara et al., 2019).

① 빈곤 상태에서 살고 있다.
② 다문화 가족에서 살고 있다.
③ 장애가 있다.
④ 복지시설에서 살고 있다.

Points

* 학교폭력을 유발하는 요인은 개인 · 가족 · 학교 · 사회 수준에서 살펴볼 수 있다.

7. 학교폭력의 가능성을 보여 주는 상황

학교폭력을 겪을 경우, 학교폭력의 피해자에게 어떤 증상이 나타날 수 있다. 학교폭력의 피해자에게 나타나는 일반적 증상과 관련된 상황을 몇 가지 제시하면 다음과 같다(World Health Organization, 2019).

① 신체적 표시가 보이고 있다. 이런 예로 설명하기 어려운 타박상, 긁힌 상처, 부러진 뼈, 상처 딱지가 있다.

② 학교에 가기를 두려워하고 있거나, 학교 행사에 참여하기를 두려워하고 있다.

③ 불안해하고 있거나, 긴장하고 있다.

④ 학교 안이나 밖에서 친구가 거의 없다.

⑤ 부모나 가족구성원에게 돈을 달라고 하는 경우가 많아지고 있다.

⑥ 학교 성적이 떨어지고 있다.

⑦ 결석을 자주 하고 있다.

⑧ 성인 곁에 있으려고 하고 있다.

⑨ 잠을 잘 자지 못하고 있다.

⑩ 정신적 문제 때문에 몸이 아프다고 불평하고 있다. 이런 예로 머리가 아프거나 배가 아프거나 기타 신체적으로 아프다고 불평하는 것이 있다.

⑪ 사이버 공간에서 시간을 보내거나 전화하면서 시간을 보낸 후에, 특별한 이유 없이 스트레스를 받는 경우가 많아지고 있다.

⑫ 공격적이거나, 분노를 겉으로 드러내고 있거나, 주위를 매우 경계하고 있다.

Points

* 학교폭력의 피해자에게는 어떤 증상이 나타날 수 있다.

8. 학교폭력이 미치는 영향

학교폭력은 학교와 관련된 모든 사람과 학교와 사회에 부정적인 영향을 미치고 있다. 특히 학교폭력은 학교에 다니는 청소년과 학교 모두에게 매우 부정적인 영향을 미치고 있다.

1) 학교에 다니는 청소년에게 미치는 영향

(1) 피해자에게 미치는 영향

말할 것도 없이, 학교폭력에 따른 고통을 가장 많이 겪는 사람은 피해자이다. 학교폭력의 피해자는 두드러지게 즉시 고통을 느끼게 된다. 실제로, 학교폭력의 피해자는 여러 영역에서 어려움을 크게 겪는 것으로 알려져 있다. 무엇보다도 학교폭력은 피해자의 정신건강에 부정적인 영향을 미치고 있다. 이런 부정적 영향은 오랫동안 계속되는 경우가 많다. 그리고 학교폭력의 피해자는 학교폭력으로부터 자신을 보호하는 데 어려움을 겪는 경우가 많다(American Psychological Association, 2015; Kelly, Raines, Stone & Frey, 2010; Weisbrot, 2012; Capp et al., 2017).

학교폭력이 피해자에게 미치는 일반적 영향을 몇 가지 제시하면 다음과 같다(노병일, 2015; Astor, Benbenishty & Estrada, 2011; Division of Violence Prevention, 2016; Bickley-Green, 2007; Pedro, 2012; Capp et al., 2017; Ferrara et al., 2019; World Health Organization, 2019).

① 신체적으로 피해를 주고 있다. 학교폭력을 겪은 청소년들 중에는 신체적으로 피해를 보는 청소년이 많다. 이 경우, 일부 신체적 피해는 심각하지 않을 수도 있으나, 일부 신체적 피해는 매우 심각할 수 있다. 이런 피해의 예로 몽둥이나 칼과 같은 것을 사용한 상처가 있다. 어느 경우에는 이런 피해 때문에, 영구한 장애 상태에 놓일 수도 있다. 그리고 이런 신체적 피해가 매우 심각한 경우, 학교폭력 때문에 죽을 수도 있다.

② 정서적으로 피해를 주고 있다. 학교폭력은 우울과 불안을 포함한 여러 가지 심리적 문제를 유발할 수 있다. 또한 학교폭력을 겪을 경우, 자신을 가치 있는 존재로 생각하지 않을 수 있다. 따라서 학교폭력에 따른 심각한 정서적 문제는 자살을 유발할 수도 있다. 그리고 일부 형태의 학교폭력은 신체적 피해보다는 정서적 피해를 더 유발할 수 있다. 이런 형태의 예로 괴롭히는 것, 미는 것이 있다.

③ 학습과 관련해 피해를 주고 있다. 예를 들어, 학교폭력을 겪은 청소년은 다음과 같은 상황에 놓일 수 있다.

㉠ 학교 성적이 좋지 않다.

㉡ 학교에 나가지 않고 있다.

㉢ 숙제나 공부에 집중하는 데 어려움을 겪고 있다.

㉣ 학교 활동에 제대로 참여하지 못하고 있다.

㉤ 대학교에 진학하지 않고 있다.

그리고 학교폭력 때문에 생긴 일부 피해는 겉으로 드러나지 않을 수도 있다(Division of Violence Prevention, 2016).

한편 학교폭력은 피해자의 미래생활에도 영향을 미칠 수 있다. 예를 들어, 학교폭력 때문에 피해자가 수업에 참석하지 않거나 학교를 특별한 이유 없이 결석하거나 자퇴하는 것은, 피해자가 미래에 교육을 받고 또한 성인기에 좋은 유급 일자리에서 일하는 데 부정적인 영향을 미치게 된다. 또한 학교폭력을 겪은 청소년은 나중에 직장생활을 하는 데 어려움을 더 겪을 수 있다. 예를 들어, 일반 청소년과 비교할 경우, 학교에서 괴롭힘을 당한 청소년은 나중에 성인이 되어서도 직장에서 괴롭힘을 당할 가능성이 더 큰 것으로 알려져 있다(서유정 · 신재한, 2013; Ferrara et al., 2019).

(2) 가해자와 목격자 및 기타 학생에게 미치는 영향

학교폭력은 가해자와 목격자에게도 단기적 · 장기적으로 부정적인 영향을 미치고 있다(Frey & Walker, 2007). 우선, 학교폭력은 가해자의 미래생활에 부정적인 영향을 미칠 수 있다. 예를 들어, 일반 청소년과 비교할 경우, 학교에서 괴롭힘 행위를 한 청소년은 나중에 성인이 되어서도 직장에서 괴롭힘 행위를 할 가능성이 더 큰 것으로 알려져 있다(서유정 · 신재한, 2013).

그리고 학교폭력은 직접적인 피해자가 아닌 청소년에게도 부정적인 영향을 미치고 있다. 예를 들어, 학교폭격을 목격한 청소년이나 학교폭력 이야기를 들은 일부 청소년은 학교폭력이 두려워 학교를 결석할 수 있다.

2) 교사와 학급에게 미치는 영향

(1) 교사에게 미치는 영향

학교폭력은 교사에게 부정적인 영향을 미치고 있다. 예를 들어, 학교폭력을 경험한 교사는 학교를 그만둘 수 있다(Tinerella, 2012; Division of Violence Prevention, 2016).

(2) 학급에 미치는 영향

학교폭력은 학급 전체에 부정적인 영향을 미치고 있다(Tinerella, 2012). 예를 들어, 학급에서 학교폭력이 발생할 경우, 학급 분위기가 매우 좋지 않게 될 가능성이 크다.

그리고 학교폭력이 두려운 탓에, 청소년은 학교에 가지 않을 수도 있다.[10] 학교에 다니는 청소년이 학교폭력에 대해 불안해하기 때문에 학교를 자주 결석할 경우, 좋은 학급 분위기를 유지하기가 더 어려워지게 된다.

3) 학교에 미치는 영향

학교폭력은 학교 전체에 부정적인 영향을 미치고 있다. 이런 예를 몇 가지 제시하면 다음과 같다(Tinerella, 2012; Frey & Walker, 2007).

① 학교폭력이 또 발생할 것을 두려워한 나머지, 학교는 활동을 줄이거나 없앨 수 있다.

② 학교폭력이 발생할 경우, 학교에 다니는 청소년은 두려움을 느끼고 학교에 덜

10) 여기에 대해서는 앞에서도 이미 설명한 바 있다.

만족할 가능성이 크다.

③ 학교의 평판이 좋지 않게 된다. 예를 들어, 학교에서 학교폭력이 발생할 경우, 일반인은 해당 학교를 좋지 않게 볼 가능성이 크다.

결국, 장기적으로 볼 때, 학교폭력은 학교에 다음과 같이 부정적인 영향을 미치고 있다(Council of Europe, 2021).

① 일반적인 학교 분위기를 좋지 않게 한다.

② 학교에 다니는 청소년이 안전한 환경에서 배울 권리를 누리지 못하게 된다.

4) 사회에 미치는 영향

학교폭력은 사회에 부정적인 영향을 미치고 있다. 예를 들어, 학교에서 학교폭력이 발생할 경우, 지역사회의 주민은 폭력 사태가 자신이 사는 지역사회에서도 발생할지 모른다고 걱정하면서 불안해할 수 있다.

Points

* 학교폭력은 학교와 관련된 모든 사람과 학교와 사회에 부정적 영향을 미친다.
* 학교폭력은 피해자와 가해자의 미래생활에 부정적 영향을 미칠 수 있다.

9. 학교폭력의 예방

1) 예방의 중요성

앞에서 살펴본 바와 같이, 학교폭력은 학교에 다니는 청소년과 관련된 여러 영역에서 부정적인 영향을 미치고 있다. 이런 탓에, 학교폭력이 발생하기 않도록 예방하는 것이 무엇보다도 중요하다. 이에 따라서 학교폭력과 관련해서는 예방하는 프로그램이 무엇보다도 중요하다.

한편 학교폭력을 예방하는 데 주목하는 것은 다음과 같은 측면에서도 중요하다 (World Health Organization, 2019).

① 윤리적 측면에서 당연한 것을 하는 것이다.

② 학교폭력이 발생한 후에 대처하는 것보다 비용 측면에서 유리하다.

어느 경찰서의 옥상에 있는 전시 작품: 학교폭력을 예방하기 위해 가장 중요한 것은 학교폭력이 발생하지 않게 하는 것이다. [출처: 저자 촬영ⓒ]

2) 학교폭력 예방 프로그램

(1) 미국 폭력예방센터에서 제시하는 프로그램

미국 폭력예방센터(Division of Violence Prevention)의 경우, 학교폭력을 예방하는 프로그램으로 다음과 같은 것을 제시하고 있다(Division of Violence Prevention, 2016).

① 학교중심의 보편적 학교폭력 예방 프로그램이 있다. 이런 프로그램은 공격적 행동과 폭력적 행동을 하는 사례를 크게 줄일 수 있는 것으로 알려져 있다. 이런 프로그램은 학교를 다니는 모든 학생에게 실시할 수도 있고, 특정한 학년의 모든 학생에게 실시할 수도 있다. 이런 프로그램에서 교사는 다양한 주제를 가르치고 있고, 또한 여러 가지 방법을 교육하고 있다. 이런 방법의 예로 감정을 스스로 파악하고 통제하는 방법, 긍정적인 사회적 관계를 형성하는 방법, 문제를 해결하는 방법, 갈등을 해결하는 방법, 여러 사람이 함께 활동하는 방법이 있다.

② 부모중심 프로그램과 가족중심 프로그램이 있다. 이런 프로그램은 가족구성원들 사이의 관계를 더 좋게 할 수 있는 것으로 알려져 있다. 따라서 이런 프로그램은 청소년이 폭력을 사용할 가능성을 줄일 수 있는 것으로 알려져 있다. 이것은 이런 프로그램을 일찍 실시할 경우에 특히 그렇다. 그리고 이런 프로그램에서는 다음과 같은 것을 하고 있다.

㉠ 부모에게 청소년의 발달에 대해 교육한다.

㉡ 의견을 나누는 방법과 폭력을 사용하지 않고 문제를 해결하는 방법을 부모나 가족구성원에게 가르친다.

③ 거리 홍보 프로그램이 있다. 이런 프로그램의 경우, 취약한 청소년을 전문가와 연결시켜서 다음과 같은 것을 하고 있다.

㉠ 갈등을 줄여 준다.

㉡ 필요한 서비스를 의뢰한다.

㉢ 폭력을 사용하는 것이 괜찮다는 생각을 가지지 않도록 한다.

④ 멘터링(mentoring) 프로그램이 있다. 이런 프로그램의 경우, 청소년에게 긍정적인 역할 모델이 될 수 있고 또한 청소년의 행동을 지도하는 데 도움을 줄 수 있는 성인을 청소년과 연결시켜 주고 있다.

(2) 올베우스 괴롭힘 예방 프로그램

노르웨이의 올베우스(Olweus)는 세계적으로 유명한 '올베우스 괴롭힘 예방 프로그램(Olweus Bullying Prevention Program, OBPP)'을 개발한 바 있다. 올베우스 괴롭힘 예방 프로그램에서는 괴롭힘을 예방하고, 교실의 전체 분위기를 더 좋게 하고, 사회의 가치에 어긋나는 행동을 줄이는 방법을 제시하고 있다(Capp et al., 2017).

올베우스 괴롭힘 예방 프로그램에서는 다음과 같은 측면에 주목하고 있다(Bickley-Green, 2007).

① 괴롭힘에 대해 더 알고 괴롭힘을 겪는 학생을 더 이해하기 위해, 교실에서 학생들과 정기적으로 모임을 갖는다.

② 부모들과 만나서 정보를 교환한다.

그리고 올베우스 괴롭힘 예방 프로그램의 경우, 학급에서 다음과 같이 할 것을 장려하고 있다(Bickley-Green, 2007).

① 괴롭힘 행위를 하는 학생에게 개입한다.

② 괴롭힘을 당하는 학생에게 개입한다.

③ 관련된 학생의 부모와 함께 이야기를 나눈다.

올베우스가 연구한 것은 학교폭력과 관련된 프로그램에 큰 영향을 미치고 있는 것으로 알려져 있다. 그리고 많은 국가에서 올베우스의 프로그램을 도입한 바 있다. 세계에 있는 여러 학교와 기관의 경우, 올베우스 괴롭힘 예방 프로그램을 실시해서 좋은 성과를 얻고 있는 것으로 알려져 있다(Astor, Benbenishty & Estrada, 2011; Violence Prevention Works, 2015; Capp et al., 2017).

3) 학교폭력 예방 프로그램의 일반적 효과

좋은 학교폭력 예방 프로그램은 학교에 다니는 청소년과 학교에 긍정적인 영향을 미치고 있다. 좋은 학교폭력 예방 프로그램을 실시할 때 나타날 수 있는 긍정적 효과를 몇 가지 제시하면 다음과 같다(Violence Prevention Works, 2015).

① 학교에 다니는 청소년들 사이에 학교폭력이 발생하는 사례가 줄어들고 있다.
② 학교폭력과 관련해 새로운 문제가 발생하는 것을 예방하고 있다.
③ 학교에서 친구들 사이의 관계가 더 좋아지고 있다.
④ 학교가 더 안전하고 더 효과적인 배움터가 되고 있다.

4) 관련 프로그램의 예

(1) 또래 중재 프로그램

학교에 다니는 청소년들 사이에 나타나는 학교폭력은, 같은 또래들이 나서면 오히려 더 잘 해결될 수도 있다. 이에 따라 등장한 것이 또래 중재 프로그램(peer mediation program)이다.

또래 중재 프로그램은 협상에 근거하고 있다. 따라서 또래 중재 프로그램의 경우,

또래 중재자에게 또래들 사이의 갈등을 다루도록 도와주는 방법을 가르치고 있다. 따라서 또래 중재 프로그램을 실시할 경우, 갈등을 겪는 청소년들은 폭력을 사용하지 않고 갈등을 해결할 수 있는 방법을 배우게 된다.

또래 중재를 진행하는 방법의 예를 구체적으로 제시하면 다음과 같다(Frey & Walker, 2007).

① 학교에 있는 모든 학생에게 협상 절차에 대해 교육하는 방법이 있다.

② 또래 중재자에게 우선 교육한 다음에, 갈등이 발생할 때 또래 중재자가 다른 학생들에게 교육하는 방법이 있다.

또래 중재자를 선정하는 과정은 다음과 같은 방식으로 진행되는 경우가 많다(Constable, 2009; Western Australian Centre for Health Promotion Research, 2010).

① 학생들이 리더십이 우수한 학생을 뽑게 한다.

② 이런 학생들에게 중재와 관련된 교육을 실시한다. 이때 또래 중재자는 문제를 해결하는 방법, 갈등을 해결하는 방법, 서로 교류하는 방법, 남의 말을 적극적으로 듣는 방법을 배우게 된다.

③ 이렇게 교육을 받은 학생들이 개인 학생들 사이의 갈등을 중재한다.

또래 중재 프로그램은 학교에서의 갈등을 줄이는 효과가 있는 것으로 알려져 있다. 왜냐하면 또래 중재 프로그램을 실시하면 다음과 같은 상황이 나타날 가능성이 크기 때문이다(Frey & Walker, 2007).

① 학교의 전체 문화가 더 좋아지고 있다.

② 학생들이 서로를 더 존중하고 있다.

특히, 고등학교에서 실시하는 또래 중재 프로그램의 경우, 언어적 갈등과 신체적 갈등을 줄이고 또한 학교의 전체 분위기를 더 좋게 하는 데 매우 도움을 주는 것으로 알려져 있다(The Ceceilyn Miller Institute, 2021).

그러므로 또래 중재 프로그램은 학교폭력과 관련된 다양한 영역에서 긍정적인 영향을 미칠 가능성이 크다. 결국, 전체적으로 볼 때, 또래 중재 프로그램은 학교의 분위기를 좋은 방향으로 바꾸는 데 크게 이바지할 가능성이 크다(노병일, 2015).

유명한 관광지를 방문한 친구들: 또래 중재 프로그램은 효과가 있는 것으로 알려져 있다. [출처: 스페인에서 저자 촬영ⓒ]

(2) 예술을 통한 인지 프로그램

학교폭력에 따른 고통은 피해자가 아니면 실감하기 어려울 수 있다. 이 경우, 미술과 같은 시각적 매체를 사용해 학교폭력에 대한 상황이나 피해자의 고통을 표현하게 하는 것은, 학교폭력의 심각성을 더 잘 알게 하는 데 도움이 될 수 있다. 이때 시각적 이미지는 긍정적으로 의견을 교류하는 데 있어 훌륭한 도구가 될 수 있다(노대겸 · 전영신, 2017; Bickley-Green, 2007).

이와 관련해 좋은 프로그램이 미술 활동 프로그램이다. 예를 들어, 미술 활동 프로그램을 통해서, 학교에 다니는 청소년과 교사는 학교의 문화, 어려움을 주는 행동, 학급을 변화시켰을 경우의 모습과 같은 측면을 비판적으로 따져 볼 수 있다. 이 경우, 미술 활동 프로그램은 다음과 같은 것을 처음으로 시작하는 기회를 제공할 수 있다(노대겸 · 전영신, 2017; Bickley-Green, 2007).

① 사회의 가치에 어울리는 행동을 그림으로 표현해 본다.

② 사회의 가치에 어긋나는 행동을 변화시키는 방법에 대해 서로 이야기를 나누어 본다.

Points

* 학교폭력이 발생하기 않도록 예방하는 것은 중요하다.
* 학교폭력 예방 프로그램의 예로 미국 폭력예방센터에서 제시하는 프로그램, 올베우스 괴롭힘 예방 프로그램, 또래 중재 프로그램, 예술을 통한 인지 프로그램이 있다.
* 올베우스 괴롭힘 예방 프로그램에서는 괴롭힘을 예방하고, 교실의 전체 분위기를 더 좋게 하고, 사회의 가치에 어긋나는 행동을 줄이는 방법을 제시한다.

10. 학교폭력에 대한 신고와 개입

1) 학교폭력에 대한 신고

학교폭력이 발생한 경우나 발생한 것으로 의심이 될 경우에는 신고하여야 한다. 학교폭력을 신고하는 방법에는 여러 가지가 있을 수 있다. 학교폭력을 신고하는 방법을 몇 가지 제시하면 다음과 같다(World Health Organization, 2019).

① 긴급 신고 전화로 신고한다.

② 채팅 방에서 신고한다.

③ 기타 온라인 공간에서 신고한다.

④ 학교에 있는 신고함에 신고한다.

학교폭력을 신고하는 방법과 관련해서는, 다음과 같은 점을 고려할 필요가 있다(World Health Organization, 2019).

① 쉽게 이용할 수 있어야 한다.

② 안전하여야 한다. 즉, 학교폭력의 가해자는 신고한 내용을 볼 수 없도록 하여야 한다.

③ 비밀을 보장하여야 한다.

④ 빠르고 효과적이고 만족스럽게 조치를 취하여야 한다.

⑤ 필요할 경우, 서비스를 다른 곳에 연결시켜 주어야 한다.

2) 학교폭력에 대한 개입

(1) 일반적 개입 단계

학교폭력이 발생한 경우나 발생한 것으로 의심될 경우에는 개입하여야 한다. 학교폭력에 대해 개입하는 것은 여러 단계와 관련되고 있다.

학교폭력에 대해 개입하는 것과 관련된 단계를 구체적으로 제시하면 다음과 같다(World Health Organization, 2019).

① 첫째 단계는 학교폭력의 피해자를 파악하는 단계이다.

② 둘째 단계는 학교폭력을 신고하는 단계이다.

③ 셋째 단계는 피해자에게 도움을 주는 단계이다.

④ 넷째 단계는 의뢰하는 단계이다.

⑤ 다섯째 단계는 학교폭력의 가해자를 다루는 단계이다.

⑥ 여섯째 단계는 현장에서 구경하던 사람(목격자)을 대상으로 개입하는 단계이다.

⑦ 일곱째 단계는 부모의 역할과 관련된 단계이다.

⑧ 여덟째 단계는 교사에게 폭력에 적절하게 대처하는 방법을 알려 주는 단계이다.

(2) 피해자에 대한 조치

학교폭력이 발생할 경우, 무엇보다도 피해자에 대해 조치를 취하여야 한다. 그러나 학교폭력의 피해자에게 도움을 줄 때는 여러 가치 측면을 고려하여야 한다. 학교폭력의 피해자를 도와줄 때 고려하여야 할 점을 몇 가지 제시하면 다음과 같다(World Health Organization, 2019).

① 피해자의 이야기를 존중하고 공감하면서 들어준다.

② 피해자가 걱정하는 것이나 관심을 가지는 것이나 필요한 것에 대해 물어본다.

그리고 이런 것에 대해 모두 답해 준다.

③ 피해자가 느끼는 감정을 인정하고, 피해자를 판단하는 식으로 대하지 않는다.

④ 피해자가 안전하게 지낼 수 있도록 한다.

⑤ 피해자와 이야기를 나눈 내용을 다른 사람은 알지 못하게 한다.

⑥ 피해자가 심리 서비스와 사회 서비스를 이용할 수 있도록 도와준다.

⑦ 피해자의 나이에 적절한 정보를 제공한다.

(3) 개입과 관련해 고려할 점

학교에서 폭력이 발생할 경우, 학교는 빠르게 개입할 필요가 있다. 또한 학교에서 폭력이 발생할 경우, 학교폭력이 다시 발생하지 않도록 하기 위해서 학교는 학교폭력의 피해자와 가해자 모두에게 적절한 서비스를 제공할 필요가 있다(World Health Organization, 2019).

학교에서 폭력을 담당하는 사람은 학교폭력의 가해자와 피해자 각각에 대해서 별도로 만날 필요가 있다. 이렇게 할 경우, 학교폭력의 가해자와 피해자 모두는 솔직하게 이야기할 수 있게 되고, 또한 학교폭력의 피해자는 두려움이 없이 이야기할 수 있게 된다(World Health Organization, 2019).

한편 학교폭력을 겪은 일부 청소년은 크게 스트레스를 받을 수 있다. 이런 청소년은 추가로 서비스가 필요할 수 있다. 추가로 서비스를 제공할 필요가 있는 청소년의 예를 구체적으로 제시하면 다음과 같다(World Health Organization, 2019).

① 자기 자신이나 다른 사람을 해칠 수 있는 청소년이 있다.

② 매우 화가 나 있거나 두려워하거나 정서적으로 안정되지 않은 탓에, 자신을 통제하지 못하거나 학교생활을 제대로 할 수 없는 청소년이 있다.

Points

* 학교폭력이 발생하거나 발생한 것으로 의심될 경우에는 신고 · 개입하여야 한다.
* 학교폭력이 발생할 경우, 무엇보다도 피해자에 대해 조치를 취하여야 한다.
* 학교에서 폭력이 발생할 경우, 학교는 빠르게 개입할 필요가 있다.

11. 청소년 학교폭력문제에 대한 보호 방안

청소년의 학교폭력에 대해 앞에서 살펴본 내용에 근거해, 청소년의 학교폭력문제를 줄이거나 없애기 위한 방안을 몇 가지 제시하면 다음과 같다.

1) 일반적 방안

(1) 여러 요인에 대한 주목

학생의 폭력적 행동은 한 가지 요인 때문에 나타나는 것이 아니라, 여러 가지 요인이 함께 작용하기 때문에 나타나는 경우가 많다. 따라서 학교폭력은 복잡한 문제에 속하고 있다. 이런 탓에, 학교가 사회구성원인 학생의 생활과 교육에 제대로 개입하고자 할 경우, 한 가지 요인이 아니라 여러 가지 요인이 학교폭력과 관련된다는 점을 인식할 필요가 있다(Pedro, 2012). 그러므로 학교와 관련된 전문가나 기관의 경우, 학교에서 나타나는 폭력 행위를 예방하기 위해서 여러 가지 요인을 체계적으로 다룰 필요가 있다.

(2) 권리 교육

교육은 학교폭력을 예방하고 없애는 데 있어 중요한 역할을 하고 있다. 따라서 많은 기관과 조직의 경우, 학교폭력을 없애거나 줄이기 위해서 청소년에게 인권을 포함한 여러 권리에 대해 교육하는 데 주목하고 있다. 예를 들어 유럽의회의 경우, 아동과 청소년에게 인권에 대해 교육하고 또한 민주주의에서 시민이 누릴 권리에 대해 교육함으로써 학교폭력을 없애고자 하고 있다(Council of Europe, 2021).

그러므로 학교와 사회에서는 청소년에게 여러 가지 권리에 대해 교육할 필요가 있다.

(3) 조기 관여

학교폭력을 줄이는 것도 중요하지만, 더 중요한 것은 학교폭력을 예방하는 것이다. 이를 위해서는, 학교폭력과 관련해 조기에 관여하는 것이 중요하다.

그러므로 학교사회복지사를 포함한 여러 전문가의 경우, 현재 행동 때문에 나중에 학교에 다니면서 심각한 행동 문제를 겪을 가능성이 큰 청소년을 파악하기 위해서, 체계적으로 미리 조사할 필요가 있다. 이때 학교사회복지사를 포함한 여러 전문가는 다음과 같이 할 필요가 있다(Frey & Walker, 2007).

① 청소년이 학교에 입학할 때 모든 청소년을 대상으로 조사한다.

② 어려움을 겪을 가능성이 있는 청소년에 대해서는, 조기 개입 서비스를 받도록 하거나 또는 더 체계적으로 평가를 받도록 다른 전문가에게 의뢰한다.

관련되는 성인의 일반적 역할

학교폭력을 없애는 것과 관련해, 청소년과 관련된 성인은 나름의 역할을 할 필요가 있다. 학교에서 폭력을 없애는 것과 관련해 성인이 할 수 있는 역할을 몇 가지 제시하면 다음과 같다(National Association of School Psychologists, 2015).

① 학교가 안전하고 지지하는 분위기를 유지하도록 도와준다.
② 학교가 안전한 공간이 되도록 하는 데 있어, 청소년도 적극적으로 관심을 가지도록 한다.
③ 친구가 사회의 가치에 어긋나는 행동을 하라고 요구할 때는 거절하는 것이 중요하다는 점을 청소년들에게 교육한다.
④ 학교폭력이나 학교 안전과 관련해 신분을 밝히지 않고 신고할 수 있도록 한다.
⑤ 학교에 오는 방문객을 잘 살펴본다.
⑥ 학교의 주차장, 운동장, 복도, 기타 공간을 잘 살펴본다.
⑦ 학교와 직접적으로 관련되는 공간이 아닌 곳에서도 청소년이 더 안전하게 지내도록 하기 위해서, 학교와 지역사회가 서로 협력하는 체계를 갖춘다.
⑧ 학교는 청소년에게 폭력을 사용하는 것 이외의 방법을 교육한다. 이와 관련된 프로그램의 예로 평화롭게 갈등을 해결하는 방법을 교육하는 프로그램, 사람들 사이의 관계를 좋게 형성하는 방법을 교육하는 프로그램이 있다.

2) 구체적 방안

(1) 신고체계의 확립

학교에서는 학생과 교사와 부모에게 학교폭력 사례를 신고하도록 권장하고 있다. 그러나 이때 학교폭력의 피해자와 가해자를 도와줄 적절한 계획을 구체적으로 세워

놓지 않은 경우가 많다(World Health Organization, 2019). 그러므로 학교는 학교폭력을 신고하는 체제를 제대로 갖출 필요가 있다.

그리고 학교폭력의 피해자는 학교폭력 사례를 신고하는 현 방법을 신뢰하지 않을 수 있다. 예를 들어, 학교폭력의 피해자는 다음과 같은 상황에 있을 수 있다(World Health Organization, 2019).

① 신고할 경우에 비밀이 보장될 것인지에 대해 확신하지 못하고 있다.

② 보복을 당할 것을 두려워하고 있고, 더 피해를 입을 것을 두려워하고 있고, 다른 사람이 자신에 대해 좋지 않게 인식할 것을 두려워하고 있다.

그러므로 학교의 경우, 학교폭력의 피해자가 학교폭력을 신고하는 것과 관련해 안심하도록 도와주고 지지할 필요가 있다.

(2) 부모 교육

부모는 청소년의 가치와 태도와 행동에 중요한 영향을 미치고 있다. 따라서 부모는 학교폭력에 대처하는 데 있어 중요한 역할을 할 수 있다. 그러므로 학교와 관련 기관의 경우, 학교폭력과 관련해 부모가 자신의 청소년 자녀를 도와줄 수 있는 방법에 대해 교육할 필요가 있다. 예를 들어, 학교사회복지사를 포함한 여러 전문가의 경우, 청소년 자녀가 학교폭력의 피해자가 될 때 부모가 청소년 자녀를 도와주는 방법을 알려 줄 필요가 있다(World Health Organization, 2019).

(3) 사이버 공간에 대한 교육

오늘날의 사회에서 정보통신 기술이 크게 발달함에 따라, 사이버 공간은 청소년에게 매우 중요한 공간이 되고 있다. 하지만 이런 사이버 공간을 이용해 괴롭힘 행위를 하는 사례도 증가하고 있다.

그러므로 학교사회복지사를 포함한 여러 전문가의 경우, 사이버 공간을 통해서 이루어지는 괴롭힘을 파악하고 이에 대처하는 데 관여할 필요가 있다. 또한 학교사회복지사를 포함한 여러 전문가의 경우, 부모가 청소년의 사이버 공간에 관심을 가지게 하기 위해서, 부모에게 청소년의 사이버 공간에 대해 교육할 필요가 있다.

(4) 대중 매체와 관련된 교육

신문이나 방송 등과 같은 대중 매체에서 폭력 장면을 보는 것이나 약자를 쉽게 다루는 장면을 보는 것은, 학교폭력을 유발하는 요인이 될 수 있다. 따라서 부모와 교사는 대중 매체에서의 프로그램에 대해 청소년과 함께 이야기를 나눌 필요가 있다. 이 경우, 부모와 교사는 자신이 교육자의 역할을 한다는 점을 잊지 않는 것이 중요하다(Pedro, 2012).

Points

* 청소년의 학교폭력문제를 줄이거나 없애기 위해서는, 여러 요인을 체계적으로 다루고, 청소년에게 여러 권리에 대해 교육하고, 심각한 행동 문제를 겪을 가능성이 큰 청소년을 파악하기 위해 체계적으로 미리 조사할 필요가 있다.
* 청소년의 학교폭력문제를 줄이거나 없애기 위해서는, 학교폭력을 신고하는 체제를 제대로 갖추고, 학교폭력과 관련해 부모가 자녀를 도와줄 수 있는 방법을 교육하고, 사이버 공간을 통한 괴롭힘을 파악 · 대처하는 데 관여하고, 부모에게 청소년의 사이버 공간에 대해 교육하고, 부모 · 교사는 대중 매체에서의 프로그램에 대해 청소년과 이야기를 나눌 필요가 있다.

PART 5

가출 및 임신과 관련된 청소년문제

Chapter 10 청소년의 가출문제

Chapter 11 청소년의 임신문제

CHAPTER

10

청소년의 가출문제

-CONTENTS-

1. 청소년과 가출
2. 가출의 정의
3. 청소년 가출의 실태
4. 가출 청소년의 분류
5. 청소년 가출을 유발하는 요인
6. 청소년 가출이 미치는 영향
7. 청소년 가출문제에 대한 보호 방안

1. 청소년과 가출

청소년기에는 다양한 영역에서 빠르게 발달하고 있다. 그 결과, 청소년기에는 여러 가지 어려움을 겪을 수 있다. 그러나 청소년은 이용할 수 있는 자원이나 지식이 부족하기 때문에, 이런 어려움을 해결하는 데 한계를 느낄 수 있다. 이런 상황에서, 청소년은 자신이 겪는 어려움에서 벗어나기 위해서 가출할 수 있다.

그리고 청소년의 경우, 가족의 상황이 청소년을 지지하는 상황이 아닐 때는 가출하는 방식으로 문제를 해결하려고 할 수 있다. 예를 들어, 청소년의 가족 분위기가 안정되어 있지 않거나 또는 청소년이 가정에서 부모나 기타 가족구성원과 자주 마찰을 일으킬 경우, 청소년은 가출하는 방식을 선택할 수 있다(노병일, 2018).

어떤 측면에서 볼 때, 청소년이 가출하는 행위는 청소년이 문제 상황을 벗어나는 길이 될 수도 있다. 그리고 가출한 일부 청소년은 큰 문제가 없이 잘 지낼 수도 있다.

그러나 청소년이 가출하는 것은 청소년 개인과 가족과 사회에 부정적인 영향을 미칠 가능성이 크다. 무엇보다도 청소년 가출은, 청소년이 자신에게 그나마 존재하던 보호망에서 벗어나서 매우 위험한 세계로 들어가는 식으로 작용할 가능성이 크다. 더불어 청소년 가출은 청소년에게 많은 청소년문제를 새롭게 유발하는 요인이 될 가능성이 크다(노병일, 2018). 특히 심각할 경우, 가출한 청소년은 범죄 행위나 청소년 자신의 건강에 매우 해로운 행동에 관여할 수도 있다. 따라서 청소년 가출은 청소년의 안전을 크게 위협할 수도 있다.

청소년 가출은 반복될 가능성이 있다. 그러나 사회는 청소년 가출에 대해서는 크게 관심을 가지지 않는 경우가 많다. 이런 여러 가지 상황 때문에, 미국에서는 가출하는 청소년과 노숙 상태에서 생활하는 청소년에 대해 관심을 더 가지게 하기 위해서, 11월을 '전국 가출 예방의 달(National Runaway Prevention Month)'로 정한 바 있다(Sandlin,

2021).

결국, 청소년의 가출은 중요한 청소년문제에 속하고 있다. 그러므로 청소년문제를 다루는 영역에서는 청소년이 가출하는 것에 대해 관심을 가질 필요가 있다.

Points

* 청소년 가출은 청소년 개인과 가족과 사회에 부정적 영향을 미칠 가능성이 크다.
* 청소년문제를 다루는 영역에서는 청소년 가출에 대해 관심을 가질 필요가 있다.

2. 가출의 정의

문자 그대로 볼 때, 가출은 집을 나가는 것을 의미하고 있다. 실제로, 우리나라의 대표적 사전에서는 가출을 "가정을 버리고 집을 [나가는]" 것이라고 정의하고 있다(국립국어원 표준국어대사전, 2021). 따라서 사전에 근거할 경우, 청소년 가출은 청소년이 자신의 가정을 버리고 집을 나가는 행위라고 볼 수 있다.

이에 비해서, 여러 기관에서는 가출에 대해 더 구체적으로 정의하고 있다. 그동안 가출에 대해 정의한 것을 청소년과 관련시키면서 몇 가지 제시하면 다음과 같다(Franke & de Anda, 2011; Child Rescue, 2021; Gambon & O'Brien, 2020).

① 미국 보건 · 인적서비스부(Department of Health and Human Services)에 따르면, 가출 청소년(runaway youth)은 18세 미만의 사람으로서 부모나 보호자의 허락

없이 적어도 하룻밤을 집에서 나온 사람을 말한다. 따라서 청소년 가출은 청소년이 부모나 보호자의 허락 없이 적어도 하룻밤을 집에서 나온 행위라고 볼 수 있다.

② 유럽의 기관에 따르면, 청소년 가출은 청소년이 가정이나 자신이 생활하던 시설에서 자발적으로 나오거나 강제로 나가게 되는 것을 말한다.

③ 미국의 정부기관에 따르면, 가출은 청소년이 부모나 보호자의 허락 없이 집을 나가서 적어도 하루(15세 미만 청소년의 경우)나 이틀(15세 이상 청소년의 경우)을 다른 곳에서 머무르는 것을 말한다.

정리하건대, 청소년 가출은 청소년이 부모나 보호자의 허락 없이 가정이나 시설을 하룻밤 이상 나와서 다른 곳에 머무르는 행위라고 볼 수 있다.

가정 밖 청소년

우리나라의 법에서 가출한 청소년은 '가정 밖 청소년'에 속하고 있다. 우리나라 「청소년복지 지원법」에 따르면, 가정 밖 청소년은 "가정 내 갈등 · 학대 · 폭력 · 방임, 가정해체, 가출 등의 사유로 보호자로부터 이탈된 청소년으로서 사회적 보호 및 지원이 필요한 청소년"을 말한다(국가법령정보센터, 2021).

Points

* 청소년 가출은 청소년이 부모나 보호자의 허락 없이 가정이나 시설을 하룻밤 이상 나와서 다른 곳에 머무르는 행위이다.
* 우리나라의 법에서 가출한 청소년은 '가정 밖 청소년'에 속한다.

3. 청소년 가출의 실태

1) 우리나라와 외국의 실태

선진국과 우리나라에서 청소년이 가출하는 사례는 항상 존재해 왔다. 우리나라의 경우, 가출 청소년의 수는 일반적으로 생각하는 것보다 더 많은 것으로 나타난 바 있다(월드비전, 2020).

그동안 전혀 몰랐던 가출 청소년의 진실

① 가출 청소년의 숫자는 생각보다 많다. 정말 많다.
② 다섯 명 중 세 명은 살기 위해 탈출했다.
③ 절반 이상은 공부를 계속하고 싶어 한다.
④ 출산율보다 훨씬 중요한 문제다.

[출처: 월드비전(2020)] [소제목만을 그대로 옮김]

미국의 경우, 가출하는 청소년의 수는 조사한 것에 따라 차이가 나고 있다. 하지만 미국에서는 매년 많은 청소년이 가출하는 것으로 알려져 있다. 또한 미국에서 사춘기에 우연히 가출한 청소년은 친구 집으로 갔다가 48시간 이내에 다시 가정으로 돌아오는 경우가 많은 것으로 나타난 바 있다(Gambon & O'Brien, 2020; Franke & de Anda, 2011; National Conference of State Legislatures, 2016; Child Rescue, 2021; Holliday, Edelen & Tucker, 2017).

NATIONAL RUNAWAY PREVENTION MONTH

'전국 가출 예방의 달'의 로고: 미국에서 11월은 '전국 가출 예방의 달'이다. [출처: National Safe Place Network 홈페이지]

'전국 가출 예방의 달'에 추구하는 목적(미국)

미국에서 '전국 가출 예방의 달'에 추구하는 목적은 다음과 같다(Sandlin, 2021).

① 가출한 청소년과 노숙 상태에 있는 청소년이 겪는 위험한 상황을 일반인이 더 잘 알게 하고, 청소년이 겪는 어려움을 일반인이 더 잘 알게 한다.

② 청소년이 가출하는 것을 예방하고 청소년이 노숙 상태에 있지 않도록 하기 위한 방안에 대해 교육하고, 이를 위해 일반인이 할 수 있는 역할에 대해 교육한다.

2) 청소년 가출의 가능성이 큰 집단

일부 청소년은 가출할 가능성이 특히 더 큰 것으로 알려져 있다.[1] 예를 들어, 일반 청소년에 비해서 다음과 같은 상황에 있는 청소년은 가출할 가능성이 더 큰 것으로 알려져 있다(Gambon & O'Brien, 2020).

1) 청소년이 가출할 가능성은 청소년 가출을 유발하는 요인과 크게 관련되어 있다. 청소년 가출을 유발하는 요인에 대해서는 뒤에서 자세히 설명한다.

① 학대를 겪고 있다.

② 동성애자이거나, 양성애자이거나, 성전환을 하였다.

③ 시설과 같은 곳에서 보호를 받고 있다.

3) 고려할 점

가출 청소년의 수를 정확히 파악하는 것은 어려울 수 있다. 가출 청소년의 수를 정확히 파악하기 어려운 이유에는 여러 가지가 있을 수 있다. 예를 들어, 가출에 대한 정의가 통일되어 있지 않기 때문에, 가출 청소년의 수를 정확히 파악하기 어려울 수 있다(Gambon & O'Brien, 2020).

그리고 가출 청소년은 실종된 것으로 인식되지 않는 경우가 많다. 왜냐하면 청소년의 부모나 보호자는 청소년이 어디에 있는지를 아는 경우가 많기 때문이다. 예를 들어, 가출 청소년은 친구의 집이나 친척의 집에 있을 수 있다. 또한 일부 가출 청소년은 부모나 보호자가 찾고 있지 않기 때문에, 실종된 것으로 신고되지 않을 수 있다(Gambon & O'Brien, 2020).

Points

* 선진국과 우리나라에서 청소년이 가출하는 사례는 항상 존재해 왔다.
* 가출 청소년의 수를 정확히 파악하는 것은 어려울 수 있다.

4. 가출 청소년의 분류

가출 청소년의 형태에는 여러 가지가 있을 수 있다. 따라서 가출 청소년을 더 잘 이해하기 위해서, 가출 청소년을 분류하는 방법을 그동안 여러 가지로 제시해 왔다.

가출 청소년을 분류하는 방법의 하나로, 가출 청소년을 다음과 같이 구분하는 것이 있다(Franke & de Anda, 2011).[2)]

① 모험이나 자극적인 것을 찾아서 가출한 청소년이 있다. 이런 청소년은 비교적 안정된 가족 분위기에서 살다 가출한 경우가 많다.

② 역할을 제대로 하지 못하는 가족에서 가출한 청소년이 있다. 이런 가족의 예로 부모가 약물을 잘못 사용하는 가족, 부모가 청소년을 신체적으로 학대하거나 성적으로 학대하는 가족이 있다. 가출한 청소년들 중에는 이런 형태의 청소년이 많은 것으로 알려져 있다.

③ 가족으로부터 버림을 받아 가출한 청소년이 있다. 이런 청소년은 가족과 갈등을 겪은 후에 가출하거나, 학교와 지역사회에서 문제를 겪은 후에 가출하는 경우가 많다.

그러나 앞에서와 같은 형태 이외에, '살길 찾는(forsaken)' 가출 청소년을 추가하는 학자도 있다. 이런 청소년은 가족이 계속해서 도움을 줄 수 없기 때문에 스스로 살아갈 길을 찾으려고 나선 청소년을 말한다. 이런 청소년은 다음과 같은 상황에 있는 경우가 많다(Franke & de Anda, 2011).

① 자신이 크게 가치가 있다고 생각하지 않고 있다.

② 사회적으로 고립되어 있다.

2) 사실, 가출 청소년을 분류하는 것은 청소년 가출을 유발하는 요인과 크게 관련되어 있다.

Points

* 가출 청소년을 모험 · 자극을 찾아 가출한 청소년, 역할을 하지 못하는 가족에서 가출한 청소년, 가족으로부터 버림을 받아 가출한 청소년, 스스로 살아갈 길을 찾으려고 나선 청소년 등으로 구분할 수 있다.

5. 청소년 가출을 유발하는 요인

1) 청소년기의 특성과 관련된 요인

청소년이 가출하는 것은 청소년기의 특성과 관련될 수 있다. 특히, 청소년은 자신이 두려워하는 상황이나 삶을 지치게 하는 상황에서 벗어나기 위해서, 나름의 해결 방법을 찾는 경우가 많다. 이때 청소년은 새로운 행복을 찾기를 원하는 경우가 많다. 이와 같은 상황은 청소년에게 가출을 유발하는 요인이 될 수 있다. 일반적으로 볼 때, 청소년은 자신의 상황을 바꾸는 방식을 통해 자신의 삶을 통제하기 위해서 가출하는 경우가 많다.

한편 청소년은 성인이 주도하는 현 제도에 대해 거부감을 가지고 있기 때문에 가출할 수도 있다. 따라서 청소년기의 반항은 청소년에게 가출을 유발할 수 있는 요인이 될 수도 있다(Child Rescue, 2021; Martinez, 2006).

가출 청소년을 위한 시설: 청소년 가출은 청소년기의 특성과 관련될 수 있다.
[출처: 저자 촬영©]

2) 일반적 요인

청소년에게 가출을 유발하는 일반적 요인에는 여러 가지가 있을 수 있다. 예를 들어, 다음과 같은 상황에 있는 것은 청소년에게 가출을 유발하는 요인이 될 수 있다(Child Rescue, 2021; Gambon & O'Brien, 2020; Martinez, 2006; Holliday, Edelen & Tucker, 2017).

① 가정의 환경이 좋지 않다.[3] 이런 예로 가정이 경제적으로 어려운 상태에 있는 것, 가족구성원들끼리 서로 갈등하는 상태에 있는 것이 있다.

② 가족구성원이 청소년을 학대하고 있다. 이런 학대에는 부모 사이의 신체적 · 정서적 학대도 포함되고 있고 또한 부모와 청소년 자녀 사이의 신체적 · 정서적 학대도 포함되고 있다. 예를 들어, 미국에서 가출한 청소년을 대상으로 조사한 결과, 가출한 청소년은 다음과 같은 상황에 있는 경우가 적지 않은 것으로 나타난 바 있다.

㉠ 가출하기 전에 신체적 학대나 성적 학대를 당한 적이 있다.

㉡ 가출하고 나서 그 후에 다시 가정으로 돌아왔을 때 학대를 당할 것을 두려워하고 있다.

③ 청소년이 학교에서 문제를 겪고 있다. 이런 예로 학교에서 괴롭힘을 당하는 것, 배우는 데 어려움을 겪는 것이 있다.

④ 친구가 좋지 않은 방향으로 영향을 미치고 있다. 이런 예로 친구가 가출을 권유하는 것이 있다.

⑤ 청소년이 알코올이나 기타 약물을 사용하고 있다. 실제로, 약물과 관련된 문제는 청소년이 가출할 가능성이 더 큰 것과 관련되는 것으로 알려져 있다.

⑥ 청소년이 거주하는 지역사회가 취약하다.

3) 가족구성원에 의한 학대에 대해서는 뒤에서 별도로 설명한다.

가출 유발 요인의 시대에 따른 변화

청소년에게 가출을 유발하는 요인은 시대에 따라 달라질 수 있다. 예를 들어 미국의 경우, 20세기 중반 이전에는 청소년은 돈을 벌고 더 나은 삶을 살기 위해서 가출하였다. 이것은 남성 청소년의 경우에 특히 그러하였다. 그러다가 20세기 중반부터는 가출 청소년은 사회의 가치에 어긋나는 행동을 하는 청소년이라고 인식하는 경우가 많았다. 이때는 가출을 유발하는 요인이 청소년 개인의 정신건강문제에 있다고 보는 경우가 많았다.

그러나 오늘날에는 가출은 여러 가지 측면을 포함하는 현상이라고 이해하는 방향으로 나아가고 있다. 따라서 오늘날에는 가출은 개인과 관련된 요인, 가족과 관련된 요인, 제도와 관련된 요인이 서로에게 영향을 미쳐서 발생하는 현상이라고 이해하는 경우가 많다(Slesnick, Patton & Dashora, 2011).

Points

* 청소년기의 특성과 관련된 요인은 청소년 가출은 유발하는 요인이 될 수 있다.
* 청소년에게 가출을 유발하는 일반적 요인에는 여러 가지가 있을 수 있다.

6. 청소년 가출이 미치는 영향

청소년 가출은 그 자체가 간단한 행동일 수 있다. 그러나 청소년 가출은 청소년의 삶에 매우 폭넓은 영향을 미치고 있다.

1) 청소년 개인에게 미치는 영향

어떤 청소년 가출은 청소년에게 매우 부정적인 영향을 미치지 않을 수도 있다. 그러나 많은 경우에, 청소년 가출은 가출하는 청소년 개인에게 여러 가지 영역에서 부정적인 영향을 미칠 가능성이 크다.

(1) 건강 영역에서의 영향

청소년 가출은 청소년 개인의 건강에 부정적인 영향을 미칠 가능성이 크다. 우선, 가출 청소년은 신체적 건강이 더 취약해질 가능성이 크다. 예를 들어, 가출한 후에 제대로 식사하지 못하는 것은 가출 청소년이 신체적으로 발달하는 데 부정적인 영향을 미칠 수 있다.

또한 가출 청소년은 정신건강이 더 취약해질 가능성이 크다. 예를 들어, 일반 청소년에 비해서, 가출 청소년은 정신건강문제를 더 경험하는 것으로 알려져 있다. 가출 청소년이 겪는 정신건강문제의 예로 불안한 상태에 있는 것, 우울한 상태에 있는 것, 자살하고 싶은 충동에 사로잡히는 것이 있다. 실제로 그동안의 연구에서, 일반 청소년에 비해서 가출 청소년은 자살을 시도한 사례가 더 많은 것으로 나타난 바 있다(Gambon & O'Brien, 2020; Holliday, Edelen & Tucker, 2017).

(2) 교육 영역에서의 영향

청소년 가출은 청소년 개인의 교육에 장기적으로 좋지 않은 영향을 미칠 가능성이 크다. 예를 들어, 가출 청소년은 학교를 제대로 출석하지 않을 가능성이 크고, 학교를 중퇴할 가능성이 크다. 실제로, 가출하지 않은 청소년에 비해서, 가출 청소년은 고등학교를 졸업할 가능성이 더 적은 것으로 알려져 있다(Gambon & O'Brien, 2020).

오늘날과 같이 교육이 중요한 사회에서는, 가출 청소년이 교육 영역에서 취약한 상황에 있는 것은 성인이 되어 좋은 일자리를 얻는 데 불리하게 작용하고 있다(노병일, 2015). 따라서 청소년 가출은 청소년이 미래에 누릴 삶에도 매우 부정적인 영향을 미칠 가능성이 크다.[4)]

(3) 성 영역에서의 영향

청소년 가출은 청소년의 성과 관련된 영역에서 부정적인 영향을 미칠 가능성이 크다. 성과 관련해, 가출 청소년이 겪을 수 있는 상황을 몇 가지 제시하면 다음과 같다(Gambon & O'Brien, 2020).

① 임신한다.

② 성병에 걸린다.

③ 다른 사람의 이익을 위해서 성적으로 이용당하고 있다.

④ 성적 학대를 당하고 있다.

실제로 미국의 경우, 가출한 후에 긴급 쉼터에서 생활하는 여성 청소년이 임신하는 사례가 적지 않은 것으로 나타난 바 있다(Gambon & O'Brien, 2020).

(4) 다른 청소년문제와 관련된 영향

청소년이 가출하게 되면, 청소년을 그나마 마지막으로 보호하고 지지해 주던 가족과 멀어지게 된다. 이에 따라서, 청소년 가출은 또 다른 형태의 청소년문제를 유발할 가능성이 크다. 이 경우, 청소년 가출이 유발할 수 있는 심각한 청소년문제의 예로 약물을 사용하는 것, 범죄 행위에 관여하는 것이 있다.

4) 이에 대해서는 뒤에서 자세히 설명한다.

(가) 약물문제

일반 청소년에 비해서, 가출 청소년은 약물을 잘못 사용할 가능성이 더 큰 것으로 알려져 있다. 그리고 가출 청소년이 약물을 잘못 사용하는 것은 청소년의 건강에 부정적인 영향을 미치고 있다. 또한 가출 청소년이 약물을 잘못 사용하는 것은, 청소년이 성폭력의 피해자나 가해자가 되는 상황을 유발할 수도 있다(Holliday, Edelen & Tucker, 2017; Gambon & O'Brien, 2020).

(나) 범죄 행위 관여

청소년이 가출하게 되면, 먹을 것과 거주할 공간과 기타 생활에 필요한 자원이 우선적으로 필요하게 된다. 이런 탓에, 때에 따라서 청소년 가출은 청소년이 범죄 행위에 관여하는 상황을 유발할 수도 있다(Holliday, Edelen & Tucker, 2017). 예를 들어, 가출 청소년은 생활비를 마련하기 위해서 물건을 훔칠 수 있다. 또한 가출 청소년은 생활비를 마련하기 위해서 범죄조직에 가담하거나 범죄조직에 이용당할 수 있다.

그리고 가출한 여성 청소년은 거주할 공간을 마련하기 위해서 성매매에 관여하거나 성매매를 강요당할 수도 있다. 이런 상황은 여성 청소년의 삶에 매우 부정적인 영향을 미치게 된다.

(5) 성인기에 미치는 영향

청소년 가출은 청소년이 나중에 성인이 되어서도 여러 가지 측면에서 부정적인 영향을 미칠 가능성이 있다. 실제로, 청소년 가출이 청소년에게 부정적으로 미치는 영향은 성인기에도 계속되는 경우가 많은 것으로 알려져 있다. 예를 들어, 일반 성인에 비해서, 청소년기에 가출한 적이 있는 성인은 성인기에 다음과 같은 상황에 있을 가능성이 있는 것으로 알려져 있다(Holliday, Edelen & Tucker, 2017).

① 개인 소득이 더 적다.

② 교육 수준이 더 낮다.

③ 국가의 도움에 더 의존하고 있다.

학교 밖 청소년을 위한 건강검진 안내: 청소년 가출은 청소년의 건강에 부정적 영향을 미칠 가능성이 크다. [출처: 정부의 포스터를 저자 촬영]

2) 가족에게 미치는 영향

청소년이 가족구성원과 함께 살다가 가출을 하게 되면, 남은 가족구성원은 걱정할 수밖에 없다. 특히 부모나 기타 보호자가 가출 청소년이 어디에 있는지에 대해 잘 모를 경우, 부모나 기타 보호자는 가출 청소년이 가정 밖에서 기본적 욕구를 제대로 충족하고 있는지에 대해 걱정하게 되고, 또한 가출 청소년이 학교를 제대로 다니고 있는지에 대해 걱정하게 된다. 그러나 가출 청소년의 가족구성원이 가장 걱정하는 것은, 가출 청소년이 밖에서 위험한 사건에 휘말리게 되어서 신체적 건강과 정신건강에 문제가 생기는 것이다.

이런 탓에, 청소년 가출은 청소년의 가족구성원에게 고통을 주게 된다. 그리고 이런 상황은 가출 청소년의 가족구성원의 정신건강에 부정적인 영향을 미칠 가능성이 크다.

3) 사회에 미치는 영향

가출 청소년이 범죄 행위나 사회의 가치에 심각하게 어긋나는 기타 행위에 관여할 경우, 사회구성원도 직접적 · 간접적으로 피해를 볼 가능성이 크다. 따라서 청소년 가출은 사회에도 부정적인 영향을 미칠 수 있다.

Points

* 청소년 가출은 청소년의 건강 · 교육 · 성 영역에서 부정적 영향을 미칠 가능성이 크다.
* 청소년 가출은 또 다른 청소년문제를 유발할 수 있다
* 청소년 가출은 성인이 되어서도 부정적 영향을 미칠 가능성이 있다.
* 청소년 가출은 가족 · 사회에 부정적 영향을 미칠 수 있다.

7. 청소년 가출문제에 대한 보호 방안

청소년의 가출에 대해 앞에서 살펴본 내용에 근거해, 청소년의 가출문제를 줄이거나 없애기 위한 방안을 몇 가지 제시하면 다음과 같다.

1) 일반적 방안

(1) 기본적 욕구의 충족

가출 청소년은 다양한 욕구를 가지고 있다. 그러나 가출 청소년은 매우 취약하고 위험한 상태에서 지낼 가능성이 크다. 그러므로 청소년과 관련된 기관의 경우, 가출 청소년이 가지고 있는 기본적 욕구를 충족하는 다양한 물품과 서비스를 제공할 필요가 있다.

그리고 가출 청소년은 의료 영역에서 특히 어려움을 겪을 가능성이 크다(Gambon & O'Brien, 2020). 그러므로 청소년과 관련된 기관의 경우, 가출 청소년이 가지고 있는 의료적 욕구를 충족하는 데 특히 관심을 가질 필요가 있다.

(2) 편하고 안전한 주거 공간의 제공

가출 청소년은 이전의 주거 공간을 나온 사람이다. 따라서 가출 청소년의 주거 환경은 매우 취약할 가능성이 크다. 더욱이 어느 경우에는 가출 청소년은 노숙 상태에서 생활할 수도 있다.

그리고 가출 청소년이 주거 공간을 가지고 있다고 할지라도, 가출 청소년의 주거 공간은 안전하지 않을 수 있다. 가출 청소년의 주거 공간이 안전하지 않을 경우, 가출 청소년에게 더 큰 문제가 발생할 수 있다.

그러므로 국가와 관련 기관의 경우, 가출 청소년이 편하고 안전하게 지낼 수 있는 주거 공간을 제공하는 데 관심을 가질 필요가 있다. 이것은 가출한 여성 청소년에게 특히 해당하고 있다.

가출 청소년에 대한 지원(우리나라)

■ 관련되는 청소년복지시설: 청소년쉼터

우리나라에서 가출 청소년과 관련되는 청소년복지시설은 청소년쉼터이다. 우리나라의 법에 따르면, 청소년쉼터는 "가정 밖 청소년에 대하여 가정 · 학교 · 사회로 복귀하여 생활할 수 있도록 일정 기간 보호하면서 상담 · 주거 · 학업 · 자립 등을 지원하는 시설"을 말한다(국가법령정보센터, 2021).

■ 제공하는 서비스

청소년쉼터에서는 여러 가지 서비스를 제공하고 있다. 청소년쉼터에서 제공하는 서비스를 몇 가지 제시하면 다음과 같다(한국청소년활동진흥원, 2021).

① 의 · 식 · 주 등의 생활보호와 관련된 서비스가 있다.
② 건강검진, 의료비 지원, 생활법률 자문 등 실생활 지원과 관련된 서비스가 있다.
③ 심리상담, 심리검사, 부모 · 가족과의 집단상담과 관련된 서비스가 있다.
④ 검정고시, 개인 및 집단학습지도, 학업 상담 등과 관련된 서비스가 있다.
⑤ 경제적 자립지원 도움(자산관리, 진로탐색, 적성검사, 직업 · 자격취득 훈련지원, 취업상담 등)과 관련된 서비스가 있다.
⑥ 다양한 체험학습 및 문화여가활동과 관련된 서비스가 있다.

(3) 범죄 행위에 관여하는 것에 대한 예방

가출 청소년은 당장의 기본적인 욕구를 충족하는 것이 급할 수 있다. 따라서 가출 청소년은 생계를 유지하기 위해서 범죄에 관여할 수도 있다. 그러므로 청소년과 관련된 기관의 경우, 가출 청소년이 범죄 행위에 관여하지 않도록 하는 데 관심을 가질 필요가 있다. 이것은 가출한 남성 청소년에게 특히 해당하고 있다.

2) 구체적 방안

(1) 다양한 서비스의 제공

가출 청소년에게는 다양한 서비스가 필요하다. 가출 청소년에게 여러 가지 서비스를 제공하면서 개입할 경우, 가출 청소년이 다음과 같은 상황에 놓일 가능성이 큰 것으로 알려져 있다(Slesnick, Patton & Dashora, 2011).

① 위험한 행동에 더 적게 관여하고 있다.

② 약물을 덜 사용하고 있다.

③ 정신건강문제가 더 줄어들고 있다.

그러므로 청소년과 관련된 기관은 가출 청소년에게 다양한 서비스를 제공하면서 개입할 필요가 있다. 이 경우, 가출 청소년을 도와주기 위한 서비스에는 여러 가지가 있을 수 있다. 예를 들어, 가출 청소년에게는 지역사회 중심의 서비스, 개인을 대상으로 하는 서비스, 집단을 대상으로 하는 서비스, 가족을 대상으로 하는 서비스를 제공할 수 있다(Slesnick, Patton & Dashora, 2011).

가출 청소년에게 여러 서비스를 제공하기 위한 차: 가출 청소년에게는 다양한 서비스를 제공하면서 개입할 필요가 있다. [출처: 저자 촬영ⓒ]

(2) 조기 개입

청소년이 가출할 가능성이 있는 것으로 판단될 경우, 가출을 예방하기 위해서는 일찍 개입하는 것이 중요하다. 그러므로 청소년이 가출할 가능성이 큰 것으로 판단될 경우, 청소년이 가출하는 것을 예방하기 위해서 부모와 전문가는 일찍 개입할 필요가 있다(Gambon & O'Brien, 2020).

그리고 일부 청소년층(예컨대, 학대를 겪는 청소년)은 가출할 가능성이 더 큰 것으로 알려져 있다. 그러므로 청소년과 관련된 기관의 경우, 가출할 가능성이 큰 일부 청소년에 대해서는 미리 더 관심을 가지면서 관여할 필요가 있다(Gambon & O'Brien, 2020).

(3) 가출한 적이 있는 청소년에 대한 개입

가출한 적이 있는 청소년은 다시 가출할 수 있다. 이 경우, 가출한 적이 있는 청소년에게는 자신에 대해 긍정적으로 인식하게 해 주는 것이 중요하다. 그러므로 가출한 적이 있는 청소년에게는, 자신의 능력이나 자신과 관련된 기타 특성에 대해 긍정적으로 인식하게 하는 프로그램을 제공할 필요가 있다(Gambon & O'Brien, 2020).

그리고 전문가의 경우, 가출한 적이 있는 청소년에 대해서는 다음과 같이 할 필요가 있다(Gambon & O'Brien, 2020).

① 정신건강 상태를 자세히 살펴본다.
② 약물을 잘못 사용하는지를 자세히 살펴본다.
③ 가출하는 동안에 학대나 폭력이나 기타 피해를 겪은 적이 있는지를 자세히 살펴본다.
④ 마음에 입은 상처를 자세히 살펴본다.
⑤ 성 및 임신 · 출산과 관련된 건강문제를 자세히 살펴본다.

이때, 앞에서 얻어진 결과에 근거해, 전문가는 문제가 있는 것으로 판단되는 청소년에 대해서는 적극적으로 개입하고 치료할 필요가 있다.

가출 청소년과 관련된 전문가의 역할

전문가의 경우, 가출 청소년과 관련해 중요한 역할을 할 필요가 있다. 가출 청소년을 위해 전문가가 할 수 있는 역할을 몇 가지 제시하면 다음과 같다(Gambon & O'Brien, 2020).

① 가출 청소년을 지지해 준다.
② 가출 청소년이 의료 영역에서 겪는 어려움을 해결해 준다.
③ 가출 청소년이 가족구성원 및 기타 사람들과 좋은 관계를 유지하게 해 준다.
④ 가출 청소년이 지역사회의 자원을 이용할 수 있게 해 준다.

(4) 가출 청소년의 가족을 위한 서비스의 제공

청소년 가출은 가족구성원에게도 스트레스를 유발할 수밖에 없다. 따라서 가출한 적이 있는 청소년의 가족에게도 서비스를 제공하는 것이 중요하다. 그러므로 청소년과 관련된 기관의 경우, 가출하였다가 집으로 돌아온 청소년이 있는 가족에게 다양한 형태의 사회적 지지를 포함한 폭넓은 서비스를 제공할 필요가 있다(Gambon & O'Brien, 2020).

Points

* 청소년의 가출문제를 줄이거나 없애기 위해서는, 가출 청소년의 기본적 욕구를 충족하는 물품 · 서비스를 제공하고, 편하고 안전하게 지낼 수 있는 주거 공간을 제공하고, 범죄 행위에 관여하지 않게 할 필요가 있다.
* 청소년의 가출문제를 줄이거나 없애기 위해서는, 가출 청소년에게 다양한 서비스를 제공하고, 가출 가능성이 큰 청소년에게 일찍 개입하고, 가출한 적이 있는 청소년에게 자신을 긍정적으로 인식하는 프로그램을 제공하고, 문제가 있는 청소년에 대해서 적극적으로 개입 · 치료하고, 가출 후에 집으로 돌아온 청소년이 있는 가족에게 폭넓은 서비스를 제공할 필요가 있다.

CHAPTER

11

청소년의 임신문제

-CONTENTS-

1. 청소년과 임신
2. 임신의 정의와 기간
3. 청소년 임신의 실태
4. 청소년 임신을 유발하는 요인
5. 청소년 임신의 가능성을 보여 주는 상황
6. 청소년 임신이 미치는 영향
7. 청소년 임신의 파악과 청소년 임신에 대한 개입
8. 청소년 임신의 예방
9. 청소년 임신문제에 대한 보호 방안

1. 청소년과 임신

청소년기에는 신체적 · 정서적 · 인지적 영역에서 뿐만 아니라, 성적(sexual) 영역에서도 크게 발달하고 있다. 이에 따라서 청소년은 성과 관련된 영역에서도 큰 변화를 경험하고 있다(노병일 · 노대겸, 2019). 그 결과, 청소년은 성에 대해 호기심을 더 많이 가지게 되고, 성적 활동에 더 관심을 가지게 된다.

청소년이 관여하는 여러 가지 형태의 활동들 중에서, 이성 교제는 청소년이 관여하는 주요한 성적 활동에 속하고 있다. 이성 교제를 통해서, 청소년은 친한 감정을 느끼게 되고, 사랑에 대한 욕구를 충족하게 된다(노병일 · 노대겸, 2019).

청소년은 이성과 교제하는 과정에서 성행위를 할 수 있다. 그러나 여성 청소년은 정기적으로 생리를 하기 시작한 후에 남성과 신체적인 성관계를 맺으면 임신을 할 수 있다. 따라서 청소년이 이성 교제를 하는 과정에서 여성 청소년은 원하지 않는 임신을 할 수 있다.[1)]

청소년 임신은 임신한 여성 청소년의 삶에 매우 부정적인 영향을 미칠 가능성이 크다. 만약, 여성 청소년이 원하지 않는 임신을 해서 아이를 출산할 경우, 문제는 매우 복잡해진다. 그리고 여성 청소년의 임신과 출산은 아이의 아버지에게도 심각한 문제가 될 수밖에 없다. 또한 청소년 임신은 청소년의 가족에게도 영향을 미치게 되고, 사회와 국가에도 영향을 미치게 된다.

결국, 청소년의 임신은 중요한 청소년문제에 속하고 있다. 특히, 오늘날의 사회에서는 성이 점점 더 개방되는 방향으로 나아가고 있다. 따라서 오늘날에는 청소년이 원하지 않은 임신을 하는 사례가 늘어날 수 있다. 그러므로 청소년문제를 다루는 영역에서

1) 물론 여성 청소년은 성폭력이나 성매매 때문에 원하지 않는 임신을 할 수도 있다.

는 청소년이 원하지 않는 임신을 하는 것에 대해 관심을 가질 필요가 있다.

임신한 청소년의 모습: 오늘날에는 청소년이 원하지 않은 임신을 하는 사례가 늘어날 수 있다. [출처: 전영신 님 제공©]

Points

* 청소년은 성에 대해 호기심을 더 많이 가지게 되고, 성적 활동에 더 관심을 가지게 된다.
* 청소년 임신은 관련된 청소년, 가족, 사회와 국가에 영향을 미친다.
* 청소년문제를 다루는 영역에서는 청소년의 원치 않는 임신에 대해 관심을 가질 필요가 있다.

2. 임신의 정의와 기간

임신은 여성의 자궁 속에서 태아가 발달하는 것을 말한다(National Institute of Child Health and Human Development, 2017). 따라서 청소년 임신(adolescent pregnancy)은 여성 청소년의 자궁 속에서 태아가 발달하는 것을 말한다. 그러나 임신이라는 용어를 청소년문제와 관련해 사용할 때는, 청소년 임신은 청소년이 임신한 상태에 있는 것을 의미하는 식으로 사용하는 경우가 많다(노병일 · 노대겸, 2019).

그리고 임신하는 기간은 여성이 마지막으로 생리를 한 때부터 아이를 출산한 때까지의 시기를 말한다. 임신하는 기간은 약 40주가 되는 것으로 알려져 있다(National Institute of Child Health and Human Development, 2017).

Points

* 청소년 임신은 청소년이 임신한 상태에 있는 것이다.
* 임신하는 기간은 여성이 마지막 생리를 한 때부터 아이를 출산한 때까지의 시기이다.

3. 청소년 임신의 실태

일부 청소년의 경우, 임신을 계획하고 원하기 때문에 임신하고 출산할 수 있다. 그러나 많은 청소년의 경우, 계획하지 않거나 원하지 않은 상태에서 임신과 출산을 하고 있다(World Health Organization, 2020). 따라서 대부분의 청소년은 예상하지 않은 상태에서 임신하고 있다.

청소년이 임신하는 사례는 세계적으로 나타나고 있다. 산업이 발달한 국가들 중에서, 미국은 청소년이 임신하는 사례가 많은 국가에 속하고 있다(Carey & Seladi-Schulman, 2018).

Points

* 대부분의 청소년은 예상하지 않은 상태에서 임신한다.

4. 청소년 임신을 유발하는 요인

1) 청소년 임신을 유발하는 일반적 요인

청소년 임신을 유발하는 일반적 요인에는 여러 가지가 있을 수 있다. 청소년 임신을 유발하는 요인을 몇 가지 제시하면 다음과 같다(Rounds & Wike, 2011).

① 청소년이 성관계를 맺는 정도가 있다.

② 청소년이 피임도구를 효과적으로 사용하는 정도가 있다.

③ 국가에서 청소년의 임신을 예방하기 위해 여러 가지 방안을 계획하고 실시하는 정도가 있다.

그리고 다음과 같은 상황에 있는 것은 청소년 임신을 유발할 수 있는 요인으로 알려져 있다(Wall-Wieler, Roos & Nickel, 2016).

① 청소년이 아동기와 청소년기에 크게 어려움을 겪은 적이 있다.

② 청소년기에 임신한 가족구성원이 있다.

③ 청소년이 행동하거나 집중하는 데 어려움을 겪고 있다.

④ 청소년이 사는 가족이 안정되어 있지 않다.

⑤ 청소년의 교육 수준이 낮다.

한편 개인과 또래와 가족 수준의 여러 요인은 청소년 임신을 유발할 수 있다. 일부 학자가 연구한 바에 따르면, 개인 · 또래 · 가족 수준에서 청소년 임신을 유발하는 데 가장 큰 영향을 미치는 요인은 다음과 같다(Rounds & Wike, 2011; Wall-Wieler, Roos & Nickel, 2016).

① 개인 수준에서 가장 큰 영향을 미치는 요인은, 청소년이 성적 활동에 대해 가지는 믿음과 태도이다.

② 또래 수준에서 가장 큰 영향을 미치는 요인은, 임신하는 것과 피임도구를 사용하는 것과 관련해 또래가 가지는 태도와 행동이다.

③ 가족 수준에서 가장 큰 영향을 미치는 요인은, 성과 피임에 대해 가족구성원들끼리 서로 이야기를 나누는 정도이다.

가족구성원과 청소년 임신

청소년의 가족구성원은 청소년이 임신하는 것과 관련될 수 있다. 예를 들어, 청소년의 가족구성원은 청소년 임신과 다음과 같이 관련되고 있다(Wall-Wieler, Roos & Nickel, 2016).

① 청소년 임신에 대해 청소년 개인이 가지는 태도와 가치에 영향을 미치고 있다.
② 청소년이 임신할 가능성에 영향을 미치는 어려운 상황을 함께 겪고 있다.

2) 피임도구의 사용 및 성행위의 강요와 관련된 요인

앞에서도 이미 설명한 바와 같이, 청소년은 피임도구를 사용하지 않기 때문에 임신할 수 있다. 따라서 청소년이 피임도구를 사용하지 않는 것은 청소년 임신을 유발하는 요인이 되고 있다.

청소년이 성행위를 할 때 피임도구를 사용하지 않는 이유에는 여러 가지가 있을 수 있다. 청소년이 성행위를 할 때 피임도구를 사용하지 않는 이유를 몇 가지 제시하면 다음과 같다(Kar, Choudhury & Singh, 2015).

① 성에 대해 잘 알지 못하기 때문이다.
② 성교육을 제대로 받지 못하였기 때문이다.
③ 피임도구가 없기 때문이다.

그러나 청소년이 피임도구를 구할 수 있는 경우에조차도, 청소년은 피임도구를 사용하지 않을 수도 있다. 이렇게 되는 이유를 몇 가지 제시하면 다음과 같다(World Health

Organization, 2018).

① 피임도구를 사용할 경우에 나타날 수 있는 부작용을 두려워하기 때문이다.

② 피임도구를 올바로 사용하는 법을 알지 못하기 때문이다.

한편 여성 청소년은 강요 때문에 임신할 수 있다. 예를 들어, 때에 따라서 여성 청소년은 원하지 않는 성관계를 거부하지 못하는 상황에 놓이거나, 강요된 성관계를 거부하지 못하는 상황에 놓일 수 있다. 이런 상황에서는, 여성 청소년은 피임도구를 사용하지 못하는 상태에서 성관계를 맺을 가능성이 크다(World Health Organization, 2020). 그 결과, 여성 청소년은 임신을 할 수 있다.

원하지 않는 성관계가 발생할 수 있는 공간: 여성 청소년은 강요 때문에 임신할 수 있다. [출처: 노대겸 님 제공©]

그리고 여성 청소년은 자신이 모르는 사람으로부터 성폭력을 당해서 임신하는 상황에 놓일 수도 있다. 또한 여성 청소년은 성매매 때문에 임신하는 상황에 놓일 수도 있다.

Points

* 개인 · 또래 · 가족 수준의 여러 요인은 청소년 임신을 유발할 수 있다.
* 청소년은 피임도구를 사용하지 않거나 강요 때문에 임신할 수 있다.

5. 청소년 임신의 가능성을 보여 주는 상황

청소년이 임신하였을 가능성을 보여 주는 상황에는 여러 가지가 있다. 청소년이 임신하였을 가능성을 보여 주는 상황을 몇 가지 제시하면 다음과 같다(Carey & Seladi-Schulman, 2018).

① 생리를 하지 않거나, 생리의 양이 매우 적다.

② 유방을 만지면 아프다.

③ 메스껍다. 메스꺼움은 아침에 나타나는 경우가 많다.

④ 토한다.

⑤ 어찔하다.

⑥ 기운이 없다.

⑦ 몸무게가 늘고 있다.

⑧ 피곤하다.

⑨ 배가 부풀어 있다.

Points

* 청소년 임신의 가능성을 보여 주는 상황에는 여러 가지가 있다.

6. 청소년 임신이 미치는 영향

청소년이 임신하는 것은 임신한 여성 청소년, 태어난 자녀, 태어난 자녀의 아버지, 청소년의 가족, 사회와 국가에 부정적인 영향을 미치고 있다.

1) 임신한 여성 청소년에게 미치는 영향

임신한 일반 성인 여성에 비해서, 임신한 여성 청소년은 여러 영역에서 어려움을 더 겪을 수 있다.

(1) 신체적 영역에서의 영향

청소년 임신은 임신한 청소년의 신체적 영역에서 부정적인 영향을 미칠 가능성이 크다. 예를 들어, 일반 성인 여성에 비해서, 임신한 청소년은 임신과 관련된 고혈압과 이에 따른 합병증을[2] 겪을 가능성이 더 크다. 그리고 임신과 관련된 고혈압은 청소년

2) 합병증은 "어떤 질병에 곁들여 일어나는 다른 질병"을 말한다(국립국어원 표준국어대사전, 2021).

엄마의 콩팥에 부정적인 영향을 미칠 수 있다.

또한 청소년이 임신할 경우, 안전하지 않게 낙태할 가능성이 크다. 이렇게 될 경우, 해당 청소년은 나중에 계속해서 신체적 건강에서 어려움을 겪을 수 있다. 그리고 20세 이상의 여성이 출산하는 것에 비해서, 청소년이 출산하는 것은 더 위험할 가능성이 있다(Carey & Seladi-Schulman, 2018). 따라서 청소년 임신은 임신한 청소년의 생명을 앗아 갈 수도 있다.

(2) 교육적 · 경제적 영역에서의 영향

청소년 임신은 임신한 청소년의 교육적 영역과 경제적 영역에서 부정적인 영향을 미칠 가능성이 크다. 예를 들어, 임신한 청소년의 경우, 학교를 중간에 그만두거나 더 높은 수준의 학교에 다니지 않아서 교육 수준이 낮아질 수 있다.

그리고 이렇게 될 경우, 유급 일자리에서 일하는 데 필요한 기술을 제대로 배우기 어려울 수 있고, 유급 일자리에서 일할 수 있는 기회가 더 적어질 수 있다. 이런 상황은 청소년이 장기적으로 소득을 얻을 수 있는 능력에 부정적인 영향을 미치게 된다. 그리고 이렇게 될 경우, 나중에 청소년이 빈곤 상태에서 살거나 경제적으로 취약한 상태에서 살게 될 가능성이 커지게 된다(Rounds & Wike, 2011; World Health Organization, 2020).

(3) 사회적 · 정서적 영역에서의 영향

청소년 임신은 임신한 청소년의 사회적 영역과 정서적 영역에서 부정적인 영향을 미칠 가능성이 크다. 예를 들어, 결혼하지 않은 상태에서 임신한 청소년의 부모와 또래와 지역사회 주민의 경우, 해당 청소년을 좋지 않게 보거나 해당 청소년과 교류하기를 꺼려할 수 있다(World Health Organization, 2020; Rounds & Wike, 2011). 이런 상황은 청소년의 사회생활에 부정적인 영향을 미치게 된다. 그리고 이런 상황은 다시 청소년의 정서에 부정적인 영향을 미치게 된다.

2) 출산한 자녀에게 미치는 영향

청소년이 임신할 경우, 임신한 청소년뿐만 아니라 태어나는 자녀도 위험을 크게 겪을 수 있다. 그리고 때에 따라서는, 청소년이 임신해 출산하는 것은 해당 여성 청소년보다 자녀에게 더 부정적인 영향을 미칠 수 있다.

우선, 청소년이 출산한 자녀는 다음과 같은 상태에 놓일 가능성이 있다(Carey & Seladi-Schulman, 2018).

① 예정된 날짜보다 더 일찍 태어난다.

② 일반 아이에 비해서, 태어날 때의 몸무게가 더 적다.

앞에서와 같은 상황은 태어난 자녀에게 장기적으로 좋지 않은 영향을 미칠 수 있다. 예를 들어, 태어날 때의 몸무게가 적은 자녀는 다음과 같은 상황에 놓일 가능성이 있는 것으로 알려져 있다(Carey & Seladi-Schulman, 2018).

① 어린 시절에 숨을 쉬는 데 어려움을 겪고 있고, 먹는 데 어려움을 겪고 있다.

② 성인이 되었을 때 질병에 더 잘 걸린다. 이 경우, 이와 관련된 질병의 예로 당뇨와 심장병이 있다.

③ 뇌가 발달하는 데 어려움을 겪고 있다.

④ 배우는 데 어려움을 겪고 있다.

또한 10대 엄마가 낳은 자녀는 발달문제와 행동문제를 겪을 가능성이 큰 것으로 알려져 있다. 예를 들어, 20대 엄마에게서 태어난 자녀에 비해서, 청소년에게서 태어난 자녀는 발달과 관련된 여러 영역에서 더 불리한 것으로 나타나고 있다(Carey & Seladi-Schulman, 2018; Rounds & Wike, 2011; World Health Organization, 2020; Raneri & Wiemann, 2007).

그리고 출산한 청소년은 빈곤 상태에서 살 가능성이 커지게 되고, 이에 따라 다음 세대도 빈곤 상태에서 살게 될 가능성이 커지게 된다. 결국, 청소년의 임신과 출산 때문에, 빈곤이 세대 사이에 반복될 가능성이 커지게 된다.

3) 태어난 자녀의 아버지에게 미치는 영향

청소년 임신은 태어난 자녀의 아버지에게도 영향을 미치고 있다. 청소년기에 아버지가 될 경우, 자녀의 아버지는 두려워할 가능성이 크다. 그리고 자녀의 아버지의 삶은 크게 변할 수밖에 없다. 무엇보다도, 자녀의 아버지가 되는 청소년은 학교를 계속 다니고 생활을 유지하는 것과 관련해 어려움을 겪을 가능성이 크다(Carey & Seladi-Schulman, 2018). 이런 상황은 태어난 자녀의 아버지의 현재 삶과 미래 삶에 부정적인 영향을 미칠 가능성이 크다.

4) 사회와 국가에 미치는 영향

청소년이 임신할 경우, 해당 청소년과 그 가족뿐만 아니라 사회와 국가도 크게 비용을 부담하는 상황에 놓일 수 있다. 청소년 임신 때문에 사회와 국가가 부담하는 비용의 예로 의료 서비스와 관련된 비용, 아동복지 서비스와 관련된 비용이 있다(Rounds &

Wike, 2011). 따라서 청소년 임신은 사회와 국가에도 재정적으로 부정적인 영향을 미칠 수 있다.

Points

* 청소년 임신은 여성 청소년, 태어난 자녀, 태어난 자녀의 아버지, 청소년의 가족, 사회와 국가에 부정적 영향을 미친다.
* 청소년 임신은 임신한 청소년의 신체적 · 교육적 · 경제적 · 사회적 · 정서적 영역에서 부정적 영향을 미칠 가능성이 크다.
* 청소년의 임신 · 출산 때문에, 빈곤이 세대 사이에 반복될 가능성이 커진다.

7. 청소년 임신의 파악과 청소년 임신에 대한 개입

1) 청소년 임신의 파악

청소년이 성행위를 한 후에 생리를 정기적으로 하지 않을 경우, 청소년은 임신하였다고 볼 수 있다. 그러나 청소년이 성행위를 한 후에 생리의 양이 매우 적은 경우에도, 청소년은 임신하였을 수 있다. 왜냐하면 임신하고 나서 처음의 몇 주 동안은 생리를 매우 적게 할 수도 있기 때문이다(Carey & Seladi-Schulman, 2018).

2) 어려운 상황을 맞이할 때의 조치

임신한 청소년이 임신 중에 어려운 상황을 겪을 때는 전문가의 도움을 받을 필요가 있다. 이때는 의사 외에 청소년지도사, 사회복지사, 보건교사, 상담사와 같은 전문가의 도움을 받을 수도 있다.

특히, 임신한 청소년에게 다음과 같은 상황이 나타날 경우, 청소년은 즉시 병원에 갈 필요가 있다(Carey & Seladi-Schulman, 2018).

① 질에서 피가 나고 있다.

② 머리가 매우 아프거나 계속해서 아프다.

③ 눈이 잘 보이지 않거나, 흐릿하게 보이고 있다.

④ 배가 아프다.

⑤ 토한다.

⑥ 춥다고 느끼거나 열이 있다.

⑦ 소변을 볼 때 아프다.

⑧ 질에서 분비물이 나오고 있다.

⑨ 다리가 붓거나 아프다.

3) 태어날 아이에 대한 개입 방안

임신한 청소년이 병원에 갈 경우, 청소년이 임신한 상황에서 취할 수 있는 모든 방안에 대해 의사 및 기타 전문가와 상의하게 된다. 이 경우, 청소년이 임신하였을 때 취할 수 있는 방안을 몇 가지 제시하면 다음과 같다(Carey & Seladi-Schulman, 2018).

① 낙태(유산)하는 방안이 있다. 이것은 임신을 의학적으로 종료시키는 방안을 말한다.

② 태어날 아이를 입양시키는 방안이 있다. 이것은 출산한 후에 아이를 키우는 권리를 다른 사람에게 법적으로 넘기는 것을 말한다.

③ 출산한 후에 청소년 자신이 아이를 키우는 방안이 있다. 이것은 출산한 후에 아이를 청소년 자신이 직접 양육하는 것을 말한다.

아이를 어떻게 할 것인지에 대한 방안을 결정할 때는, 임신한 여성 청소년뿐만 아니라 태어날 아이의 아버지, 아이 부모(청소년)의 가족구성원도 관여하는 것이 바람직하다. 그러나 이렇게 하는 것이 어려울 수도 있다(Carey & Seladi-Schulman, 2018).

Points

* 성행위를 한 후에 생리를 정기적으로 하지 않을 경우, 청소년은 임신하였다고 볼 수 있다.
* 청소년이 임신 중에 어려운 상황을 겪을 때는 전문가의 도움을 받을 필요가 있다.
* 아이를 어떻게 할 것인지에 대한 방안을 결정할 때는, 여성 청소년, 아이의 아버지, 청소년의 가족구성원이 모두 관여하는 것이 바람직하다.

8. 청소년 임신의 예방

청소년은 원치 않는 임신을 하지 않도록 하여야 한다. 따라서 청소년 임신과 관련해서는 예방이 무엇보다도 중요하다. 청소년 임신을 예방하는 방법에는 여러 가지가 있다.

1) 피임도구

청소년 임신을 예방하는 방법들 중에서 가장 많이 사용하는 방법은 피임도구를 사용하는 것이다. 실제로, 피임도구를 적절하게 사용하는 것은 청소년이 임신을 예방하는 데 도움을 주고 있다. 특히 콘돔은 여러 가지 성병에 걸리지 않게 하는 데도 크게 도움을 주고 있다(Carey & Seladi-Schulman, 2018).

콘돔 포장지의 안내문: 청소년 임신을 예방하기 위해 가장 많이 사용하는 방법은 피임도구를 사용하는 것이다. [출처: 대만에서 저자 촬영ⓒ]

2) 청소년 임신 예방 프로그램

(1) 중요성과 목적

청소년 임신을 예방하고자 하는 프로그램(청소년 임신 예방 프로그램)은 청소년이 임신하지 않도록 하는 데 효과가 있을 수 있다. 따라서 청소년 임신 예방 프로그램은 중요하다.

청소년 임신 예방 프로그램에서는 여러 가지 목적을 추구하고 있다. 청소년 임신 예방 프로그램에서 추구하는 주요한 목적을 몇 가지 제시하면 다음과 같다(Rounds & Wike, 2011).

① 처음으로 성행위를 시작하는 시기를 늦춘다.
② 피임도구를 올바르게 사용하게 한다.
③ 첫 번째 임신을 늦춘다.
④ 이미 출산한 청소년이 또 다시 임신하는 것을 늦춘다.

청소년 임신 예방 프로그램에서는 앞에서와 같은 목적 이외에 다른 목적을 추구할 수도 있다. 예를 들어, 청소년 임신 예방 프로그램의 경우, 청소년이 자신을 가치 있는 존재로 생각하게 해 줄 수 있다(Rounds & Wike, 2011).

(2) 경향

대부분의 청소년 임신 예방 프로그램에서는 일차 예방에 주목하는 경우가 많다. 즉, 대부분의 청소년 임신 예방 프로그램에서는 청소년이 처음부터 임신하지 않게 하는 데 관심을 가지는 경우가 많다(Rounds & Wike, 2011).

Points

* 청소년 임신을 예방하는 방법으로 피임도구를 사용하는 것, 청소년 임신 예방 프로그램을 실시하는 것이 있다.
* 청소년 임신 예방 프로그램에서는 여러 목적을 추구한다.

9. 청소년 임신문제에 대한 보호 방안

청소년의 임신에 대해 앞에서 살펴본 내용에 근거해, 청소년의 임신문제를 줄이거나 없애기 위한 방안을 몇 가지 제시하면 다음과 같다.

1) 일반적 방안

(1) 성교육 프로그램의 실시

성교육 프로그램에서는 인간의 이차적인 성적 특징, 인간의 생식, 성행위, 건강한 성생활, 이성과의 정서적 관계, 성과 관련된 권리와 책임, 피임, 성적 행동의 기타 측면에 대해 교육하고 있다(위키백과, 2021). 따라서 성교육 프로그램은 청소년이 원치 않는 임신을 하지 않도록 하는 데 크게 도움을 주고 있다. 그러므로 청소년과 관련된 전문가와 기관은 성교육 프로그램을 정기적으로 실시하는 데 적극적으로 관여할 필요가 있다.

한편 청소년이 임신을 확실하게 하지 않는 유일한 방법은 성관계를 가지지 않는 것이다. 하지만 청소년이 성적으로 욕구가 있을 경우, 청소년에게 성관계를 가지는 것을 늦추라고 무조건 요구하기 어려울 수 있다. 사실, 성적 욕구를 자제하는 것만을 강조하는 성교육 프로그램은 청소년 임신을 줄이는 데 효과가 없는 것으로 알려져 있다(Carey & Seladi-Schulman, 2018). 그러므로 청소년과 관련된 전문가와 기관의 경우, 성교육 프로그램에 현실적인 내용을 담도록 할 필요가 있다.

(2) 청소년 임신과 관련된 정책의 추구

세계보건기구의 경우, 청소년이 이른 나이에 임신하는 것을 예방하기 위한 지침을 제시한 바 있다. 이런 지침에서 주목하는 것을 몇 가지 제시하면 다음과 같다(World Health Organization, 2020).

① 20세 이전에 임신하지 않도록 한다.
② 의도하지 않은 임신을 할 가능성이 있는 청소년은 피임도구를 사용하도록 한다.
③ 청소년들 사이에 강제적으로 성관계를 가지지 않도록 한다.
④ 청소년이 안전하지 않게 낙태하는 사례를 줄이도록 한다.
⑤ 임신한 청소년이 출산 당시와 출산 전후에 전문적 서비스를 더 많이 받도록 한다.

그러므로 국가와 관련 기관의 경우, 청소년 임신과 관련된 정책을 설계하고 실시하는 데 있어 앞에서 제시한 측면에 주목할 필요가 있다.

(3) 폭넓은 영역에 대한 주목

청소년이 임신하는 사례를 근본적으로 줄이기 위해서는, 청소년과 관련된 여러 영역에 폭넓게 주목하는 것이 중요하다. 청소년 임신을 근본적으로 줄이기 위해서 주목하여야 할 영역을 몇 가지 제시하면 다음과 같다(Global Coalition to End Child Poverty, 2017).

① 청소년이 학교에 계속 다니게 한다.
② 남성과 여성 사이의 불평등을 없앤다.
③ 청소년 권리를 누리지 못하게 되는 상황을 없앤다.
④ 청소년기에 결혼하는 것을 피하게 한다.
⑤ 청소년과 가족이 사회적 · 경제적으로 취약한 상태에 놓이지 않게 한다.

그러므로 국가와 관련 기관의 경우, 앞에서와 같은 영역에 폭넓게 주목할 필요가 있다.

2) 구체적 방안

(1) 임신 및 출산과 관련된 전문적 서비스의 제공

청소년이 원치 않는 임신을 하면, 청소년과 가족구성원은 당황할 수밖에 없다. 이에 따라 청소년과 가족구성원은 어떤 것이 이런 상황에서 가장 좋은 조치인지를 잘 알지 못할 수 있다.

그러므로 청소년을 대상으로 활동하는 전문가의 경우, 임신한 청소년이 출산할 때까지 건강을 잘 유지하도록 전문 서비스를 받게 해 줄 필요가 있다. 이 경우, 관련된 기관과 밀접하게 협조해서 임신한 청소년이 출산 전에 관리를 잘하도록 서비스를 제공할 필요가 있다.

여성 청소년에게 의료 서비스를 제공하는 기관: 청소년과 관련된 기관은 임신한 청소년이 건강관리를 잘하도록 서비스를 제공할 필요가 있다. [출처: 라오스에서 저자 촬영ⓒ]

특히 전문가는 임신한 청소년이 다음과 같은 것을 잘하도록 관련 서비스를 제공할 필요가 있다(Carey & Seladi-Schulman, 2018).

① 음식을 잘 먹는다.

② 운동을 잘한다.

③ 친구 및 가족구성원과 지지하는 관계를 형성한다.

(2) 약물과 관련된 서비스의 제공

알코올이나 기타 약물은 임신한 여성 청소년과 태어나지 않은 아이에게 매우 부정적인 영향을 미칠 수 있다. 그리고 임신한 기간에 담배를 피우는 것은 다음과 같이 영향을 미치는 것으로 알려져 있다(노병일, 2018; Carey & Seladi-Schulman, 2018).

① 출산하였을 때 아이의 몸무게가 일반 아이의 몸무게보다 더 적다.

② 예정된 날보다 아이를 더 일찍 출산한다.

그러므로 청소년이 임신한 기간에는 알코올이나 담배나 기타 불법 약물을 사용하지 않도록 할 필요가 있다. 또한 임신한 청소년이 알코올이나 니코틴이나 기타 약물에 중독되었다고 판단될 경우, 약물을 끊는 데 도움을 주는 상담 프로그램과 치료 프로그램을 이용하는 것에 대해 의사나 전문가와 상담할 필요가 있다(Carey & Seladi-Schulman, 2018).

Points

* 청소년의 임신문제를 줄이거나 없애기 위해서는, 성교육 프로그램을 정기적으로 실시하고, 청소년 임신과 관련된 정책을 설계 · 실시하는 데 국제조직의 지침을 참고하고, 청소년과 관련된 여러 영역에 폭넓게 주목할 필요가 있다.
* 청소년의 임신문제를 줄이거나 없애기 위해서는, 임신한 청소년이 출산할 때까지 건강을 잘 유지하도록 서비스를 제공하고, 임신한 기간에는 해로운 약물을 사용하지 않게 할 필요가 있다.

PART 6

청소년문제의 예방과 보호

Chapter 12 청소년문제의 예방과 위험 요인 및 보호 요인

Chapter 13 청소년보호와 청소년 보호법

CHAPTER 12

청소년문제의 예방과 위험 요인 및 보호 요인

-CONTENTS-

1. 청소년문제의 예방과 관련된 접근방식
2. 청소년문제에 대한 위험 요인
3. 청소년문제에 대한 보호 요인
4. 청소년문제의 예방 및 위험 · 보호 요인과 관련해 고려할 점
5. 청소년문제를 예방하거나 줄이는 것과 관련된 청소년복지시설

1. 청소년문제의 예방과 관련된 접근방식

1) 청소년문제 예방의 중요성

일부 청소년은 청소년기에 문제가 되는 행동에 관여할 수 있다. 이런 청소년은 여러 가지 형태의 청소년문제를 겪을 수 있다.

청소년이 문제가 되는 행동에 관여하는 것은 청소년의 발달에 부정적인 영향을 미칠 수 있다(노병일 · 노대겸, 2019). 무엇보다도, 청소년이 문제가 되는 행동에 관여하는 것은 청소년의 신체적 발달, 정서적 발달, 인지적 발달, 사회적 발달, 도덕적 발달에 부정적인 영향을 미칠 수 있다.

또한 청소년문제는 범죄 행위를 유발할 수 있다. 예를 들어, 청소년은 알코올을 사용하다가 사람을 때리거나 물건을 훔치는 행위를 할 수 있다. 따라서 청소년의 약물문제는 범죄에 관여하는 상황을 유발할 수 있다.

이런 탓에, 청소년문제와 관련해 우선적으로 주목하여야 할 것은, 청소년에게서 문제 행동(problem behavior)이 처음부터 발생하지 않도록 예방하는 것이다. 예방에 주목할 경우, 청소년기에 문제 행동에 관여하는 사례를 효과적으로 줄일 수 있다. 그리고 청소년문제를 예방하는 것은 범죄를 예방하는 데 도움을 주고 있다. 이런 측면에서, '유엔의 청소년 비행의 예방에 대한 지침(United Nations Guidelines for the Prevention of Juvenile Delinquency)'에서는 청소년문제를 예방하는 것은 사회에서 범죄를 예방하는 데 있어 매우 중요하다고 보고 있다(Jaccard, 2016; Jenson, 2010; Office of the High Commissioner for Human Rights, 2021).

청소년문제의 예방과 대처에 관여하는 청소년상담복지센터: 예방에 주목하면, 청소년기에 문제 행동에 관여하는 사례를 효과적으로 줄일 수 있다. [출처: 저자 촬영ⓒ]

2) 청소년문제의 예방과 관련된 접근방식의 형태

청소년이 문제 행동을 하는 것을 예방하는 것과 관련된 접근방식에는 여러 가지가 있을 수 있다. 그러나 청소년의 문제 행동을 예방하기 위한 방안과 관련해서는, 주요한 접근방식을 크게 공통 원인(common-cause) 접근방식과 특정 원인(unique-cause) 접근방식으로 구분할 수 있다(Jaccard, 2016).

(1) 공통 원인 접근방식

공통 원인 접근방식의 경우, 문제가 되는 행동을 결정하는 공통적 원인을 강조하고 있다. 따라서 공통 원인 접근방식의 경우, 문제 행동의 공통적 원인에 주목하고 있다.

공통 원인 접근방식에서는, 문제 행동에서 차이가 나는 이유는 각각의 문제 행동에 영향을 미치는 공통적 원인 때문인 경우가 많다고 주장하고 있다. 이런 공통적 원인과 관련된 예로 감각적인 것을 추구하는 것, 감정을 통제하는 것, 특정한 사회 계층에 속하는 것, 자녀 양육을 제대로 하는 것, 신문과 방송 및 기타 매체를 보고 듣는 것이 있다(Jaccard, 2016).

한편 청소년의 문제 행동과 관련해, 공통 원인 접근방식에서는 청소년의 문제 행동들은 서로 크게 관련되어 있을 것이라고 주장하고 있다. 왜냐하면 공통 원인 접근방식에서는 청소년의 문제 행동은 공통된 원인 탓에 발생한다고 보기 때문이다. 청소년의 발달에 대한 자료에서는, 청소년의 문제 행동들은 크게 서로 관련되어 있다고 주장하는 경우가 많다(Jaccard, 2016).

(2) 특정 원인 접근방식

특정 원인 접근방식의 경우, 공통적 원인보다는 독특한 원인 때문에 청소년의 문제 행동이 나타난다고 주장하고 있다. 따라서 특정 원인 접근방식에서는, 청소년의 문제 행동을 유발하는 공통적 원인보다는 청소년의 문제 행동을 유발하는 특정한 원인을 강조하고 있다. 그러므로 특정 원인 접근방식의 경우, 특정한 문제 행동의 독특한 원인에 주목하고 있다(Jaccard, 2016).

특정 원인 접근방식의 경우, 서로 다른 문제 행동들이 일부 공통적 원인 때문에 나타나기는 하지만, 특정한 문제 행동을 효과적으로 해결하기 위해 고려하여야 하는 독특한 원인이 존재한다고 가정하고 있다(Jaccard, 2016). 특정 원인 접근방식에서 주장하는 것을 구체적인 청소년문제와 관련시켜 예를 들면 다음과 같다(Jaccard, 2016).

① 청소년이 흡연하는 사례를 줄이고자 할 경우, 흡연과 관련된 측면을 다루어야

한다.

② 청소년이 알코올을 사용하는 사례를 줄이고자 할 경우, 알코올과 관련된 측면을 다루어야 한다.

한편 특정 원인 접근방식에서는, 일반적으로 청소년의 문제 행동은 다른 문제 행동들과 약간만 관련되어 있다고 주장하는 경우가 많다(Jaccard, 2016). 이런 점에서 특정 원인 접근방식은 공통 원인 접근방식과 크게 차이가 나고 있다.

문제 행동들의 관련성

공통 원인 접근방식에 따르면, 공통적 원인 때문에 청소년의 문제 행동들은 서로 관련되고 있다. 그러나 공통적 원인과는 상관이 없이, 청소년의 문제 행동들은 서로 관련될 수 있다. 즉, 청소년의 일부 문제 행동은 다른 문제 행동을 유발할 수 있다(Jaccard, 2016). 이 경우, 청소년의 문제 행동을 예방하기 위해서는 원인이 되는 문제 행동을 없애거나 줄이는 데 주목하여야 한다.

이와 관련된 예를 구체적으로 제시하면 다음과 같다(Jaccard, 2016).

① 알코올을 사용하는 것은 피임도구를 사용하지 않고 성(sex)과 관련된 활동을 하는 것과 관련될 수 있다. 알코올을 너무 많이 사용하면, 성과 관련된 상황에서 위험을 인식하고 판단하는 능력이 줄어들게 된다. 따라서 알코올을 과도하게 사용하는 행위는 피임도구를 사용하지 않고 성행위를 하는 상황을 더 유발할 수 있다. 그러므로 알코올 사용이라는 청소년문제는 청소년 임신이라는 청소년문제의 원인이 될 수 있다.

② 약물을 사용하는 것은 학교에 결석하는 것과 관련될 수 있다. 따라서 약물을 사용하는 행동은 학교를 결석하는 행동을 더 유발할 수 있다. 그러므로 약물 사용이라는 청소년문제는 무단결석이라는 청소년문제의 원인이 될 수 있다.[1]

3) 고려할 점

청소년문제를 예방하는 것과 관련해, 어떤 접근방식이 더 우수하다고 딱 부러지게 말하기는 어렵다. 왜냐하면 공통 원인 접근방식과 특정 원인 접근방식 모두는 나름의 장점을 가지고 있기 때문이다. 실제로 공통 원인 접근방식과 특정 원인 접근방식은 모두 중요하다. 무엇보다도, 공통 원인 접근방식이나 특정 원인 접근방식은 청소년문제를 해결하기 위한 프로그램을 개발하는 데 크게 도움이 되고 있다. 따라서 청소년문제를 예방하는 프로그램을 개발할 때는 공통 원인 접근방식과 특정 원인 접근방식을 모두 사용할 수 있다(Jaccard, 2016).

한편 청소년문제의 예방과 관련된 접근방식은 시간 차원에 따라 차이가 날 수도 있다. 예를 들어, 청소년문제를 단기적으로 예방하려고 할 경우에는 특정 원인 접근방식이 더 유리하거나 더 필요할 수도 있다. 이에 비해서 청소년문제를 장기적으로 예방하려고 할 경우에는 공통 원인 접근방식이 더 유리하거나 더 필요할 수도 있다. 현실적으로 볼 때, 청소년문제를 예방하는 실제적인 접근방식은 공통 원인 접근방식과 특정 원인 접근방식의 중간 정도에 있을 가능성이 크다.

Points

* 청소년문제와 관련해 우선적으로 주목하여야 할 것은 문제 행동이 처음부터 발생하지 않도록 예방하는 것이다.
* 공통 원인 접근방식에서는 문제 행동의 공통적 원인에 주목하고, 특정 원인 접근방식에서는 특정한 문제 행동의 독특한 원인에 주목한다.

1) 물론, 일부 학자의 경우, 청소년이 학교를 정당한 이유 없이 결석하는 행동 때문에 청소년이 약물을 더 사용하게 될 수 있다고 주장하고 있다. 이 경우에는, 무단결석이라는 청소년문제는 약물 사용이라는 청소년문제의 원인이 될 수 있다.

* 현실적으로 볼 때, 청소년문제를 예방하는 실제적인 접근방식은 공통 원인 접근방식과 특정 원인 접근방식의 중간 정도에 있을 가능성이 크다

2. 청소년문제에 대한 위험 요인

1) 문제 행동과 위험 요인

앞에서 보듯이, 청소년의 문제 행동을 예방하는 것은 청소년이 문제 행동을 하는 원인을 없애거나 줄이는 것이다. 따라서 청소년의 문제 행동을 예방하는 것은, 청소년에게 문제 행동을 유발하는 원인을 파악하는 것과 직접적으로 관련되어 있다.

인간의 발달을 연구하는 학자들은 청소년의 문제 행동의 원인을 파악하는 데 오랫동안 관심을 가져 왔다. 이 경우, 문제 행동의 원인을 '위험 요인(risk factor)'이라고 부르고 있다.

2) 위험 요인의 정의

일반적으로 위험 요인은 질병이나 장애가 개인에게 나타날 가능성을 높여 주는 것과 관련된 행동이나 생물학적 · 심리적 · 환경적 특성을 말한다(American Psychological Association, 2021). 따라서 청소년문제에 대한 위험 요인은 청소년문제가 청소년에게 나타날 가능성을 높여 주는 행동이나 생물학적 · 심리적 · 환경적 특성이라고 볼 수 있

다. 한 마디로 말해서, 청소년문제에 대한 위험 요인은 청소년의 문제 행동이 나타날 가능성을 증가시키는 요인을 말한다.

3) 위험 요인이 발생하는 수준

일반적으로 위험 요인은 여러 수준과 관련되고 있다. 따라서 위험 요인은 여러 수준에서 나타날 수 있다.

청소년문제의 경우, 문제 행동이 나타날 가능성과 관련해 위험 요인은 개인 수준, 학교 수준, 친구(또래) 수준, 가족 수준, 지역사회 수준, 기타 환경 수준에서 영향을 미치고 있다. 따라서 청소년문제에 대한 일반적 위험 요인은 영향을 미치는 수준에 따라 살펴볼 수 있다(Jenson, 2010).

4) 주요한 위험 요인[2)]

청소년문제에 대한 위험 요인에는 여러 가지가 있을 수 있다.

(1) 개인 수준의 요인

청소년문제에 대한 위험 요인들 중에서, 개인 수준의 위험 요인을 몇 가지 제시하면 다음과 같다(Jenson, 2010).

2) 이 부분은 청소년문제를 유발하는 요인을 다루는 장(제1장)에서 이미 자세히 설명하였기 때문에, 여기에서는 간단히 설명한다. 따라서 이 부분의 일부는 앞의 장(제1장)에서 설명한 부분과 내용이 일부 중복될 수도 있다.

① 감각적인 것을 추구하는 경향이 있다.

② 충동을 잘 통제하지 못하고 있다.

③ 집중하는 데 어려움을 겪고 있다.

④ 너무 활동적이다.

(2) 가족과 학교와 사회 수준의 요인

청소년문제에 대한 위험 요인들 중에서, 가족과 학교와 사회 수준의 위험 요인을 몇 가지 제시하면 다음과 같다(Jenson, 2010).

① 가족구성원들 사이에 갈등하는 관계가 있다.

② 부모와 자녀 사이의 관계가 좋지 않다.

③ 가족구성원이 알코올이나 기타 약물을 많이 사용하고 있다.

④ 학교 성적이 매우 좋지 않다.

⑤ 학교에 크게 관여하고 있지 않다.

⑥ 또래집단으로부터 따돌림을 당하고 있다.

⑦ 사회의 가치에 어긋나는 행동을 하는 또래들과 어울리고 있다.

(3) 환경 수준의 요인

청소년문제에 대한 위험 요인들 중에서, 환경 수준의 위험 요인을 몇 가지 제시하면 다음과 같다(Jenson, 2010).

① 사회가 사회적 가치에 어긋나는 행동에 대해서 엄격하지 않다.

② 경제적 환경이 좋지 않다.

③ 주위에서 경제적으로 자원을 확보할 수 있는 기회가 제약되어 있다.

④ 지역사회가 역할을 제대로 하지 못하고 있다.

⑤ 지역사회에 크게 애착을 가지고 있지 않다.

Points

* 청소년문제에 대한 위험 요인은 청소년의 문제 행동이 나타날 가능성을 증가시키는 요인이다.
* 청소년의 문제 행동이 나타날 가능성과 관련해, 위험 요인은 개인 · 학교 · 친구 · 가족 · 지역사회 수준에서 영향을 미친다.

3. 청소년문제에 대한 보호 요인

1) 문제 행동과 보호 요인

청소년의 문제 행동과 관련해서는, 완전히 예방해서 처음부터 발생하지 않도록 해 주는 것이 가장 바람직한 방안일 것이다. 그러나 청소년기에 나타나는 고유한 특성을 고려할 때, 일부 청소년은 문제 행동에 관여할 가능성이 크다(노병일 · 노대겸, 2019).

그러므로 청소년의 문제 행동에 대해서는 위험 요인에 주목해 문제 행동을 없애거나 줄이는 것도 중요하지만, 발생한 문제 행동이 미치는 부정적인 영향을 줄여 주는 것도 중요하다. 이 경우에 관련되는 것이 '보호 요인(protective factor)'이다.

2) 보호 요인의 정의

(1) 보호의 정의

보호 요인이 무엇인지를 알기 위해서는 '보호'가 무엇인지에 대해 먼저 이해할 필요가 있다. 일부 학자의 경우, '보호'는 위험을 겪는 것이 미치는 영향을 줄여 주는 식으로 작용하는 것이라고 보고 있다(Jenson, 2010).

그러나 보호에는 위험이 발생할 가능성을 줄여 주는 것도 포함되고 있다. 그러므로 보호는 위험이 발생할 가능성을 줄여 주거나 위험이 미치는 영향을 줄여 주는 것이라고 볼 수 있다.

(2) 보호 요인의 정의

일반적으로 보호 요인은 다음과 같은 식으로 작용하는 행동이나 생물학적 · 심리적 · 환경적 특성을 말한다(American Psychological Association, 2021).

① 특정한 질병이나 장애가 개인에게 나타날 가능성을 줄여 주고 있다.

② 현재 겪고 있는 병을 덜 심각하게 해 주고 있다.

③ 스트레스가 일반적으로 미치는 영향을 줄여 주고 있다.

그러므로 청소년문제에 대한 보호 요인은 청소년문제가 청소년에게 나타날 가능성을 줄여 주고, 해당되는 청소년문제를 덜 심각하게 해 주고, 해당되는 청소년문제가 미치는 영향을 줄여 주는 행동이나 생물학적 · 심리적 · 환경적 특성이라고 볼 수 있다. 한 마디로 말해서, 청소년문제에 대한 보호 요인은 청소년의 문제 행동이 나타날 가능성을 감소시키고, 청소년의 문제 행동이 미치는 영향을 줄여 주는 요인을 말한다.

3) 보호 요인의 역할

위험 요인의 역할은 간단한 편이지만, 보호 요인의 역할은 이보다 더 복잡할 수 있다. 그러나 보호 요인의 역할은 보호 요인에 대한 정의 속에 이미 포함되어 있다.

청소년문제에 대한 보호 요인이 하는 역할을 구체적으로 제시하면 다음과 같다 (Jenson, 2010; Centers for Disease Control and Prevention, 2018).

① 청소년의 삶에서 스트레스를 유발하는 생활 사건이 미치는 영향을 줄여 주고 있다.

② 청소년의 삶에서 존재할 수 있는 위험의 사슬을 끊고 있다. 여기서 위험의 사슬은 여러 가지 위험 요인들이 계속 이어지는 것을 말한다.[3)]

③ 위험 요인이 작동하지 않도록 하고 있다.

결국, 다른 측면에서 볼 때, 청소년문제에 대한 보호 요인은 다음과 같은 역할을 하고 있다(Smyth & Darmody, 2021; Centers for Disease Control and Prevention, 2018).

① 청소년 개인이 위험을 피할 수 있는 능력을 더 키워주는 데 도움을 주고 있다.

② 청소년이 사회적으로 더 잘 대처하고 정서적으로 더 잘 대처하는 데 도움을 주고 있다.

한편 일부 보호 요인은 청소년이 결정을 내리는 데 있어 중요한 역할을 할 수 있다. 이런 역할을 하는 보호 요인의 예로, 자신을 가치 있는 존재로 생각하는 것(자아존중감)이 있다(Mckellar & Sillence, 2020). 예를 들어, 자신을 가치 있는 존재로 생각하지 않는 청소년은 자신이 사회에 적절한 인간이 아니라고 생각할 수 있고 또한 실패할까

3) 위험의 사슬을 보여 주는 예로 다음과 같은 것이 있다(Jenson, 2010). ㉠ 처음에 일반 또래로부터 따돌림을 당한다. ㉡ 이에 따라, 사회의 가치에 어긋나는 행동을 하는 또래와 어울린다. ㉢ 이에 따라, 사회의 가치에 어긋나는 행동에 관여한다.

두려워 할 수 있다. 그 결과, 이런 청소년은 이에 따른 허전함을 다루기 위해서 어린 시기에 문제 행동에 관여할 수 있다. 따라서 거꾸로 생각하면, 자신을 가치 있는 존재로 생각하는 것은 청소년이 문제 행동에 관여하지 않게 하는 요인이 될 수 있다. 그러므로 자신을 가치 있는 존재로 생각하는 것(자아존중감)은, 청소년이 문제 행동과 관련된 결정을 내리는 데 영향을 미치는 보호 요인이 될 수 있다.

자신감과 자아존중감을 키워 주는 청소년 사진전 포스터: 자아존중감은 청소년이 문제 행동과 관련된 결정을 내리는 데 영향을 미치는 보호 요인이 될 수 있다. [출처: 노대겸 님(사진전 지도강사) 제공]

4) 보호 요인이 발생하는 수준

일반적으로 보호 요인은 여러 수준과 관련되고 있다. 따라서 보호 요인은 여러 수준에서 나타날 수 있다.

청소년의 문제 행동이 나타날 가능성과 관련해, 보호 요인은 개인 수준, 학교 수준, 친구(또래) 수준, 가족 수준, 지역사회 수준, 기타 환경 수준에서 영향을 미치고 있다. 따라서 청소년문제에 대한 일반적인 보호 요인은 영향을 미치는 수준에 따라 살펴볼 수 있다(Jenson, 2010).

5) 주요한 보호 요인

청소년문제에 대한 보호 요인에는 여러 가지가 있을 수 있다.

(1) 개인 수준의 요인

청소년문제에 대한 보호 요인들 중에서, 개인 수준의 보호 요인을 몇 가지 제시하면 다음과 같다(Jenson, 2010).

① 사회적으로 교류하는 방법과 문제를 해결하는 방법을 잘 알고 있다.

② 긍정적인 태도를 지니고 있다.

③ 성격이 원만하다.

④ 지적 수준이 높다.

⑤ 스트레스를 크게 겪고 있지 않다.

(2) 가족과 학교와 사회 수준의 요인

청소년문제에 대한 보호 요인들 중에서, 가족과 학교와 사회 수준의 보호 요인을 몇 가지 제시하면 다음과 같다(Jenson, 2010).

① 부모와 정서적으로 좋은 관계를 유지하고 있다.

② 형제 · 자매와 좋은 관계를 유지하고 있다.

③ 학교에 크게 관여하고 있다.

④ 사람들이 많이 하는 활동에 참여하고 있다.

⑤ 사회의 가치에 어울리는 도덕이나 관습과 같은 것을 인정하고 있다.

(3) 환경 수준의 요인

청소년문제에 대한 보호 요인들 중에서, 환경 수준의 보호 요인을 몇 가지 제시하면 다음과 같다(Jenson, 2010).

① 교육을 받을 기회와 사회의 가치에 어울리는 기타 활동을 할 기회를 가지고 있다.

② 가족구성원 이외의 성인이나 친척과 좋은 관계를 유지하고 있다.

③ 가족구성원이 아닌 사람이 사회적 지지를 잘 제공하고 있다.

Points

* 청소년문제에 대한 보호 요인은 청소년의 문제 행동이 나타날 가능성과 문제 행동이 미치는 영향을 줄여 주는 요인이다.
* 일부 보호 요인은 청소년이 결정을 내리는 데 있어 중요한 역할을 할 수 있다.
* 청소년의 문제 행동이 나타날 가능성과 관련해, 보호 요인은 개인 · 학교 · 친구 · 가족 · 지역사회 수준에서 영향을 미친다.

4. 청소년문제의 예방 및 위험 · 보호 요인과 관련해 고려할 점

1) 일반적으로 고려할 점

(1) 여러 측면에의 주목

청소년문제는 한 가지 위험 요인 때문에 발생하기보다는 여러 가지 위험 요인 때문에 발생하는 경우가 많다. 따라서 청소년문제를 예방하는 요인이나 청소년문제에 대해 보호하는 요인에는 여러 가지가 있을 가능성이 크다. 그러므로 청소년문제를 예방하거나 줄이고자 하는 방안에서는 여러 가지 측면에 주목할 필요가 있다.

(2) 새로운 욕구의 꾸준한 파악

청소년은 자신에게 스트레스를 크게 유발하는 상황을 겪은 후에 욕구가 변하게 된다. 청소년문제를 예방하거나 청소년문제가 더 심각한 상태에 놓이지 않게 하기 위해서는, 이런 새로운 욕구를 제대로 파악하는 것이 중요하다. 그러므로 청소년문제를 예방하거나 줄이고자 할 경우, 여러 가지 방법을 사용해서 청소년의 새로운 욕구를 꾸준히 파악할 필요가 있다(Dupere et al., 2018).

(3) 또래의 활용

청소년기는 현재의 성인 세대에 대해 반항하는 감정을 많이 가지고 있는 시기이다. 따라서 청소년기에는 부모보다는 또래와 더 많이 교류할 가능성이 크다. 그러므로 청소년문제를 예방하거나 줄이는 데 있어, 청소년의 또래를 적극적으로 활용할 필요가 있다. 그리고 이와 관련해, 청소년이 또래와 교류하는 프로그램을 적극적으로 실시할 필요가 있다.

일부 기관에서는 또래 상담 프로그램을 실시하고 있다. 또래 상담 프로그램의 경우, 청소년이 자신과 나이가 같거나 비슷한 사람과 이야기할 수 있는 기회를 제공하고 있다. 따라서 또래 상담 프로그램에서는 청소년이 더 편하게 자신의 이야기를 드러낼 수 있게 된다(Carey & Seladi-Schulman, 2018). 그러므로 또래 상담 프로그램은 청소년 문제를 예방하는 데 유리할 수 있고, 문제를 겪는 청소년이 지지를 받는 데 유리할 수 있다.

(4) 교사의 관여

청소년기에 학교는 매우 중요한 공간이 되고 있다. 사실상, 많은 청소년은 학교에서 매우 많은 시간을 보내고 있다(노병일, 2015). 따라서 교사는 학교에서 청소년과 자주 접촉하고 있다. 그러므로 교사는 다음과 같은 것을 하는 데 유리한 위치에 있다고 볼 수 있다(Dupere et al., 2018).

① 학교에서 청소년과 좋은 정서적 관계를 형성한다.

② 학교에서 청소년이 겪는 어려움을 파악한다.

해외여행 중인 교사들: 교사는 학교에서 청소년과 좋은 정서적 관계를 형성하고 청소년이 겪는 어려움을 파악하는 데 유리한 위치에 있다. [출처: 라오스에서 저자 촬영ⓒ]

그리고 교사는 정신건강 전문가 및 기타 전문가와 협력하면서 다음과 같은 역할을 할 수 있다(Dupere et al., 2018).

① 학교에서 청소년과 서로 신뢰하는 관계를 형성한다.

② 학교에서 청소년이 학습과 관련된 영역과 학습과 관련되지 않은 영역에서 겪는 어려움에 대처하는 것을 도와준다.

그러므로 교사는 청소년문제를 예방하거나 줄이는 데 있어 중요한 역할을 할 수 있다. 그러므로 청소년문제를 예방하거나 줄이는 데 있어, 교사가 적극적으로 관여하게 할 필요가 있다.

2) 위험 요인 및 보호 요인과 관련해 고려할 점

(1) 예방 관련

청소년문제를 예방하는 것은, 우선적으로는 청소년문제에 대한 위험 요인을 없애거나 줄이는 것이라고 볼 수 있다. 그러나 청소년문제가 발생하였을 경우, 이미 발생한 청소년문제는 더 심각한 상황을 유발해서 새로운 청소년문제를 유발할 수 있다. 따라서 이미 발생한 청소년문제에 대해 보호하는 것은 새로운 청소년문제가 나타나는 것을 예방할 수 있다. 그러므로 청소년문제에 대한 보호 요인도 청소년문제를 예방하는 역할을 하고 있다.

결국, 청소년문제를 예방하는 것은, 한편으로는 청소년문제에 대한 위험 요인을 없애거나 줄이고, 다른 한편으로는 청소년문제에 대한 보호 요인을 늘리거나 강화하는 것이라고 볼 수 있다. 따라서 청소년문제를 예방하기 위해서는 청소년문제에 대한 위험 요인과 보호 요인 모두에 대해 주목할 필요가 있다.

(2) 내용 관련

청소년문제에 대한 위험 요인과 청소년문제에 대한 보호 요인은 서로 반대되는 내용을 담고 있는 경우가 많다. 따라서 청소년문제에 대한 위험 요인과 보호 요인은 내용 면에서 서로 관련될 가능성이 크다.

청소년문제에 대한 위험 요인과 보호 요인이 관련되는 것은 여러 상황에서 찾아볼 수 있다. 예를 들어, 청소년의 가족구성원들 사이에 관계가 좋지 않은 것은 청소년문제를 유발하는 위험 요인이 될 수 있다. 따라서 이 경우, 청소년의 가족구성원들 사이에 좋은 관계를 유지하는 것은 청소년문제에 대한 보호 요인이 될 수 있다.

(3) 다양성과 적용 관련

앞에서도 이미 살펴보았듯이, 청소년문제에 대한 위험 요인과 보호 요인에는 여러 가지가 있을 수 있다. 사실, 청소년문제에 대한 위험 요인과 보호 요인을 모두 제시하는 것은 현실적으로 어려울 수도 있다.

그리고 청소년문제와 관련해, 일부 위험 요인과 일부 보호 요인은 특정한 청소년문제에만 해당될 수 있다. 예를 들어, 청소년기에 성교육을 정기적으로 실시하는 것은, 청소년 임신문제에만 관련되는 요인이 될 수 있다.

그러나 청소년문제와 관련해, 일부 위험 요인과 일부 보호 요인은 많은 청소년문제에 해당할 수 있다.[4] 예를 들어, 청소년이 자신을 가치 있는 존재로 인식하는 것은, 거의 모든 청소년문제와 관련되는 요인이 될 수 있다.

(4) 사회적 지지 관련

많은 청소년문제에 대해 위험 요인으로 작용하거나 보호 요인으로 작용하는 대표적

4) 이와 관련된 대표적인 요인이 '사회적 지지'이다. 사회적 지지에 대해서는 뒤에서 별도로 설명한다.

인 요인으로 사회적 지지(social support)를 꼽을 수 있다. 따라서 사회적 지지가 부족한 것은 많은 청소년문제의 위험 요인으로 작용하는 경우가 많다. 이와 반대로, 사회적 지지가 많은 것은 많은 청소년문제의 보호 요인으로 작용하는 경우가 많다. 그러므로 사회적 지지는 청소년문제를 예방하거나 줄이고자 하는 방안에서 특히 주목할 필요가 있는 요인에 속하고 있다(노병일 · 유호석, 2018; American Psychological Association, 2021).

함께 여행 중인 청소년들: 사회적 지지는 많은 청소년문제의 보호 요인인 경우가 많다. [출처: 프랑스에서 저자 촬영ⓒ]

그동안 여러 학자들은 사회적 지지에 대해 나름대로 정의해 왔다. 그러나 사회적 지지에 대한 정의는 학자에 따라 다소 차이가 나고 있다(노병일 · 심희숙, 2013). 사회적 지지에 대한 정의가 다를 경우, 사회적 지지의 범위나 형태에서 차이가 날 수 있다.

일반적으로 사회적 지지는 개인의 욕구를 충족하기 위해 제공되는 다양한 도움과 관계 및 이에 대한 인식이라고 볼 수 있다(노병일 · 모선희, 2007). 그러나 청소년문제에 주목할 경우, 사회적 지지는 좋은 관계를 맺는 것이라고 볼 수 있다. 따라서 청소년문제에 주목할 경우, 사회적 지지는 서로 자주 교류하고, 관심을 가지고, 도움을 주는 것이라고 볼 수 있다.

사회적 지지는 거의 모든 형태의 청소년문제에 대한 보호 요인이 될 수 있다. 따라서 여러 수준에서 제공하는 사회적 지지는 청소년이 겪는 거의 모든 문제를 예방하거나 줄이는 식으로 작용할 수 있다.

청소년문제에 대한 위험 · 보호 요인으로서의 사회적 지지의 예

사회적 지지는 여러 수준과 관련되고 있다(노병일 · 모선희, 2007; 노병일 · 유호석, 2018). 청소년문제와 관련된 사회적 지지의 예를 수준별로 제시하면 다음과 같다.

① 가족 수준의 사회적 지지가 있다. 예를 들어, 부모나 기타 가족구성원이 제공하는 사회적 지지는 청소년이 겪는 문제에 대해 보호 요인으로 작용할 수 있다. 그러나 가족 수준의 사회적 지지가 없는 것은 청소년이 겪는 문제에 대해 위험 요인으로 작용할 수 있다.

② 친구나 또래 수준의 사회적 지지가 있다. 예를 들어, 친구나 또래가 제공하는 사회적 지지는 청소년이 겪는 문제에 대해 보호 요인으로 작용할 수 있다. 그러나 친구나 또래 수준의 사회적 지지가 없는 것은 청소년이 겪는 문제에 대해 위험 요인으로 작용할 수 있다.

③ 학교 수준의 사회적 지지가 있다. 예를 들어, 학교에서 교사나 직원이나 전문가(예컨대, 학교사회복지사)가 제공하는 사회적 지지는 청소년이 겪는 문제에 대해 보호 요인으로 작용할 수 있다. 그러나 학교 수준의 사회적 지지가 없는 것은 청소년이 겪는 문제에 대해 위험 요인으로 작용할 수 있다.

④ 지역사회 수준의 사회적 지지가 있다.[5] 예를 들어, 지역사회에서 주민이나 공식 · 비공식 기관이 제공하는 사회적 지지는 청소년이 겪는 문제에 대해 보호 요인으로 작용할 수 있다. 그러나 지역사회 수준의 사회적 지지가 없는 것은 청소년이 겪는 문제에 대해 위험 요인으로 작용할 수 있다.

Points

* 청소년문제를 예방하거나 줄이고자 할 경우, 여러 측면에 주목하고, 청소년의 새로운 욕구를 꾸준히 파악하고, 또래를 적극적으로 활용하고, 교사가 적극적으로 관여하게 할 필요가 있다.
* 청소년문제를 예방하기 위해서는 청소년문제에 대한 위험 요인과 보호 요인 모두에 대해 주목할 필요가 있다.
* 여러 수준의 사회적 지지는 청소년문제를 예방하거나 줄이는 식으로 작용할 수 있다.

5. 청소년문제를 예방하거나 줄이는 것과 관련된 청소년복지시설

1) 청소년복지시설의 정의와 의의

청소년복지시설은 청소년의 복리 수준을 높이고자 하는 시설을 말한다. 대부분의 국가에서는 청소년복지시설을 갖추고 있다. 우리나라에서 청소년복지시설은 '청소년시설'에 속하고 있다(국가법령정보센터, 2021).[6]

청소년복지시설은 청소년문제를 예방하는 데 도움을 주고 있다. 예를 들어, 충동을 조절하는 데 어려움을 겪는 청소년의 경우, 체육시설이 갖추어진 청소년복지시설에서 신체적 활동을 함으로써, 자신이 가지고 있는 좋지 않은 충동을 다른 곳으로 발산할

5) 지역사회 수준의 사회적 지지를 사회자본(사회적 자본, social capital)이라고 부르는 경우도 있다(노병일 · 모선희, 2007).

6) 우리나라의 법에 따르면, 청소년시설은 "청소년활동 · 청소년복지 및 청소년보호에 제공되는 시설"을 말한다(국가법령정보센터, 2021).

수 있게 된다. 따라서 이런 청소년복지시설의 경우, 청소년이 충동 때문에 문제 행동에 관여하는 상황을 예방하는 데 도움을 줄 수 있다.

그리고 청소년복지시설은 청소년문제를 겪은 청소년의 상황이 더 나빠지지 않도록 하는 데 도움을 주고 있다. 예를 들어, 어떤 청소년문제를 겪었거나 겪고 있는 청소년의 경우, 해당 청소년문제와 관련이 있는 청소년복지시설을 이용함으로써, 해당 청소년문제가 미치는 영향을 줄일 수 있게 된다. 따라서 이런 청소년복지시설의 경우, 과거에 겪은 적이 있는 청소년문제나 현재 겪고 있는 청소년문제가 청소년에게 부정적인 영향을 미치는 정도를 줄이는 데 도움을 줄 수 있다.

결국, 청소년복지시설은 청소년문제를 예방하고 줄이는 데 도움을 주고 있다. 특히 청소년복지시설은 청소년문제가 더 심각해지는 것을 예방함으로써, 문제를 겪는 청소년이 빠르게 일상생활로 돌아오게 하는 데 크게 도움을 주고 있다.

2) 청소년복지시설의 종류

청소년복지시설에는 여러 가지가 있을 수 있다. 우리나라의 법에서는 여러 가지 종류의 청소년복지시설을 제시하고 있다. 구체적으로 우리나라의 법에 따르면, 청소년복지시설에는 다음과 같은 것이 있다(국가법령정보센터, 2021).

① 청소년쉼터가 있다. 청소년쉼터는 "가정 밖 청소년에 대하여 가정·학교·사회로 복귀하여 생활할 수 있도록 일정 기간 보호하면서 상담·주거·학업·자립 등을 지원하는 시설"을 말한다.[7]

② 청소년자립지원관이 있다. 청소년자립지원관은 "일정 기간 청소년쉼터 또는 청소

7) 청소년쉼터에 대해서는 자퇴문제를 다루는 장(제8장)에서 이미 설명한 바 있다.

년회복지원시설의 지원을 받았는데도 가정 · 학교 · 사회로 복귀하여 생활할 수 없는 청소년에게 자립하여 생활할 수 있는 능력과 여건을 갖추도록 지원하는 시설"을 말한다.

③ 청소년치료재활센터가 있다. 청소년치료재활센터는 "학습 · 정서 · 행동상의 장애를 가진 청소년을 대상으로 정상적인 성장과 생활을 할 수 있도록 해당 청소년에게 적합한 치료 · 교육 및 재활을 종합적으로 지원하는 거주형 시설"을 말한다.

④ 청소년회복지원시설이 있다. 청소년회복지원시설은 "소년법에 따른 감호 위탁 처분을[8] 받은 청소년에 대하여 보호자를 대신하여 그 청소년을 보호할 수 있는 자가 상담 · 주거 · 학업 · 자립 등 서비스를 제공하는 시설"을 말한다.

앞에서 제시한 여러 청소년복지시설들 중에서, 일부 청소년복지시설은 청소년문제가 처음부터 발생하지 않도록 예방하는 것과 크게 관련되고 있고, 일부 청소년복지시설은 청소년문제가 더 심각한 영향을 미치지 않도록 하는 것과 관련되고 있다.

Points

* 청소년복지시설은 청소년의 복리 수준을 높이고자 하는 시설인데, 우리나라에서 청소년복지시설은 '청소년시설'에 속한다.
* 청소년복지시설은 청소년문제를 예방하거나 줄이는 데 도움을 준다.
* 우리나라의 법에 따르면, 청소년복지시설에는 청소년쉼터, 청소년자립지원관, 청소년치료재활센터, 청소년회복지원시설이 있다.

8) 감호 위탁 처분은 감독하고 보호하는 것을 다른 사람에게 맡기도록 처리하는 것을 말한다(국립국어원 표준국어대사전, 2021).

CHAPTER 13

청소년보호와 청소년 보호법

-CONTENTS-

1. 청소년보호의 중요성
2. 청소년보호의 주체
3. 우리나라 「청소년 보호법」

1. 청소년보호의 중요성

청소년기는 인간의 삶의 단계에서 빠르게 발달하는 시기이다. 그러나 청소년기는 아직은 완전히 성숙한 단계가 아니기 때문에, 합리적인 판단을 내리지 못하는 경우가 많은 시기이다. 또한 청소년기는 자신에게 어려움을 유발하는 여러 가지 상황에 직접적 · 간접적으로 관여할 가능성이 큰 시기이다(노병일 · 노대겸, 2019). 이에 따라서, 사회의 모든 구성원과 모든 관련된 기관 · 조직이 청소년기에 청소년을 적절하게 보호해 주는 것은 매우 중요하다.

청소년보호는 청소년에게 문제가 되는 상황을 청소년이 처음부터 겪지 않게 하거나, 청소년에게 문제가 되는 환경에 청소년이 처음부터 접근하지 못하게 하는 것과 크게 관련되고 있다. 따라서 청소년을 보호하는 것은 청소년문제를 미리 효과적으로 예방하는 데 크게 이바지하고 있다. 그리고 청소년을 보호하는 것은 이미 발생한 청소년문제가 미치는 부정적인 영향을 크게 줄여 주는 데도 크게 이바지하고 있다.

결국, 청소년보호는 청소년문제를 없애거나 줄여 주는 역할을 한다고 볼 수 있다. 이런 점에서 청소년보호는 중요한 의미를 지니고 있다.

Points

* 청소년기에 청소년을 적절하게 보호해 주는 것은 중요하다.
* 청소년보호는 청소년문제를 없애거나 줄여 주는 역할을 한다.

2. 청소년보호의 주체[1)]

오늘날에 여러 주체는 청소년을 보호하는 역할을 할 수 있다. 이 경우, 청소년을 보호하는 데 관여할 수 있는 주체의 예로 가정, 학교, 공공기관(단체 · 조직)과 민간기관(단체 · 조직), 사회, 국가(정부)가 있다(노병일, 2021).

청소년보호에 대한 안내문: 여러 주체는 청소년을 보호하는 역할을 할 수 있다. [출처: 저자 촬영ⓒ]

이런 다양한 주체는 청소년을 보호하는 데 있어 나름의 적극적인 역할을 할 수 있다. 그러나 이 중에서, 청소년을 보호하는 것과 관련해 특히 중요한 주체는 가정과 사회와 국가라고 볼 수 있다. 왜냐하면 가정과 사회와 국가는 청소년의 삶과 직접적으로 항상

1) 일반적으로 주체는 어떤 행동을 주도하면서 실천하는 개인이나 조직을 말한다(노병일 · 노대겸, 2017).

관련되는 경우가 많기 때문이다.

그리고 오늘날에 청소년은 학교에서 많은 시간을 보내고 있다. 따라서 학교도 청소년을 보호하는 데 있어 중요한 역할을 하는 주체가 될 수 있다(노병일, 2015).

Points

* 다양한 주체는 청소년을 보호하는 데 있어 적극적 역할을 할 수 있다.
* 청소년보호와 관련해 특히 중요한 주체는 가정과 사회와 국가이다.

3. 우리나라 「청소년 보호법」

청소년을 청소년문제로부터 보호해 주는 것은 복지정책에서 매우 중요하다. 따라서 대부분의 국가에서는 청소년을 보호하는 것에 대한 구체적인 방안을 법에서 제시하고 있다. 이것은 우리나라에서도 마찬가지이다.

우리나라의 경우, 「청소년 보호법」에서 청소년을 보호하는 것과 관련된 여러 가지 방안을 제시하고 있다. 그러므로 우리나라에서 「청소년 보호법」은 청소년문제를 예방하고 청소년을 보호하는 방안을 설계하고 실시하는 것과 관련해 주요한 지침이 된다고 볼 수 있다.[2)]

2) 우리나라 「청소년 보호법」에는 어려운 한자 용어가 많이 등장하고 있다. 따라서 본 장에서는 어려운 용어나 표현은 가능하면 쉬운 용어나 표현으로 바꾸고, 바꾸기가 어려운 경우에는 각주에 설명을 넣는 방식을 취한다.

1) 청소년 보호법의 목적

일반적으로 법의 목적은 법의 맨 처음에 제시되어 있다. 따라서 「청소년 보호법」의 목적도 「청소년 보호법」의 맨 처음(제1조)에 자세히 제시되어 있다.

「청소년 보호법」에 따르면, 「청소년 보호법」의 목적은 "청소년에게 유해한 매체물과 약물 등이 청소년에게 유통되는[3] 것과 청소년이 유해한 업소에 출입하는 것 등을 규제하고 청소년을 유해한 환경으로부터 보호·구제함으로써 청소년이 건전한 인격체로 성장할 수 있도록" 하는 데 있다(국가법령정보센터, 2021).

2) 매체물의 형태와 주요한 용어의 정의

(1) 매체물의 형태

「청소년 보호법」에서는 다양한 형태의 매체물을[4] 제시하고 있다. 「청소년 보호법」에 따르면, '매체물'은 다음과 같은 것을 포함하고 있다(국가법령정보센터, 2021).

① 영화와 비디오물이 있다.

② 게임물이 있다.

③ 음반, 음악파일, 음악영상물, 음악영상파일이 있다.

④ 공연이 있다. 단, 국악 공연은 제외한다.

⑤ 전기통신을 통한 부호·문언·음향과[5] 영상정보가 있다.

3) 일반적으로 유통은 "상품 따위가 생산자에서 [소비자]에 도달하기까지 여러 단계에서 교환되고 분배되는 활동"을 말한다(국립국어원 표준국어대사전, 2021). 그러나 「청소년 보호법」에서는 '유통'에 대해 더 자세히 정의하고 있다. 「청소년 보호법」에 따르면, 유통은 "매체물 또는 약물 등을 판매·대여·배포·방송·공연·상영·전시·진열·광고하거나 시청 또는 이용하도록 제공하는 행위와 이러한 목적으로 매체물 또는 약물 등을 인쇄·복제 또는 수입하는 행위"를 말한다(국가법령정보센터, 2021).

4) 매체는 어떤 것을 전달하는 물체나 수단을 말한다(국립국어원 표준국어대사전, 2021).

⑥ 방송 프로그램이 있다. 단, 보도 방송프로그램은 제외한다.

⑦ 신문이 있다. 이 경우, 관련되는 신문의 형태로 다음과 같은 것이 있다.

㉠ 일반 일간신문이 있다. 단, 주로 정치 · 경제 · 사회에 대한 보도 · 논평[6] 및 여론을 알리는 신문은 제외한다.

㉡ 특수 일간신문이 있다. 단, 경제 · 산업 · 과학 · 종교 분야는 제외한다.

㉢ 일반 주간신문이 있다. 단, 정치 · 경제 분야는 제외한다.

㉣ 특수 주간신문이 있다. 단, 경제 · 산업 · 과학 · 시사 · 종교 분야는 제외한다.

㉤ 인터넷 신문이 있다. 단, 주로 보도 · 논평 및 여론을 알리는 기사는 제외한다.

㉥ 인터넷뉴스 서비스가 있다.

⑧ 잡지, 정보간행물, 전자간행물, 기타 간행물이 있다. 단, 잡지의 경우, 정치 · 경제 · 사회 · 시사 · 산업 · 과학 · 종교 분야는 제외한다.

⑨ 간행물, 전자출판물, 외국간행물이 있다. 단, 위의 ⑦과 ⑧에 해당하는 매체물은 제외한다.

⑩ 옥외광고물, 위의 ①~⑨에서 제시한 매체물에 수록 · 게재 · 전시되거나[7] 기타 방법으로 포함된 상업적 광고선전물이 있다.

⑪ 청소년의 정신건강과 신체적 건강을 해칠 가능성이 있는 기타 매체물이 있다.

(2) 주요한 용어의 정의

(가) 청소년의 정의

「청소년 보호법」에 따르면, 청소년은 만 19세 미만인 사람을 말한다(국가법령정보센

---

5) 문언은 문장 속에 있는 말이나 글을 말한다(국립국어원 표준국어대사전, 2021).

6) 논평은 어떤 글이나 말이나 사건 등의 내용에 대해 비평하는 것을 말한다(국립국어원 표준국어대사전, 2021).

7) 수록은 모아서 기록하는 것을 말하고, 게재는 글이나 그림 등을 신문이나 잡지 등에 싣는 것을 말한다(국립국어원 표준국어대사전, 2021).

터, 2021).[8)]

(나) 청소년에게 해로운 환경과 관련된 용어의 정의

「청소년 보호법」에서는 청소년에게 해로운 매체물 · 약물 · 물건 · 업소 · 환경을 청소년이 이용하지 못하게 하거나 출입하지 못하게 하는 데 크게 주목하고 있다. 이에 따라서, 「청소년 보호법」에서는 이와 관련된 용어를 구체적으로 제시하고 있다. 그러므로 우리나라에서 이런 용어는 청소년을 보호하는 방안에서 자주 사용하는 용어에 속하고 있다.

그리고 「청소년 보호법」에서는 청소년에게 해로운 매체물과 약물과 물건과 업소와 환경을 각각 '청소년 유해매체물',[9)] '청소년 유해약물', '청소년 유해물건', '청소년 유해업소', '청소년 유해환경'으로 표현하고 있다.

ⓐ 청소년 유해매체물

「청소년 보호법」에 따르면, '청소년 유해매체물'은 다음과 같은 것을 말한다(국가법령정보센터, 2021).

① 청소년보호 위원회가 청소년에게 유해한 것으로 결정하거나 확인해서, 관련 장관이 널리 알린 매체물이 있다.

② 각 심의기관이[10)] 청소년에게 유해한 것으로 심의하거나 확인해서, 관련 장관이 널리 알린 매체물이 있다.

8) 청소년의 정의에 대해서는 청소년에 대한 정의를 다루는 장(제1장)에서 이미 설명한 바 있다.

9) 유해는 해로운 것을 말한다.

10) 심의는 "심사하고 토의[하는 것]"을 말한다(국립국어원 표준국어대사전, 2021).

ⓑ 청소년 유해약물

「청소년 보호법」에 따르면, '청소년 유해약물'은 "청소년에게 유해한 것으로 인정되는" 약물을 말한다(국가법령정보센터, 2021). 「청소년 보호법」의 경우, 청소년 유해약물로 알코올, 담배, 마약, 환각물질, 기타 물질을 제시하고 있다. 기타 물질은 "중추신경에[11] 작용하여 습관성, 중독성, 내성[12] 등을 유발하여 인체에 유해하게 작용할 수 있는 약물 등 청소년의 사용을 제한하지 아니하면 청소년의 심신을[13] 심각하게 손상시킬[14] 우려가[15] 있는 약물"을 말한다(국가법령정보센터, 2021).

ⓒ 청소년 유해물건

「청소년 보호법」에 따르면, '청소년 유해물건'은 다음과 같은 물건을 말한다(국가법령정보센터, 2021).

① "청소년에게 음란한[16] 행위를 조장하는[17] 성기구 등 청소년의 사용을 제한하지 아니하면 청소년의 심신을 심각하게 손상시킬 우려가 있는 성 관련 물건"이 있다.

② "청소년에게 음란성 · 포악성 · 잔인성 · 사행성[18] 등을 조장하는 완구류[19] 등 청소년의 사용을 제한하지 아니하면 청소년의 심신을 심각하게 손상시킬 우려가 있는 물건"이 있다.

---

11) 중추신경은 신경 기관 중에서 신경 세포가 모여 있는 부분을 말한다(국립국어원 표준국어대사전, 2021).
12) 내성은 약물을 계속해서 사용함에 따라서 약의 효과가 낮아지는 것을 말한다(국립국어원 표준국어대사전, 2021). 내성에 대해서는 청소년의 약물문제를 다루는 장(제5장)에서 이미 설명한 바 있다.
13) 심신은 몸과 마음을 말한다.
14) 손상은 나빠지는 것을 말한다.
15) 여기에서의 우려는 가능성을 말한다.
16) 음란은 음탕하고 행동이 막된 것을 말한다(국립국어원 표준국어대사전, 2021).
17) 조장은 "바람직하지 않은 일을 더 심해지도록 부추기는 것"을 말한다(국립국어원 표준국어대사전, 2021).
18) 포악은 사납고 악한 것을 말하고, 사행은 "뜻밖에 얻는 행운을 바라는 것"을 말한다(국립국어원 표준국어대사전, 2021).
19) 완구는 장난감을 말한다(국립국어원 표준국어대사전, 2021).

③ “청소년유해약물과 유사한 형태의 제품으로 청소년의 사용을 제한하지 아니하면 청소년의 청소년유해약물 이용습관을 심각하게 조장할 우려가 있는 물건”이 있다.

ⓓ 청소년 유해업소

「청소년 보호법」에 따르면, ‘청소년 유해업소’는 “청소년의 출입과 고용이 청소년에게 유해한 것으로 인정되는 [...] 업소와[20] 청소년의 출입은 가능하나 고용이 청소년에게 유해한 것으로 인정되는 [...] 업소”를 말한다(국가법령정보센터, 2021). 따라서 청소년의 출입과 고용이 청소년에게 유해한 것으로 인정되는 업소는 ‘청소년 출입 · 고용금지 업소’에 해당하고, 청소년의 출입은 가능하나 고용이 청소년에게 유해한 것으로 인정되는 업소는 ‘청소년 고용금지 업소’에 해당한다고 볼 수 있다.

ⓔ 청소년 폭력 · 학대

「청소년 보호법」에 따르면, ‘청소년 폭력 · 학대’는 “폭력이나 학대를 통하여 청소년에게 신체적 · 정신적 피해를 발생하게 하는 행위”를 말한다(국가법령정보센터, 2021).

ⓕ 청소년 유해환경

「청소년 보호법」에 따르면, ‘청소년 유해환경’은 앞에서 제시한 모든 것을 가리키고 있다. 즉, ‘청소년 유해환경’은 청소년 유해매체물, 청소년 유해약물, 청소년 유해물건, 청소년 유해업소, 청소년 폭력 · 학대를 말한다(국가법령정보센터, 2021).

20) 업소는 “사업을 벌이고 있는 장소”를 말한다(국립국어원 표준국어대사전, 2021).

청소년 유해환경 감시단의 현수막: 청소년 유해환경은 청소년 유해매체물 · 유해약물 · 유해물건 · 유해업소 · 폭력 · 학대를 말한다. [출처: 저자 촬영ⓒ]

3) 가정과 사회와 국가의 책임

청소년보호와 관련해서는 가정과 사회와 국가가 무엇보다도 중요하다.[21] 따라서 청소년을 보호하는 데 있어서는, 가정과 사회와 국가가 적극적으로 관여할 필요가 있다. 그러므로 「청소년 보호법」에서는 청소년의 가정과 사회와 국가(국가와 지방자치단체)가 청소년보호와 관련해 맡아야 할 책임에 대해 자세히 밝히고 있다.

21) 여기에 대해서는 앞에서 이미 설명한 바 있다.

(1) 가정의 책임

「청소년 보호법」의 경우, 청소년을 보호하는 것과 관련해 가정의 책임에 대해 밝히고 있다. 「청소년 보호법」에 따르면, 청소년의 부모나 보호자는 청소년보호를 위해 다음과 같이 하여야 한다(국가법령정보센터, 2021).

① 청소년이 청소년 유해매체물, 청소년 유해약물, 청소년 유해물건, 청소년 유해업소, 청소년 폭력·학대와 관련된 환경에 접촉하거나 출입하지 못하게 한다.

② 청소년이 청소년 유해매체물·유해약물·유해물건을 이용하고 있거나 청소년 유해업소에 출입하려고 하면, 즉시 하지 못하게 한다.

그리고 청소년의 부모나 보호자가 앞에서 제시한 것을 하다가 필요한 경우, 다음과 같이 하여야 한다(국가법령정보센터, 2021).

① 청소년보호와 관련된 상담기관과 단체 등에 상담한다.

② 해당 청소년이 가출하거나 비행 등을 할 가능성이 있다고 판단되면, 청소년보호와 관련된 지도·단속 기관에 협조를 요청한다.

(2) 사회의 책임

「청소년 보호법」의 경우, 청소년을 보호하는 것과 관련해 사회의 책임에 대해 밝히고 있다.

(가) 일반 사회구성원의 책임

「청소년 보호법」에 따르면, 일반 사회구성원은 청소년 보호를 위해 다음과 같이 하여야 한다(국가법령정보센터, 2021).

① 청소년이 청소년 유해환경에 접할 수 없도록 하거나 출입하지 못하게 한다.

② 다음과 같은 상황에 있는 경우, 말리고 지도한다.

㉠ 청소년이 청소년 유해매체물 · 유해약물 · 유해물건을 이용하고 있음을 알고 있다.

㉡ 청소년이 폭력이나 학대 행위에 관여하고 있음을 알고 있다.

③ 다음과 같은 상황에 있는 경우, 관련되는 기관에 신고 · 고발한다.

㉠ 청소년에게 청소년 유해매체물 · 유해약물 · 유해물건이 유통되고 있음을 알고 있거나, 청소년 유해업소에 청소년이 고용되어 있거나 출입하고 있음을 알고 있다.

㉡ 청소년이 폭력이나 학대를 당하고 있음을 알고 있다.

(나) 관련 업종과 관련 조직의 책임

「청소년 보호법」에 따르면, 청소년 유해매체물 · 유해약물 · 유해물건을 유통하는 일을 하는 사람, 청소년 유해업소를 운영하는 사람, 이들로 구성된 단체와 협회 등은 청소년보호를 위해 다음과 같이 자율적으로 노력하여야 한다(국가법령정보센터, 2021).

① 청소년 유해매체물 · 유해약물 · 유해물건이 청소년에게 유통되지 않게 한다.

② 청소년 유해업소에서 청소년을 고용하지 못하게 하고, 청소년 유해업소에 청소년이 출입하지 못하게 한다.

(3) 국가의 책임

「청소년 보호법」의 경우, 청소년을 보호하는 것과 관련해 국가(국가와 지방자치단체)의 책임에 대해 밝히고 있다. 「청소년 보호법」에 따르면, 국가와 지방자치단체는 청소년보호를 위해 다음과 같이 하여야 한다(국가법령정보센터, 2021).

① 국가는 청소년 유해환경을 개선하는 데 필요한 방안을 마련하고 실시하여야 한

다. 그리고 지방자치단체는 해당 지역의 청소년 유해환경으로부터 청소년을 보호하기 위해 필요한 노력을 하여야 한다.

② 국가와 지방자치단체는 전자 · 통신기술과 의약품 등이 발달함에 따라서 등장하는 새로운 형태의 매체물과 약물 등이 청소년의 정신건강과 신체적 건강을 해칠 가능성이 있음을 인식하여야 한다. 그리고 국가와 지방자치단체는 이런 새로운 매체물과 약물 등으로부터 청소년을 보호하기 위해서, 필요한 기술개발과 연구사업을 지원하고 국가 간의 협력체제를 형성하는 등의 노력을 하여야 한다.

그리고 「청소년 보호법」에 따르면, 국가와 지방자치단체는 다음과 같이 할 수 있다(국가법령정보센터, 2021).

① 청소년과 관련된 민간 영역에서 청소년 유해환경을 자율적으로 감시 · 고발하는 활동을 장려하고, 이에 필요한 지원을 한다.

② 민간 영역에서 건의하는 내용을 관련 정책에 반영한다.

4) 청소년보호 위원회

(1) 설치

청소년보호를 위해서는 이와 관련된 위원회가 필요할 수 있다. 이에 따라 「청소년 보호법」에서는 청소년보호 위원회에 대해 밝히고 있다.

「청소년 보호법」에 따르면, 국가는 청소년문제와 관련된 사항을 심사하고 결정하기 위해 청소년보호 위원회를 두도록 되어 있다(국가법령정보센터, 2021).

(2) 역할

「청소년 보호법」에 따르면, 청소년보호 위원회는 청소년 유해매체물을 심의하는 역할을 하고 있고, 때에 따라서는 청소년 유해매체물의 등급을 결정하는 역할을 하고 있다.

(가) 청소년 유해매체물의 심의

「청소년 보호법」에 따르면, 청소년보호 위원회는 매체물이 청소년에게 유해한지를 심의해서, 청소년에게 유해하다고 인정되는 매체물을 청소년 유해매체물로 결정하고 있다(국가법령정보센터, 2021).

(나) 청소년 유해매체물의 등급 결정

「청소년 보호법」에 따르면, 청소년보호 위원회와 각 심의기관은 청소년 유해매체물로 심의 · 결정하지 않은 매체물에 대해서는 매체물의 특성, 청소년에게 해가 되는 정도, 이용하는 시간과 장소 등을 고려해서, 이용하는 대상이 되는 청소년의 나이에 따라 등급을 구분할 수 있다(국가법령정보센터, 2021).

(3) 청소년 유해매체물의 심의 기준

「청소년 보호법」에 따르면, 청소년보호 위원회와 각 심의기관은 해당 매체물이 다음과 같은 경우에는 청소년 유해매체물로 결정하여야 한다(국가법령정보센터, 2021).

① 청소년에게 선정적이거나 음란해서 성적 욕구를 자극하고 있다.

② 청소년을 포악하게 하거나, 청소년에게 범죄의 충동을 일으킬 수 있다.

③ 성폭력을 포함한 각종 형태의 폭력 행위와 약물의 과도한 사용을 자극하거나 미화하고[22] 있다.

22) 미화는 아름답게 꾸미는 것을 말한다(국립국어원 표준국어대사전, 2021).

④ 도박과 사행심을 부추김으로써, 청소년의 건전한 생활을 크게 해칠 가능성이 있다.
⑤ 반사회적 · 비윤리적이어서, 청소년의 건전한 인격과 시민의식을 형성하지 못하게 하고 있다.
⑥ 그 밖에 청소년의 정신건강과 신체적 건강에 명백히 해를 끼칠 가능성이 있다.

청소년대책 위원회

우리나라의 '청소년대책 위원회 규정'에 따르면, 청소년을 이끌고 보호하기 위한 종합적 대책을 심의하게 하기 위해서 청소년대책 위원회를 두도록 되어 있다(국가법령정보센터, 2021). 청소년대책 위원회에서 심의하는 내용은 청소년보호와 직접적 · 간접적으로 크게 관련되고 있다.

청소년대책 위원회에서 심의하는 내용을 구체적으로 제시하면 다음과 같다(국가법령정보센터, 2021).

① 청소년을 지도 · 육성 · 보호하기[23] 위한 기본적 계획과 종합적 정책을 세우는 것과 관련된 사항이 있다.
② 청소년행정과 관련된 행정기관의 정책을 종합적으로 조정하는 것과 관련된 사항이 있다.
③ 청소년을 보호하는 것과 청소년을 위한 복리시설을 설치하고 관리하는 것과 관련된 사항이 있다.
④ 청소년의 인격을 닦고 몸과 마음을 굳세게 하는 것과 민간 청소년단체를 종합적으로 지도하고 육성하기 위한 것과 관련된 사항이 있다.
⑤ 청소년활동을 국제적으로 교류하는 것과 관련된 사항이 있다.
⑥ 청소년을 이끌고 보호하기 위한 기타 사항이 있다.

23) 육성은 "길러 자라게 하는 것"을 말한다(국립국어원 표준국어대사전, 2021).

5) 구체적 조치

(1) 방안 세우기와 관련 센터의 설치

「청소년 보호법」에 따르면, 국가는 청소년 유해환경으로부터 청소년을 보호하기 위한 종합적 방안을 세우고 실시하여야 한다(국가법령정보센터, 2021).

그리고 「청소년 보호법」에 따르면, 국가는 청소년 유해환경으로부터 청소년을 보호하고 피해 청소년의 치료와 재활을 지원하기 위하여 청소년 보호 · 재활센터를 설치하고 운영할 수 있다(국가법령정보센터, 2021).

(2) 청소년 유해매체물 관련

(가) 청소년 유해매체물에 대한 표시와 포장

「청소년 보호법」에 따르면, 관련자는 청소년 유해매체물에 대해서 청소년에게 유해한 것임을 나타내는 표시를 하여야 한다(국가법령정보센터, 2021).

그리고 「청소년 보호법」에 따르면, 청소년 유해매체물은 포장하여야 한다(국가법령정보센터, 2021). 다만, 매체물의 특성 때문에 포장할 수 없는 것은 포장과 비슷한 보호조치를 마련해 시행하여야 한다. 또한 청소년 유해매체물에 청소년에게 유해한 것임을 표시한 것과 청소년 유해매체물을 포장한 것을 못 쓰게 만들지 말아야 한다(국가법령정보센터, 2021).

(나) 청소년 유해매체물의 시청 · 관람 · 이용과 전시 · 진열

「청소년 보호법」에 따르면, 청소년 유해매체물에 대해서는 다음과 같이 하여야 한다(국가법령정보센터, 2021).

① 청소년 유해매체물을 판매 · 대여 · 배포하거나[24] 시청 · 관람 · 이용하도록 제공

하려는 사람은 상대방의 나이와 본인 여부를 확인하여야 한다. 그리고 이 경우, 청소년 유해매체물을 청소년에게 판매 · 대여 · 배포하거나 시청 · 관람 · 이용하도록 제공하지 말아야 한다.

② 청소년에게 유해한 것임을 나타내는 표시를 하여야 할 청소년 유해매체물에 대해서는, 이런 표시가 되지 않은 상태로 판매나 대여를 위해 전시하거나 진열하지 말아야 한다.

③ 포장을 하여야 하는 청소년 유해매체물에 대해서는, 포장을 하지 않은 상태로 판매나 대여를 위해 전시하거나 진열하지 말아야 한다.

(3) 청소년 유해약물과 청소년 유해물건 관련

「청소년 보호법」에 따르면, 청소년 유해약물 및 청소년 유해물건과 관련해 다음과 같이 하여야 한다(국가법령정보센터, 2021).

① 청소년 유해약물과 청소년 유해물건을 청소년에게 판매 · 대여 · 배포하거나 무상으로 제공하지 말아야 한다.

② 청소년의 의뢰를 받아 청소년 유해약물과 청소년 유해물건을 구입해서 청소년에게 제공하지 말아야 한다.

③ 청소년에게 권유 · 유인 · 강요해서 청소년 유해약물과 청소년 유해물건을 사게 하지 말아야 한다.

④ 청소년 유해약물과 청소년 유해물건을 판매 · 대여 · 배포하고자 하는 사람은 상대방의 나이와 본인 여부를 확인하여야 한다.

24) 대여는 "물건이나 돈을 나중에 도로 돌려받기로 하고 얼마 동안 내어 [주는 것]"을 말한다(국립국어원 표준국어대사전, 2021).

(4) 청소년 고용 금지와 출입 제한 관련

「청소년 보호법」에 따르면, 청소년 고용을 금지하고 출입을 제한하는 것과 관련해 다음과 같이 하여야 한다(국가법령정보센터, 2021).

① 청소년 유해업소의 운영자는 청소년을 고용하지 말아야 한다.

② 청소년 출입 · 고용금지 업소의 운영자와 종사자는 출입자의 나이를 확인해서 청소년이 그 업소에 출입하지 못하게 하여야 한다.

(5) 청소년 유해행위의 금지 관련

「청소년 보호법」에 따르면, 청소년에게 다음과 같은 행위를 하지 말아야 한다(국가법령정보센터, 2021).

① 영리를[25] 목적으로 청소년에게 신체적 접촉이나 은밀한 부분의 노출 등과 같은 성적 행위를 하게 하거나, 이런 행위를 알선 · 매개하는[26] 행위

② 영리를 목적으로 청소년에게 손님과 함께 술을 마시거나 노래나 춤 등으로 손님을 즐겁게 하는 행위를 하게 하거나, 이런 행위를 알선 · 매개하는 행위

③ 영리를 목적으로 청소년에게 음란한 행위를 하게 하는 행위

④ 영리를 목적으로 청소년의 장애나 이상한 모습 등을 일반인들에게 보여 주는 행위

⑤ 청소년에게 구걸을 시키거나 청소년을 이용해 구걸하는 행위

⑥ 청소년을 학대하는 행위

⑦ 영리를 목적으로 청소년에게 거리에서 손님을 유인하게 하는 행위

⑧ 남성 청소년과 여성 청소년이 뒤섞여 자게 하는 등과 같이 사회의 도덕이나 질서

25) 영리는 "재산상의 이익을 [꾀하는 것이나] 또는 그 이익"을 말한다(국립국어원 표준국어대사전, 2021).

26) 알선은 "남의 일이 잘되도록 주선하는 [것]"을 말하고, 매개는 "둘 사이에서 양편의 관계를 맺어 [주는 것]"을 말한다(국립국어원 표준국어대사전, 2021).

를 어지럽히는 행위를 하거나, 이를 목적으로 장소를 제공하는 행위

⑨ 주로 차 종류를 조리 · 판매하는 업소에서 청소년에게 영업장을 벗어나 차 종류를 배달하는 행위를 하게 하거나, 이를 부추기거나 슬며시 인정하는 행위

(6) 청소년 통행금지 · 제한 구역의 지정 관련

「청소년 보호법」에 따르면, 청소년보호를 위해 필요하다고 인정할 경우, 국가는 청소년의 정신건강과 신체적 건강을 해칠 가능성이 있는 구역을 청소년 통행금지 구역이나 청소년 통행제한 구역으로 지정하여야 한다(국가법령정보센터, 2021).

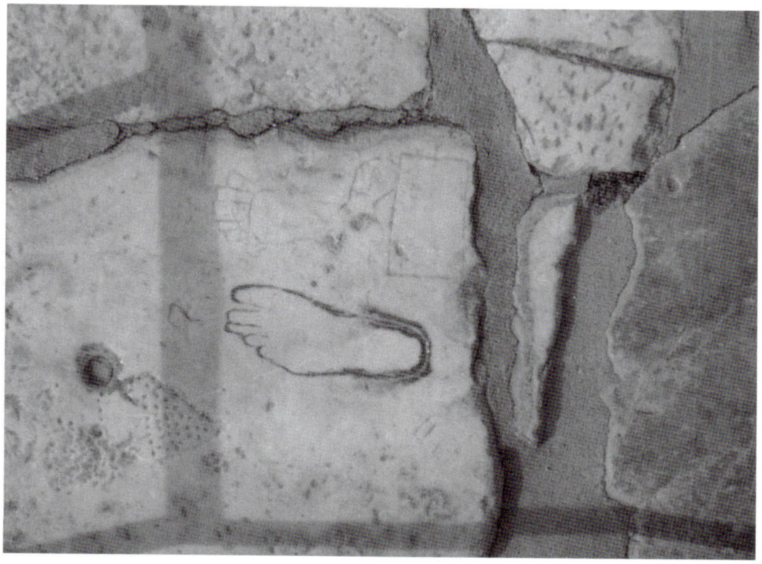

과거의 미성년자 출입금지 구역 옆에 있는 미성년자 확인 표시(발 크기로 구분하였다 함): 「청소년 보호법」에 따르면, 국가는 청소년의 건강을 해칠 가능성이 있는 구역을 청소년 통행금지(또는 통행제한) 구역으로 지정하여야 한다. [출처: 튀르키예에서 저자 촬영ⓒ]

(7) 인터넷게임 관련

오늘날에 인터넷게임은 청소년에게 커다란 문제를 유발할 수 있다. 이에 따라서 「청소년 보호법」에서는 인터넷게임과 관련된 영역에 대해 몇 가지 지침을 제공하고 있다.

(가) 인터넷게임의 제공자가 알려야 할 사항

「청소년 보호법」에 따르면, 인터넷게임의[27] 제공자는 회원으로 가입한 16세 미만 청소년의 부모나 보호자에게 해당 청소년과 관련된 다음 사항을 알려야 한다(국가법령정보센터, 2021).

① 제공되는 게임의 특성과 등급과 유료화정책 등에 대한 기본적 사항

② 인터넷게임을 이용한 시간

③ 인터넷게임 이용 등에 따른 결제에 대한 정보

(나) 심야 시간대의 인터넷게임 제공 제한

「청소년 보호법」에 따르면, 인터넷게임의 제공자는 16세 미만의 청소년에게 오전 0시부터 오전 6시까지 인터넷게임을 제공하지 말아야 한다(국가법령정보센터, 2021).

(8) 피해 청소년에 대한 지원 관련

「청소년 보호법」에 따르면, 국가는 매체물을 잘못 사용하거나 과도하게 사용한 탓에 신체적 · 정신적 · 사회적 피해를 입은 청소년에게 예방 · 상담 · 치료 · 재활 등의 서비스를 지원할 수 있다(국가법령정보센터, 2021). 이 경우, 피해를 입은 청소년에는 인터넷게임에 중독된 청소년도 포함되고 있다.

27) 여기서 인터넷게임은 정보통신망을 통해 실시간으로 제공되는 게임물을 말한다. 인터넷게임에 대해서는 인터넷중독문제를 다루는 장(제6장)에서 이미 설명한 바 있다.

Points

* 우리나라에서 「청소년 보호법」은 청소년문제를 예방하고 청소년을 보호하는 방안을 설계 · 실시하는 데 있어 주요한 지침이 된다.
* 「청소년 보호법」에서는 청소년에게 해로운 매체물과 약물과 물건과 업소와 환경을 각각 청소년 유해매체물, 청소년 유해약물, 청소년 유해물건, 청소년 유해업소, 청소년 유해환경으로 표현한다.
* 청소년 유해환경은 청소년 유해매체물, 청소년 유해약물, 청소년 유해물건, 청소년 유해업소, 청소년 폭력 · 학대를 말한다.
* 「청소년 보호법」의 경우, 청소년을 보호하는 것과 관련해 가정 · 사회 · 국가의 책임을 제시한다.
* 「청소년 보호법」에 따르면, 국가는 청소년문제와 관련된 사항을 심사 · 결정하기 위해 청소년보호 위원회를 두도록 되어 있다.
* 「청소년 보호법」에 따르면, 국가는 청소년 유해환경으로부터 청소년을 보호하기 위한 종합적 방안을 세우고 실시하여야 한다. 그리고 국가는 청소년 유해환경으로부터 청소년을 보호하고 피해 청소년의 치료 · 재활을 지원하기 위하여 청소년 보호 · 재활센터를 설치하고 운영할 수 있다.
* 「청소년 보호법」에 따르면, 국가는 매체물을 잘못 사용하거나 과도하게 사용한 탓에 신체적 · 정신적 · 사회적 피해를 입은 청소년에게 예방 · 상담 · 치료 · 재활 등의 서비스를 지원할 수 있다.

참고문헌

국가법령정보센터(2021). https://www.law.go.kr.

김기원 · 김한곤(2011). 노인자살률에 영향을 미치는 요인에 대한 거시적 분석. 한국인구학, 34(3), 31-54.

노대겸 · 전영신(2017). 알기 쉬운 미술치료 · 사진치료. 경기 파주: 양성원.

노병일(1995). 비행과 범죄에 대한 갈등론적 접근. 사회과학논문집, 14(2), 161-176.

노병일(2015). 학교사회복지론. 서울: 창지사.

노병일(2018). 사회문제론. 경기 파주: 양서원.

노병일(2020). 아동복지론(제4판). 경기 일산: 공동체.

노병일(2021). 사회복지정책론(제3판). 경기 일산: 공동체.

노병일 · 곽현근(2003). 지역사회빈곤과 사회적 유대가 도시주민의 우울증에 미치는 영향에 대한 다수준 분석. 정신보건과 사회사업, 16, 180-209.

노병일 · 곽현근(2005). 동네의 맥락적 특성이 주민의 정신보건에 미치는 영향: 동네빈곤, 무질서, 네트워크 형성을 중심으로. 보건과 사회과학, 17, 5-31.

노병일 · 노대겸(2017). 가족정책론. 경기 파주: 정민사.

노병일 · 노대겸(2019). 청소년복지론. 경기 파주: 양성원.

노병일 · 모선희(2007). 사회적 지지의 수준과 차원이 노인 우울에 미치는 영향. 한국노년학, 27(1), 53-69.

노병일 · 심희숙(2013). 사회적 지지와 지역사회 사회자본이 미취학 아동의 자기효능감에 미치는 영향에 관한 탐색적 연구. 정신보건과 사회사업, 41(1), 90-113.

노병일 · 유호석(2018). 다양한 수준에서의 사회적 지지가 시설 청소년의 학교적응에 미치는 영향. 예술인문사회 융합 멀티미디어 논문지, 8(3), 115-125.

마약류대책협의회 (2013a). 약물남용. http://team.mw.go.kr/drug/contents/contents_view.jsp?content=whatis/whatis02_01&menu_cd=D_02_02.

마약류대책협의회(2013b). 청소년코너 .http://team.mw.go.kr/drug/contents/contents_view.jsp?content=prevent/prevent05_01&menu_cd=D_05_05.

법제처(2021). 학교 밖 청소년의 개념. https://easylaw.go.kr/CSP/CnpClsMain.laf?popMenu=ov&csmSeq=746&ccfNo=1&cciNo=1&cnpClsNo=1.

서울대학교 병원(2021). 인터넷 중독.
http://www.snuh.org/health/nMedInfo/nView.do?category=DIS&medid=AA000354.

월드비전(2020). 그동안 전혀 몰랐던 가출 청소년의 5가지 진실.
http://magazine.worldvision.or.kr/13901.

이창식 · 정미나 · 김윤정(2012). 중 · 고등학생 학교급에 따른 청소년 자살생각의 예측요인: 의사결정나무분석의 적용. 한국청소년연구, 23(1), 31-55.

이현철 · 김경식 · 최성보(2016). 한국 청소년의 지위비행 · 범죄행위에 대한 종단분석. 청소년상담연구, 24(2), 125-147.

위키백과(2021). 소년 비행.
https://ko.wikipedia.org/wiki/%EC%86%8C%EB%85%84_%EB%B9%84%ED%96%89.

장한지(2018). 촉법소년(觸法少年)... 사전에도 법전에도 안 나오는데, 법조계에서만 쓰는 '그들만의 용어.' 법률방송뉴스, 9월 7일.

전성운(2021). '학교 밖 아이들' 40만 명…"학교 다니는 것 의미 없어". 여성신문, 3월 2일.

통계청 사회통계기획과(2017). 2017 청소년 통계 주요결과.
http://kostat.go.kr/portal/korea/kor_nw/2/6/5/index.board?bmode=read&aSeq=360039.

한국사회복지협의회(1993). 사회복지사전(최신판). 서울: 한국사회복지협의회.

한국청소년활동진흥원(2021). 가출 청소년 지원.
https://www.youth.go.kr/youth/youth/contents/lvmYngbgsSportForm.yt.

Abrams, D.(2018). Deviance. https://www.britannica.com/topic/deviance.

Adolescent and School Health(2021). Glossary.
http://www.cdc.gov/healthyyouth/shi/glossary.htm.

American Academy of Pediatrics(2015). Stages of adolescence.
https://www.healthychildren.org/English/ages-stages/teen/Pages/Stages-of-Adolescence.aspx.

American Association of Suicidology(2010). Facts about suicide and depression based on 2010 data. http://www.suicidology.org/c/document_library/get_file?folderId=262&name.

American Psychological Association(2015) Bullying. http://www.apa.org/topics/bullying/.

American Psychological Association(2021). Dictionary of psychology.
https://dictionary.apa.org/.

American Psychiatric Association(2020). What is depression?
https://www.psychiatry.org/patients-families/depression/what-is-depression.

Astor, R. A., Benbenishty, R. and Estrada, J. N.(2011). School violence. In Encyclopedia of Social Work(20th ed). Washington, DC and New York: NASW Press and Oxford

University Press.

Baker, M. L., Sigmon, J. N. and Nugent, M. E.(2001). Truancy reduction: Keeping students in school. OJJDP Juvenile Justice Bulletin, September, 1-15.

Barker, R. L.(2003). Social Work Dictionary(5th ed). Washington D.C.: NASW Press.

BBC(2014). Is your child playing truant from school? http://www.bbc.co.uk/schools/parents/truancy/.

Beirao, D., Monte, H., Amaral, M., Longras, A., Matos, C. and Villas-Boas, F.(2020). Depression in adolescence: A review. Middle East Current Psychiatry, 27(50), 1-9.

Bell, K. ed.(2013). Open Education Sociology Dictionary. https://sociologydictionary.org/norm/.

Bernard, T. J.(2021). Albert Cohen. https://www.britannica.com/biography/Albert-Cohen-American-criminologist.

Bernaras, E., Jaureguizar, J. and Garaigordobil, M.(2020). Child and adolescent depression: A review of theories, evaluation instruments, prevention programs, and treatments. Frontiers in Psychology, 10, 1-24.

Bernburg, J. G.(2019). Deviant subcultures in European context. Oxford Research Encyclopedia of Criminology and Criminal Justice. oxfordre.com/criminology.

Best, J.(2019). Social problems. Oxford Bibliographies. https://www.oxfordbibliographies.com/view/document/.

Bickley-Green, C.(2007). Visual arts education: Teaching a peaceful response to bullying. Art Education, 60(2), 6-12.

Blackman, S.(2014). Subculture theory: An historical and contemporary assessment of the concept for understanding deviance. Deviant Behavior, 35(6), 496-512.

Bleakley, A., Park, S. and Romer, D.(2017). Internet addiction. In Treating and Preventing Adolescent Mental Health Disorders: What We Know and What We Don't Know(2nd ed), edited by D. L. Evans et al. Oxford University Press.

Bluth, K.(2018). How can we keep teens from killing themselves? https://www.psychologytoday.com/us/blog/the-mindful-teen/201804/how-can-we-keep-teens-killing-themselves.

Bridges, G. S. and Ddesmond, S. A.(2021). Deviance theories. https://www.encyclopedia.com/social-sciences/encyclopedias-almanacs-transcripts-and-maps/deviance-theories.

Bridgeland, J. M., DiIulio, J. J. and Morison, K. B.(2006). The Silent Epidemic: Perspectives of High School Dropouts. Washington, D.C.: Civic Enterprises.

Capp, G., Moore, H., Pitner, R., Iachini, A., Berkowitz, R., Astor, R. A. and Benbenishty, R.(2017). School violence. Oxford Research Encyclopedias. Oxford University Press.

Carey, E. and Seladi-Schulman, J.(2018). Teenage pregnancy. Healthline, https://www.healthline.com/health/adolescent-pregnancy.

Centers for Disease Control and Prevention(2020). Teen substance use & risks. https://www.cdc.gov/ncbddd/fasd/features/teen-substance-use.html.

Centers for Disease Control and Prevention(2021). Preventing school violence. https://www.cdc.gov/violenceprevention/youthviolence/schoolviolence/fastfact.html.

Child Rescue(2021). Puberty and runaways – What is the link? https://www.childrescue.eu/2020/01/10/puberty-and-runaways-what-is-the-link/.

Coleman, J. W. and Cressey, D. R.(1999). Social Problems(7th ed). New York: Longman.

Council of Europe(2021). Violence in schools. https://www.coe.int/en/web/children/violence-in-schools#{%2212441337%22:[2.

Division of Violence Prevention(2016). Understanding school violence. https://www.cdc.gov/violenceprevention/pdf/School_Violence_Fact_Sheet-a.pdf.

Dahl, P.(2016). Factors associated with truancy: Emerging adults' recollections of skipping school. Journal of Adolescent Research, 31(1), 119–138.

Davis, L.(2020). Internet addiction in teens – Know the warning signs. https://familyresourcesinc.org/2020/10/internet-addiction-in-teens/.

Dowrick, P. W.(2003). School drop-outs, adolescence. In Encyclopedia of Primary Prevention and Health Promotion, edited by T. P. Gullotta et al. Boston, MA: Springer.

Dupere, V., Dion, E., Leventhal, T., Archambault, I., Crosnoe, R. and Janosz, M.(2018). High school dropout in proximal context: The triggering role of stressful life events. Child Development, 89(2), e107–e122.

Editors of Encyclopaedia Britannica(2013). Delinquency. https://www.britannica.com/topic/delinquency.

Editors of Encyclopaedia Britannica(2019). Strain theory. https://www.britannica.com/topic/strain-theory-sociology.

Elledge, L. C., Williford, A. Boulton, A. J., Depaolis, K. J. and Little, T. D.(2013). Individual and contextual predictors of cyberbullying: The influence of children's provictim attitudes and teachers' ability to intervene. Journal of Youth and Adolescence, 42(5), 698-710.

Fernández-Suárez, A., Herrero, J., Pérez, B,. Juarros-Basterretxea, J. and Rodríguez-Díaz, F.(2016). Risk factors for school dropout in a sample of juvenile offenders. Frontiers in Psychology, 26. 1-7.

Ferrara, P., Franceschini, G., Villani, A. and Corsello, G.(2019). Physical, psychological and social impact of school violence on children. Italian Journal of Pediatrics, 45(76).

Flowers, R. B.(2002). Kids Who Commit Adult Crimes: Serious Criminality by Juvenile Offenders. Routledge.

Franke, T. and de Anda, D.(2011). Adolescents: Demographics and social issues. In Volume 1 of Encyclopedia of Social Work(20th ed). Washington D.C. and New York: NASW Press and Oxford University Press.

Freedenthal, S.(2011). Suicide. In Volume 4 of Encyclopedia of Social Work(20th ed). Washington DC. and New York: NASW Press and Oxford University Press.

Frey, A. and Walker, H.(2007). School social work at the school organization level. In School Social Work: Theory to Practice, edited by L. Bye and M. Alvarez. Belmont, CA: Thomson Brooks/Cole.

Gambon, T. B. and O'Brien, G. Jr.(2020). Runaway youth: Caring for the nation's largest segment of missing children. Pediatrics, 145(2), 1-12.

Gentle-Genitty, C., Karikari, I., Chen, H., Wilka, E. and Kim, J.(2015). Truancy: A look at definitions in the USA and other territories. Educational Studies, 41(1-2), 62-90.

Global Coalition to End Child Poverty(2017). Child poverty and adolescent transitions. www.endchildhoodpoverty.org.

Gregory, C.(2020). Internet addiction disorder. https://www.psycom.net/iadcriteria.html.

Griffiths, H., Keirns, N., Strayer, E., Sadler, T., Cody-Rydzewski, S., Scaramuzzo, G., Vyain, S., Bry, J. and Jones, F.(2019). Introduction to Sociology(2nd ed). https://opentextbc.ca/introsociology2eopenstax/chapter/theoretical-perspectives-on-deviance/.

Hagger-Johnson, G., Bell, S., Britton, A., Cable, N., Conner, M., Shickle, D., Shelton, N. and Bewick, B. M.(2013). Cigarette smoking and alcohol drinking in a representative sample of english school pupils: Cross-sectional and longitudinal associations. Preventive Medicine, 56, 304-308.

Hanson, K. L., Medina, K. L., Padula, C. B., Tapert, S. F. and Brown, S. A.(2011). Impact of adolescent alcohol and drug use on neuropsychological functioning in young adulthood: 10-year outcomes. Journal of Child & Adolescent Substance Abuse, 20(2),

135-154.

Hammond, C., Linton, D., Smink, J. and Drew, S.(2007). Dropout Risk Factors and Exemplary Programs: A Technical Report. Clemson, SC and Alexandria, VA: National Dropout Prevention Center/Network and Communities in Schools.

Harris, J., and White, V.(2013). A Dictionary of Social Work & Social Care. Oxford, UK: Oxford University Press.

Hawton, K., Saunders, K. E. and O'Connor, R. C.(2012). Suicide 1: Self-harm and suicide in adolescents. The Lancet, Vol. 379 No. 9834, 2373-2382.

Hawton, K. and van Heeringen, K.(2009). Suicide. The Lancet, Vol. 373 No. 9672, 1372-1381.

Holliday, S. B., Edelen, M. O. and Tucker, J. S.(2017). Family functioning and predictors of runaway behavior among at-risk youth. Child & Adolescent Social Work Journal, 34(3), 247–258.

Hussey, D. L.(2011). Adolescents: Practice interventions. In Volume 1 of Encyclopedia of Social Work(20th ed). Washington D.C. and New York: NASW Press and Oxford University Press.

Juergens, J.(2020). Teenage drug abuse and addiction. https://www.addictioncenter.com/teenage-drug-abuse/.

Jaccard, J.(2016). The prevention of problem behaviors in adolescents and young adults: Perspectives on theory and practice. Journal of the Society for Social Work and Research, 7(4), 585–613.

Jenson, J. M.(2010). Advances in preventing childhood and adolescent problem behavior. Research on Social Work Practice, 20(6), 701-713.

Kar, S. K., Choudhury, A. and Singh, A. P.(2015). Understanding normal development of adolescent sexuality: A bumpy ride. Journal of Human Reproductive Sciences, 8(2), 70–74.

Katrina, A. R. and Patriquin, M. A.(2019). Child and adolescent suicide: Contributing risk factors and new evidence-based interventions. Children's Health Care, 48(4), 345-350.

Kelly, M. S., Frey, A. J. and Anderson-Butcher, D.(2010). School social work practice: Future directions based on present conditions. Children & Schools, 32(4), 195-199.

Korea Times(2012). Suicide leading cause of Korean youth deaths: Report. May 2.

Kwak, C. W. and Ickovics, J. R.(2019). Adolescent suicide in South Korea: Risk factors and proposed multi-dimensional solution. Asian Journal of Psychiatry, 43, 150-153.

Kuss, D. J., van Rooij, A. J., Shorter, G. W., Griffiths, M. D., and van de Mheen, D.(2013).

Internet addiction in adolescents: Prevalence and risk factors. Computers in Human Behavior, 29(5), 1987-1996.

Lund, I.(2014). Dropping out of school as a meaningful action for adolescents with social, emotional and behavioural difficulties. Journal of Research in Special Educational Needs, 14(2), 96-104.

Martinez, R. J.(2006). Understanding runaway teens. Journal of Child and Adolescent Psychiatric Nursing, 19(2), 77-88.

Masih, J. and Rajkumar, R.(2019). Internet addiction disorder and mental health in adolescents. Journal of Depression and Anxiety, S13, 1-3.

Mayo Clinic(2021). Teen depression. https://www.mayoclinic.org/diseases-conditions/teen-depression/symptoms-causes/syc-20350985.

Merton, R. K.(1938). Social structure and anomie. American Sociological Review, 3(5), 672-682.

Moghaddam, H. T., Bahreini, A., Abbasi, M. A., Fazli, F. and Saeidi, M.(2016). Adolescence health: The needs, problems and attention. International Journal of Pediatrics, 4(2), 1423-1438.

Morin, A.(2020). Top 10 social issues teens struggle with today. https://www.verywellfamily.com/startling-facts-about-todays-teenagers-2608914.

National Association of School Psychologists(2013). Preventing youth suicide - Tips for parents and educators. NASP Resources. http://www.nasponline.org/resources/crisis_safety/suicideprevention.aspx.

National Association of School Psychologists(2015). School violence prevention. https://www.nasponline.org/resources-and-publications/resources-and-podcasts/school-climate-safety-and-crisis/school-violence-resources/school-violence-prevention.

National Center for Mental Health Promotion and Youth Violence Prevention(2012). Truancy prevention efforts in school-community partnerships. http://crisisresponse.promoteprevent.org/publications/prevention-briefs/truancy-prevention-efforts-school-community-partnerships.

National Conference of State Legislatures(2016). Homeless and runaway youth. http://www.ncsl.org/research/human-services/homeless-and-runaway-youth.aspx.

National Institute of Child Health and Human Development(2017). About pregnancy. https://www.nichd.nih.gov/health/topics/pregnancy/conditioninfo.

National Institute on Drug Abuse(2016). Understanding drug use and addiction. https://www.drugabuse.gov/publications/drugfacts/understanding-drug-use-addiction.

New York Times(2012). Suicide and suicidal behavior. December 26.

Office of the High Commissioner for Human Rights(2021). United Nations Guidelines for the Prevention of Juvenile Delinquency. https://www.ohchr.org/en/ProfessionalInterest/Pages/PreventionOfJuvenileDelinquency.aspx.

Palmer, R. C., Knopik, V. S., Rhee, S. H., Hopfer, C. J., Corley, R. C., Young, S. E., Stallings, M. C. and Hewitt, J. K.(2013). Prospective effects of adolescent indicators of behavioral disinhibition on dsm-iv alcohol, tobacco, and illicit drug dependence in young adulthood. Addictive Behaviors, 38, 2415-2421.

Pedro, A.(2012). School violence and violence in school: A proposal for a teacher training curriculum. Education, 2(4), 73-83.

Raising Children Network(2021). Truancy: pre-teens and teenagers. https://raisingchildren.net.au/pre-teens/school-education/truancy-other-school-problems/truancy-9-15-years.

Raneri, L. G. and Wiemann, C. M.(2007). Social ecological predictors of repeat adolescent pregnancy. Perspectives on Sexual and Reproductive Health, 39(1), 39-47.

Rounds, K. A. and Wike, A. T.(2011). Adolescents: Pregnancy. In Volume 1 of Encyclopedia of Social Work(20th ed). Washington D.C. and New York: NASW Press and Oxford University Press.

Sandlin, S.(2021). National Runaway Prevention Month history. https://www.nspnetwork.org/index.php?option=com_dailyplanetblog&view=entry&year=2019&month=11&day=08&id=164:national-runaway-prevention-month-history.

Shain, B.(2016a). Suicide and suicide attempts in adolescents. Pediatrics, 138(1).

Shain, B.(2016b). Teen suicide: A closer look at three key factors. AAP News, June 27.

Shaw, M. and Black, D. W.(2008). Internet addiction: Definition, assessment, epidemiology and clinical management. CNS Drugs, 22(5), 353-65.

Skalski, A. K. and Smith, M. J.(2006). Responding to the mental health needs of students. Principal Leadership, September, 12-15.

Slesnick, N., Patton, R. and Dashora, P.(2011). Runaway teens. In Encyclopedia of Adolescence, edited by B. B. Brown and M. J. Prinstein. Academic Press.

Smyth, E. and Darmody, M.(2021). Risk and Protective Factors in Adolescent Behaviour.

Research Series Number 119, The Economic and Social Research Institute, Dublin: Ireland.

Stanford Children's Health(2021). Teen suicide. https://www.stanfordchildrens.org/en/topic/default?id=teen-suicide-90-P02584.

Stewart, J., Harte, V. and Sambrook, S.(2011). What is theory? Journal of European Industrial Training, 35(3), 221-229.

Straussner, S. A. and Isralowitz, R.(2011). Alcohol and drug problems: Overview. In Volume 1 of Encyclopedia of Social Work(20th ed). Washington D.C. and New York: NASW Press and Oxford University Press.

Stupperich, A., Ihm, H. and Harper, S. B.(2021). Deviant subcultures in European context. Oxford Research Encyclopedia of Criminology and Criminal Justice. https://oxfordre.com/criminology/view/10.1093/acrefore/9780190264079.001.0001/acrefore-9780190264079-e-715.

The Ceceilyn Miller Institute(2021). Middle school & high school peer mediation. https//themillerinstitute.com/middle-school-high-school-peer-mediation/"https://themillerinstitute.com/middle-school-high-school-peer-mediation/.

Tinerella, V. P.(2012). [A review of] Encyclopedia of School Crime and Violence. Reference & User Services Quarterly, 52(1), 70-71.

Tokunaga, R. S.(2010). Following you home from school: A critical review and synthesis of research on cyberbullying victimization. Computers in Human Behavior, 26, 277-287.

Truancy Prevention(2015). Truancy definition, facts and laws. http://www.truancyprevention.org/.

Twemlow, S. W., Fonagy, P. and Sacco, F. C.(2001). An innovative psychodynamically influenced approach to reduce school violence. Journal of the American Academy of Child and Adolescent Psychiatry, 40(3), 377-379.

UNICEF(2021). Cyberbullying: What is it and how to stop it. https://www.unicef.org/end-violence/how-to-stop-cyberbullying.

U.S. Department of Education(1996). Manual to combat truancy. https://www2.ed.gov/pubs/Truancy/index.html.

Vinney, C.(2021). Sutherland's differential association theory explained. https://www.thoughtco.com/differential-association-theory-4689191.

Violence Prevention Works(2015) Olweus success stories. http://www.violencepreventionworks.org/public/olweus_success_stories.page.

Wall-Wieler, E., Roos, L. L. and Nickel, N. C.(2016). Teenage pregnancy: The impact of maternal adolescent childbearing and older sister's teenage pregnancy on a younger sister. BMC Pregnancy and Childbirth, 16(120).

Ward, J. T. and Brown, C. N.(2015). Social learning theory and crime. In International Encyclopedia of the Social and Behavioral Sciences(2nd ed.). https://www.sciencedirect.com/topics/social-sciences/differential-association.

Wasserman, G. A., Keenan, K., Tremblay, R. E., Coie, J. D., Herrenkohl, T. I., Loeber, R., and Petechuk, D.(2003). Risk and protective factors of child delinquency. Child Delinquency Bulletin Series, Office of Juvenile Justice and Delinquency Prevention.

Weisbrot, D. M.(2012). [A review of] Preventing Bullying and School Violence. American Journal of Psychiatry, 169(6), 669-670.

Western Australian Centre for Health Promotion Research(2010). Peer mediation. https//mypeer.org.au/planning/what-are-peer-based-programs/program-types/peer-mediation/"https://mypeer.org.au/planning/what-are-peer-based-programs/program-types/peer-mediation/.

Wickert, C.(2019). Subcultural theory(Cohen). https://soztheo.de/theories-of-crime/learning-subculture/subcultural-theory-cohen/?lang=en.

Wikipedia(2021a). Dropping out. http://en.wikipedia.org/wiki/Dropping_out.

Wikipedia(2021b). Illegal drugs. https://simple.wikipedia.org/wiki/Illegal_drugs.

Wilson, K. G., Stelzer, J., Bergman, J., Kral, M. J., Inayatullah, M. and Elliot, C. A.(1995). Problem solving, stress and coping in adolescent suicide attempts. Suicide and Life-Threatening Behavior, 25(2), 241-252.

World Health Organization(2017). Adolescent development. http://www.who.int/maternal_child_adolescent/topics/adolescence/dev/en/.

World Health Organization(2019). School-Based Violence Prevention: A Practical Handbook. Geneva: Switzerland: WHO.

World Health Organization(2020). Adolescent pregnancy. https://www.who.int/en/news-room/fact-sheets/detail/adolescent-pregnancy.

Zastrow, C.(2010). Introduction to Social Work and Social Welfare: Empowering People(10th ed). Belmont, CA: Thomson Brooks/Cole.

찾아보기

인명

뒤르켕 / 54, 95
레머트 / 52
머튼 / 54
베커 / 52
서더랜드 / 44
올베우스 / 227
코헨 / 61
허쉬 / 49
홀 / 22

ㄱ

가정 밖 청소년 / 268
가정의 책임 / 349
가족 / 25, 182, 188, 216
가출 청소년의 분류 / 272
가출문제 / 24, 35, 265
가출의 정의 / 267
갈등주의 관점 / 42
거시적 수준의 이론 / 42
게임 중독 / 152
고전적 긴장 이론 / 58
공통 원인 접근방식 / 317
괴롭힘의 정의 / 227
교사 / 331
국가의 책임 / 350
권리 / 258
금단 증상 / 126
기능주의 관점 / 42
기타 물질 / 346
긴장 이론 / 54

ㄴ

낙인 이론 / 51
낙태 / 303
내성 / 126
네트워크 강박 / 152

ㄷ

담배 / 346
대인 치료 / 85
대중 매체 / 239, 261
도피 / 57
동조 / 56
따돌림 / 227
또래 / 133, 330
또래 상담 프로그램 / 331
또래 중재 프로그램 / 250
또래집단 / 45

ㅁ

마약 / 139, 346
매체물 / 343
무단결석 / 176, 206, 319
무단결석문제 / 175
무단결석의 정의 / 177
문제적 인터넷 사용 / 151
미시적 수준의 이론 / 41

ㅂ

반역 / 57
범죄 이론 / 40
범죄 행위 / 29
벡 우울 척도 / 82
보편적 개입 / 88
보호 요인 / 325
분석의 수준에 따른 구분 / 41
불안 / 79, 115
비행 / 40
비행 이론 / 40
빈곤 / 58, 301

ㅅ

사이버 성 중독 / 152
사이버괴롭힘 / 228
사춘기 / 24
사회의 책임 / 349
사회적 유대 / 50
사회적 유대의 형태 / 50
사회적 지지 / 89, 333
사회통제 이론 / 48
사회학습 이론 / 47
사회학적 관점에 따른 구분 / 42
사회해체 이론 / 59
상호작용주의 관점 / 42
선별적 개입 / 88
성교육 프로그램 / 307
성매매 / 279
시카고대학교 / 59
신뢰 / 50
심리 치료 / 85

ㅇ

아노미 / 54
아노미 이론 / 54
아동 · 청소년의 성보호에 관한 법률 / 14
알코올 / 99, 319, 346
애착 / 50
약물 / 123, 279, 310, 319
약물 관련 장애 / 127
약물 치료 / 85
약물남용 / 124
약물문제 / 35, 121
약물사용 장애 / 127
약물사용이 청소년에게 미치는 영향 / 136
약물오용 / 124
약물유발 장애 / 127
약물의존 / 126
약물중독 / 128
온라인 관계 중독 / 152
올베우스 괴롭힘 예방 프로그램 / 249
우범 행위 / 31
우울 / 71, 105, 115, 139, 161, 243, 277
우울문제 / 24, 33, 69
위험 요인 / 321
위험의 사슬 / 326
유대 / 49
유엔 아동권리협약 / 17
유엔의 청소년 비행의 예방에 대한 지침 / 316
의례 / 56
이론 / 38
이성 교제 / 290
인지행동 치료 / 85
인터넷게임 / 358
인터넷게임 중독 / 152
인터넷중독 장애 / 151
인터넷중독문제 / 147
인터넷중독의 정의 / 149
일반 긴장 이론 / 58

임신문제 / 289
임신의 정의 / 292
입양 / 304

ㅈ

자기 애정 프로그램 / 114
자살 / 75, 77, 80, 95, 162, 243, 277
자살 사고 / 97
자살 생각 / 97
자살 시도 / 97
자살 행동 / 97
자살문제 / 93
자아존중감 / 326
자원봉사 / 50
자퇴 / 195, 196
자퇴문제 / 199
자퇴의 정의 / 202
장애청소년 / 207
전국 가출 예방의 달 / 266, 270
정보 탐색 / 152
정신건강 / 67
제재 / 50
조용한 전염병 / 212
지시적 개입 / 88
지역사회 / 28, 50, 59, 240
지위 비행 / 29
질풍노도 / 22

ㅊ

차별접촉 이론 / 44
참여 / 50
청소년 가출을 유발하는 요인 / 273
청소년 가출이 미치는 영향 / 276
청소년 고용금지 업소 / 347
청소년 기본법 / 14
청소년 무단결석을 유발하는 요인 / 181
청소년 무단결석이 미치는 영향 / 185
청소년 보호 · 재활센터 / 354
청소년 보호법 / 14, 339
청소년 비행 / 40
청소년 우울에 대한 진단 / 82
청소년 우울에 대한 치료 / 84
청소년 우울을 유발하는 요인 / 73
청소년 우울의 증상 / 76
청소년 우울이 미치는 영향 / 79
청소년 유해매체물 / 345
청소년 유해물건 / 346
청소년 유해약물 / 346
청소년 유해업소 / 347
청소년 유해환경 / 347
청소년 인터넷중독을 유발하는 요인 / 154
청소년 인터넷중독의 증상 / 155
청소년 인터넷중독이 미치는 영향 / 160
청소년 임신 / 319
청소년 임신 예방 프로그램 / 306
청소년 임신을 유발하는 요인 / 293
청소년 임신이 미치는 영향 / 298
청소년 자살을 유발하는 요인 / 99
청소년 자살이 미치는 영향 / 107
청소년 자퇴가 미치는 영향 / 214
청소년 자퇴를 유발하는 요인 / 205
청소년 출입 · 고용금지 업소 / 347
청소년 통행금지 구역 / 357
청소년 통행제한 구역 / 357
청소년 폭력 · 학대 / 347
청소년 환자 건강 척도 / 82
청소년과 가출 / 266
청소년과 무단결석 / 176
청소년과 약물 / 122
청소년과 우울 / 70

청소년과 인터넷중독 / 148
청소년과 임신 / 290
청소년과 자살 / 94
청소년과 자퇴 / 200
청소년기 / 15
청소년기의 정의 / 15
청소년대책 위원회 / 353
청소년문제를 유발하는 요인 / 23
청소년문제에 대한 보호 요인 / 324
청소년문제에 대한 위험 요인 / 321
청소년문제에 대한 이론 / 37
청소년문제의 예방 / 316
청소년문제의 정의 / 19
청소년문제의 특징 / 32
청소년문제의 형태 / 29
청소년보호 / 339
청소년보호 위원회 / 351
청소년보호의 주체 / 341
청소년복지시설 / 336
청소년쉼터 / 283, 337
청소년시설 / 336
청소년의 정의 / 14
청소년이 자퇴하는 과정 / 212
청소년자립지원관 / 337
청소년치료재활센터 / 338
청소년회복지원시설 / 338
촉법 행위 / 31
충동적 인터넷 사용 / 151
친구 / 27, 116

ㅌ

특정 원인 접근방식 / 318

ㅍ

피임도구 / 305

ㅎ

하위문화 이론 / 61
학교 / 27, 34, 108, 116, 176, 182, 238, 331
학교 밖 청소년 / 201, 203
학교폭력 / 12
학교폭력 예방 프로그램 / 248
학교폭력에 대한 개입 / 255
학교폭력에 대한 신고 / 254
학교폭력을 유발하는 요인 / 237
학교폭력의 관련자 / 235
학교폭력의 정의 / 226
학교폭력의 특징 / 233
학교폭력이 미치는 영향 / 242
학업중단 / 201
헌신 / 50
혁신 / 56
환각물질 / 346

기타

1차 비행 / 53
2차 비행 / 53
i-장애 / 151

저자 소개

■ 노병일(盧炳一)

대전 출생
서울대학교 졸업(학사)
공주대학교 대학원 졸업(사회복지학 석사)
미국 뉴욕주립대학교 대학원 졸업(사회학 석사, 사회학 박사)
대전대학교 지역협력연구원장 역임
대전대학교 사회복지연구소장 역임
중앙공무원 사회복지학 시험문제 출제위원, 시험문제 선정위원 역임
전국 종합사회복지관 평가위원, 전국 지역아동센터 평가위원 역임
사회복지공동모금회 대전광역시지부 배분위원 역임
대전광역시 사회복지위원, 건강가정위원 역임
현재 대전대학교 사회복지학과 교수

〈주요 저서〉
『사회복지정책론』(2018, 2019, 2021)
『현대 산업복지론』(2007, 2014, 2021)
『사회보장론』(1999, 2002, 2009, 2010, 2016, 2020)
『노인복지론』(2020)
『아동복지론』(2000, 2002, 2007, 2012, 2016, 2020)
『청소년복지론』(2인 공저, 2019)
『아동권리와 복지』(2018)
『사회문제론』(2013, 2018)
『가족정책론』(2인 공저, 2017) [대한민국학술원 우수학술도서 선정]
『현대 사회복지의 이해』(2017)
『학교사회복지론』(2015)
『사회복지조사론』(5인 공저, 2010, 2014)
『빈곤론』(2013)
『사회복지관련 지역 · 예술자원의 활용과 취약집단』(편저, 2011)
『지역사회정신보건정책 및 서비스』(3인 공저, 2007)
『취약지역의 사회적 배제』(2006)
『East Asian Cooperation in the Glocal Era』(영문 공저, 2006)
『지역 노인의 사회적 지지와 우울』(2인 공저, 2005)
『주거빈곤층의 삶과 터전』(2인 공저, 2004)

〈주요 논문〉
"다양한 수준에서의 사회적 지지가 시설 청소년의 학교적응에 미치는 영향"
"유엔 '청소년기의 아동권리에 대한 일반 논평'에 나타난 청소년의 권리에 대한 일반적 논의"
"다문화가족아동의 학교생활만족도에 영향을 미치는 요인"
"생태학적 관점에 따른 사회자본과 아동발달 사이의 관계"
"사회적 지지와 지역사회 사회자본이 미취학 아동의 자기효능감에 미치는 영향에 관한 탐색적 연구"
"비정규직 근로자의 사회적 배제가 정신건강에 미치는 영향"
"지역사회빈곤과 사회적 유대가 도시주민의 우울증에 미치는 영향에 대한 다수준 분석"
"도시노숙자의 삶의 질 예측 요인"
"사회적 지지의 수준과 차원이 노인 우울에 미치는 영향"
"자원봉사가 정부역량에 미치는 영향"
"The development and prospect of East Asian welfare system(s)"

청소년문제와 보호

1판 1쇄 발행 — 2022년 2월 14일
1판 2쇄 발행 — 2024년 9월 20일

저　　자 - 노병일
발 행 인 - 강철원
발 행 처 - 양성원
주　　소 - 경기도 파주시 검산로 173번길 29-12
전　　화 - 031-946-3861(代)
팩　　스 - 031-946-3864
이 메 일 - tnwpub@naver.com
홈페이지 - tnwpub.co.kr
출판등록 - 2015년 8월 31일 제 2015-000211 호

ISBN 979-11-6126-415-8

정가 23,000원